연금경제학

연금의 미시·거시·후생·행동 경제학

연금경제학

연금의 미시 · 거시 · 후생 · 행동 경제학

David Blake 지음 | 박경국 · 윤정선 옮김

율곡출판사

옮긴이 머리말

최근 우리나라는 전 세계에서 유래를 찾아볼 수 없을 정도로 빠른 고령화를 경험하고 있다. 이는 생명과학기술의 발달로 생존 인구의 기대여명은 증가하는 가운데 결혼과 출산을 꺼리는 추세가 확산됨에 따라 출생인구가 급속도로 감소하고 있기 때문이다. 이와 같이 고령화가 급속도로 진행됨에 따라 고령인구의 경제적 어려움을 해결하는 것이 크나큰 사회적 과제로 대두되고 있다. 특히 우리나라는 지난 수십 년간 경제적 외형은 크게 성장하였지만 노후복지 등을 위한 사회안전망 제도를 충분히 갖추지 못해 이를 보완하기 위한 정책적 노력이 절실히 필요한 실정이다.

고령인구의 편안한 노후생활을 보장하기 위해서는 연금제도와 연금 관련 정책들이 고령화로 인한 사회적·경제적 환경 변화를 고려하는, 보다 종합적인 경제학적 관점의 접근이 필요하다. 그러나 그동안 우리나라에서는 연금에 대한 논의가 주로 연금계리, 회계, 법규 등을 중심으로 이루어진 측면이 있다. 특히 그동안의 연금정책에서는 개인이나 기업 등 노후보장과 관련된 개별 경제주체들에 대한 미시적·거시적 연구결과들을 고령화 정책에 담아내고자 하는 노력이 충분하지 못해 막상 고령화가 급속도로 진행되고 있는 현 시점에서는 사상누각처럼 여겨지는 경우도 있는 것이 현실이다.

역자들은 이 책이 한국어로 소개되어 좀 더 많은 관계자들에게 심도 있는 학습 기회를 제공하고 이를 통해 그동안 간과되었던 경제학적 분석결과들이 고령화 정책에 반영될 수 있도록 하는 데 일조하기를 기대한다. 이 책은 연금과 관련된 경제학 이론, 실증분석 및 정책함의를 미시, 거시, 후생, 그리고 행동경제학적인 측면을 아우르는 종합적인 경제학적 관점에서 균형 있게 다루고 있다. 이 책은 학부 고학년이나 대학원 수준 응용경제학 교재로 손색이 없을 것으로 평가되며, 또한 학계와 관련 정책당국(고용노동, 금융, 복지, 재정 등)에 훌륭한 참고서가 될 수 있을 것이라고 생각한다.

급속히 고령화되는 우리나라 경제환경에서 연금이라는 사회안전망을 성숙시켜 나가는 데 조금이나마 도움이 되길 희망하면서 이 책을 내어놓는다.

2018년 10월

박경국 · 윤정선

지은이 머리말

여러 나라에서 연금 위기가 발생했거나 발생할 것으로 예상되고 있는 지금이야말로 연금 관련 서적 시리즈를 시작하기에 가장 적절한 시점이 아닌가 한다. 세계 곳곳에서 국영 연금제도가 중대한 도전에 맞닥뜨리고 있다는 인식이 빠르게 확산되고 있다. 급격히 변화하는 인구구조와 낮아지는 출생률로 인해 부양률이 크게 높아지고 있다. 동시에 주식 수익률과 이자율이 하락하고 수명이 증가함에 따라 사적연금의 경우에도 심각한 적립금 부족 문제를 겪고 있다.

연금과 관련된 문제는 매우 복합적이다. 수많은 연금전문가들이 있지만 이들은 대체로 한 분야에 국한된 전문성을 가지고 있는 경우가 많다. 연금전문 변호사는 연금 관련 법규와 감독규제에 대해 깊은 이해를 가지고 있지만 연금의 생애 재무설계 기능에 대한 이해는 부족할 수도 있다. 연금전문 계리사는 다양한 연금부채 산정방법에 대해서는 정통하지만 연금펀드가 직면하는 리스크에 관한 식견은 깊지 않을 수도 있다. 연금 관련 투자전문가는 거시경제 및 인구구조의 충격이 연금부채에 어떤 영향을 미치는지 잘 알지 못할 수도 있다. 연금전문 회계사는 세계 각국의 연금 관련 회계기준을 섭렵하고 있겠지만 연금 관련 회계기준이 기업의 배당정책과 투자정책에 어떻게 영향을 주는지 잘 알지 못할 수 있다. 또한 이들 연금전문가들은 연금의 사회후생 측면에 대한 지식이 거의 없을 수도 있다.

복합적인 연금 문제에 대하여 적합하고 지속 가능한 해법을 제시하기 위해서는 잘 훈련된 연금전문가가 필요하다. 즉, 연금 문제의 다중학제적(multi-disciplinary) 특성을 다룰 역량이 있는 연금 과학자(pension scientist)라는 새로운 전문가 그룹이 필요하다.이를 위해서는 연금과 관련된 지식을 체계화하여 공유하는 일부터 시작해야 한다.

연금연구원(Pension Institute)은 경제학자들이 설립하였다. 그러나 얼마 지나지 않아 경제학자들은 경제학적 지식만으로는 연금 문제를 해결하는 데 한계가 있다는 것을 깨닫게 되었다. 또한 경제학자들은 연금분야에서 활동하는 계리사, 회계사, 변호사들이 유사하면서도 서로 다른 언어로 연금에 대한 논의를 하고 있다는 것도 알게 되었다. 이들은 각자 새로운 용어를 만들어 내기도 하고, 기존의 익숙한 용어를 미묘하게 다른 의미로 사용하기도 한다. 결국 연금의 복합적인 문제를 깊이 있게 이해하기 위해서는 각각의 연금전문가 그룹이 생각하는 방식에 대한 이해가 필요하다고 판단하였다.

연금을 완전하게 이해하려면 우선 어떤 학제가 관련되어 있는지를 알아야 한다. 산악 등반에 비유하자면 각각의 연금전문가 그룹은 마치 하나의 큰 산을 서로 다른 경로로 등반한 숙련된 산악인 그룹과 같다고 할 수 있다. 개별 그룹은 자신의 그룹이 등반한 경로에 대해서는 전문가라고 할 수 있지만 다른 경로에 대해서는 잘 알지 못하는 것이다. 지금이 바로 연금이라는 큰 산의 모든 측면을 살펴볼 때라고 할 수 있다.

이를 위하여 연금연구원에서는 연금이라고 하는 큰 산의 다양한 측면들을 살펴볼 수 있는 서적 시리즈 출간에 착수하였다. 이 시리즈에서 처음으로 출간된 두 권의 책은 다음과 같다.

- 연금경제학(Pension Economics)
- 연금재무학(Pension Finance)

이어서 다음과 같은 책들을 출간하고자 한다.

- 연금계리원론(Actuarial Principles for Pensions)

- 연금회계학(Pension Accounting)
- 연금법(Pension Law)
- 비교 연금제도 및 감독규제론(Comparative Pensions Systems and Regulation)
- 사회보장정책과 인구고령화(Social Policy and Ageing Populations)

이 책들은 다음과 같은 독자들을 위한 것이다.

- 연금 관련 정책 담당자
- 연금 관련 감독규제 담당자
- 연금운용 담당자
- 퇴직연금 컨설턴트
- 연금 관련 고객관리 담당자
- 연금전문 변호사
- 연금전문 회계사
- 투자관리자
- 투자 컨설턴트
- 연금전문 경제학자

David Blake

Director of the Pension Institute

Professor of Pension Economics at Cass Business School, London

차 례

제3장 연금 미시경제학 Ⅱ : 기업의 연금 의사결정

제4장 연금 거시경제학 Ⅰ : Diamond-Samuelson의 확정수명 중첩세대모형을 이용한 연금 분석

제5장 연금 거시경제학 Ⅱ : Blanchard-Yaari의 불확실 수명 중첩세대모형을 이용한 연금 분석

제6장 연금 거시경제학 Ⅲ : 고령화의 경제학과 세대회계

제7장 연금 후생경제학 : 연금제도에서의 리스크 분담과 재분배

제8장 연금 행동경제학

제1장 | 들어가며

1.1 연금경제학이란 무엇인가?
1.2 연금제도의 종류
1.3 결론

01

들어가며

01 들어가며

1.1 연금경제학이란 무엇인가?

이 책에서 다룰 연금경제학이 무엇인지 이해하기 위해서는 우선 연금(pension)이 무엇인지, 그리고 경제학(economics)이 무엇인지 짚어볼 필요가 있다.〈역주 : pension을 연금이라고 번역하고 life annuity는 pension과 구분하여 생명연금이라고 번역한다.〉

연금이란 무엇인가? 연금은 은퇴(retire) 시부터 사망 시까지 연속적으로 지급되는 소득의 흐름을 말한다[1]. Bodie는 연금이란 오랫동안 생존하더라도 평생에 걸쳐 소득을 보장하는 것이라고 정의하였다(Bodie, 1990)〈역주 : 실제로는 확정기간 연금이나 일시금 수령이 가능한 연금도 존재한다〉. 연금에는 두 가지 핵심적인 목적이 있다. 첫 번째 목적은 개인의 일생에 걸친 소비 평활화(consumption smoothing)이다. 즉, 근로기간 동안 연금제도(pension scheme)에 부담금(contribution)을 투입하는 대가로 은퇴하여 근로소득이 없는 시기에 소득이 발생하도록 한다. 두 번째 목적은 개인수명의 불확실성으로 인한 장수 리스크(longevity risk)에 대해 보험(insurance)을 제공하는 것이다.

연금제도에는 공공정책(public policy) 측면의 목적이 두 가지 더 있을 수 있다. 첫째는 빈곤완화(poverty relief)로, 은퇴 후 연금생활자가 최저 생활수준을 누리도

1 이러한 형태의 연금은 생명연금(life annuity)의 한 종류라고 볼 수 있다.

록 하는 것이다. 두 번째는 분배(distribution)로, 예를 들면 소득이 높은 사회 구성원으로부터 자녀를 돌보는 저소득 여성에게 경제적 자원을 이전하는 것이다(Barr, 2004).

연금제도 운영에 필요한 자금을 조달하는 방식은 두 가지가 있다. 첫 번째 방식은 젊은 근로자가 근로소득의 일부를 은퇴자에게 지급하고 그 대신에 자신은 다음 세대로부터 연금을 받는 것이다. 이러한 연금제도를 부과방식 연금제도(unfunded 또는 pay-as-you-go(PAYG) pension scheme)라고 한다. 두 번째 방식은 근로자가 자신의 근로소득 일부를 저축하여 은퇴소득으로 사용하는 것으로 적립방식 연금제도(funded pension scheme)라고 한다.

연금에는 두 가지 핵심적인 특징이 있는데, 그것은 바로 시간(time)과 리스크(risk)이다. 근로자는 미래에 연금소득을 받기 위해서 현재에 그 대가를 지불한다. 즉, 연금은 근로기간의 소득과 소비를 은퇴기간으로 이전시키는 경제적 기능을 한다. 연금에는 리스크도 존재하는데, 처음에 예상한 소득보다 적은 연금액을 받게 될 가능성이 그것이다. 연금제도가 완전히 지급불능 상태(insolvency)가 되어 연금을 아예 지급받지 못할 가능성도 있다. 이러한 이유로 연금보증(pension guarantee)이라는 표현보다는 연금약정(pension promise)이라는 표현을 쓴다.

경제학에는 크게 미시경제학(microeconomics), 거시경제학(macroeconomics), 후생경제학(welfare economics) 등의 분야가 있다.

미시경제학은 단일기간 또는 다기간에서 개인과 기업이 유한한 자원을 어떻게 배분하는지를 연구한다. 미시경제학은 주로 제약(constraints)하에서의 최적화(optimization)에 대한 것이다. 최적화란 개인이나 기업이 중요하게 생각하는 목적함수(objective function)의 값을 최대화(또는 최소화)하는 의사결정 과정을 말한다.

개인은 금융자본(financial capital)과 인적자본(human capital)을 포함하는 생애 재부(lifetime wealth)를 제약으로 하여 다기간에 걸쳐 효용이 극대화되도록 의사결정을 내린다고 가정한다. 기업은 생산요소, 즉 노동(labor), 자본(capital) 및 토지(land)를 결합하는 기술제약(또는 생산함수)을 제약조건으로 하여 다기간에 걸친 이윤을 극대화(또는 비용을 최소화)한다고 가정한다. 또한 미시경제학에서는 정부의 미시경제 정책도 다룬다. 정부는 개인과 기업의 행동에 영향을 줄 목적으로 개인과 기업의 의사결정에 개입하기도 한다. 예를 들면 정부는 세금 등의 유인(incentive)을 이용하여 다른 저축에 비해 연금의 매력을 높임으로써 연금저축을 장려하기도 한다.

거시경제학은 개인과 기업의 의사결정, 그리고 정부의 거시경제 정책(macroeconomic policy) 의사결정이 총체적(collective) 또는 총합적(aggregate)으로 어떻게 귀결되는지를 연구한다. 개인과 기업은 노동시장, 자본시장, 재화·서비스 시장 등에서 활동한다. 만일 시장이 공정하고 경쟁적이면 효용을 극대화하는 개인과 이윤을 극대화하는 기업의 활동은 자원의 효율적 배분(efficient allocation of resources)으로 귀결된다. 정부는 완전고용 추구, 인플레이션 관리 등 사회적으로 바람직한 결과를 도출하기 위해 경제가 운영되는 방식에 개입하기도 한다. 이를 위해 정부는 두 가지 핵심적인 거시경제 정책인 재정정책(fiscal policy)과 통화정책(monetary policy)을 사용한다.

재정정책은 완전고용과 같은 거시경제 목표를 달성하기 위해 정부지출을 이용하는 것을 의미한다. 이때 정부지출은 세금이나 정부부채를 통해 조달되는데, 정부부채는 결국 미래에 조세로 충당되어야 하므로 이연된 조세라고 볼 수 있다. 정부는 실직 노동자를 직접 고용하기도 하고, 민간기업으로부터 재화와 서비스를 구매함으로써 기업이 고용을 늘리도록 유도하기도 한다. 통화정책은 인플레이션 관리와 같은 거시경제 목표를 달성하기 위하여 이자율이나 통화공급을 변경하는 것을 말한다. 통화공급을 줄이거나 이자율을 높여 과잉설비(excess capacity)가 발생할 정도로 총수요 수준을 낮춤으로써, 기업의 상품가격 인상 또는 근로자의 임금상승 요구 소지를 줄일 수 있다. 통상 거시경제 정책은 연금 관련 의사결정에 영향을 주는 데 사용되지는 않는다.

후생경제학은 여러 사회 구성원의 경제적 복지(economic wellbeing)에 대해 다룬다. 사회 구성원의 경제적 복지는 자원(즉, 소득과 재부(財富))의 분포와 사회 구성원 사이의 리스크 분담(risk sharing)에 의해 결정된다. 따라서 후생경제학은 형평성과 리스크 분담에 대한 다양한 경제정책의 영향에 대해 연구한다. 여러 형태의 연금제도는 각각의 리스크 분담과 분배 특성을 갖는다.

그렇다면 연금경제학이란 무엇인가? 연금경제학은 유한한 자원을 개인이 일생에 걸쳐 근로기간과 은퇴기간 동안에 걸쳐 배분하는 문제와 관련된 미시, 거시, 그리고 후생경제학적 측면을 다루는 경제학 분야라고 할 수 있다.

1.2 연금제도의 종류

은퇴(retirement)와 은퇴생활을 위한 연금은 19세기 말과 20세기 초에 선진국에서 생겨났다. 그 이전 사람들은 대체로 은퇴 없이 일하다가 가난한 노년을 보내며 일생을 마무리했었다. 최초의 공적연금제도(state pension system)는 1880년대에 독일에서 비스마르크(Bismarck)에 의해 도입되었다. 20세기가 되면서 유럽 선진국과 미국, 호주 등에서도 공적연금과 퇴직연금을 도입하였다. 그러나 아직까지도 아프리카, 아시아, 남아메리카 지역의 일부 나라에서는 은퇴와 연금은 현실에서 동떨어진 이상처럼 여겨지기도 한다. 영국의 공적연금제도와 퇴직연금제도의 역사는 Blake(2003a, ch. 1~3)와 Hannah(1986)를 참고하라.

선진국 국민들은 대체로 3대축(three pillars) 구조를 통해 노년에 대비한다.

제1축(the first pillar)은 국가가 운영하는 사회보장제도(social security system)의 일부로서 제공된다. 사회보장제도에는 베버리지형(Beveridgean)과 비스마르크형(Bismarchian)이 있다. 베버리지형 사회보장제도에서는 생존에 필요한 수준까지만 지원한다. 더 높은 생활수준을 향유하고자 하는 사람은 개별적으로 대체적 수단을 마련해야 한다. 영국과 미국의 경우가 베버리지형 사회보장제도에 해당된다. 비스마르크형 사회보장제도에서는 개인이 추가적인 수단을 준비할 필요가 없을 정도로 후하게 지원한다. 독일, 이탈리아, 프랑스의 경우가 비스마르크형 사회보장제도에 가깝다. 제1축에서는 보통 근로자에게 세금(정부가 징수하는 사회보장 세금의 일부분)을 부과하여 이를 재원으로 연금수급자(pensioner)에게 연금을 지급한다. 연금자산이 적립되지 않기 때문에 이를 비적립방식(non-funded system)이라고도 한다. 당연히 비스마르크형 사회보장제도가 베버리지형보다 더 많은 세금을 필요로 한다.

제1축은 대부분의 경우 비금융 확정급여형(non-financial defined benefit)의 형태를 갖는다. 한편 스웨덴과 폴란드에서는 제1축으로 비금융 확정기여형(non-financial or notional defined contribution ; NDC) 제도를 도입하였다(Holzmann과 Palmer 2006 참고). 이 경우 연금가입자는 개인 확정기여 계좌(individual defined contribution account)를 갖게 되는데, 그 수익률이 금융자산의 수익률에 연동되는 것이 아니라 해당 국가의 GDP 성장률, 평균소득 상승률(이후 g로 표시) 등 비금융 변수(non-financial variable)에 연동된다. 부담률(contribution rate)은 소득대비 일정 비율로 정해지고, 은퇴 시에는 연금가입자 계정에 기장된 명목자본(notional capital)에 생명연금요소(annuity factor)[2]를 적용해 생명연금(annuity)으로 전환된다.

이 제도는 연금자산의 현재가치($PV(A)$), 즉 발생 명목자본(accruing notional capital)이 연금부채의 현재가치($PV(L)$), 즉 기대연금지급액(expected pension payments)과 일치되도록 하여 재정균형(financial balance) 상태를 유지하는데, 이는 조정수익률(adjusted rate of return) $g+\rho$를 통해서 달성된다. 여기서 $\rho = [PV(A)/PV(L)-1]$이다. 연금가입자의 명목자본이 조정수익률 $g+\rho$를 통해 조정되어 은퇴 후 연금액에 동일연령 집단의 기대수명 변화가 반영됨으로써 인구통계학적 충격과 경제적 충격이 연금제도 내부에서 흡수된다.

2 생명연금요소란 연금생활자의 생애에 걸쳐 연간 연금액 1단위를 지급할 때 이들 연금액의 현재가치를 말한다. 이 연금제도에서 현재가치를 계산하는 데 적용되는 할인율은 적립기간 중에 적용되는 비금융적 수익률(GDP 증가율, 평균소득 증가율 등)에 연계된다. 연금생활자와 생년이 같은 가입자 그룹의 기대수명을 연금생활자의 기대수명으로 적용한다. 기장된 명목자본을 생명연금요소로 나누면 연간 연금수령액이 산출된다. 현재가치에 대한 설명은 [박스 1.1]를 참고하라.

박스 1.1 화폐의 시간가치(Time Value of Money)

화폐 1단위(예를 들어 1만원)를 1년 후에 받는 것보다 지금 받는 것의 가치가 더 크고, 2년 후에 받는 것보다는 1년 후에 받는 것의 가치가 더 크다. 화폐를 받는 시기가 먼 미래일수록 그 가치는 더욱더 작아진다. 따라서 만일 1년 후 1만원, 2년 후 1만원, 3년 후 1만원을 받는다고 할 때 단순히 3만원을 소유했다고 할 수는 없다. 현재가치(present value)로 나타내면 3만원보다 적은 금액을 가진 것이다.

현재가치

미래에 받을 화폐의 현재가치는 할인(discounting)을 통해 구할 수 있는데, 이를 위해서 이자율(interest rate) 또는 할인율(discounting rate)을 알아야 한다. 무위험이자율(risk-free interest rate) 10%로 대출과 대부가 가능하다고 해보자. 그러면 1년 후 받을 1만원의 현재가치는 다음과 같다.

$$\frac{1\text{만원}}{1.1}=0.91\text{만원}$$

오늘 0.91만원을 저축하여 연간 10%의 이자를 받는다면 1년 후에는 1만원을 얻을 수 있다.

$$0.91\text{만원} + (10\% \times 0.91\text{만원}) = 1\text{만원}$$

마찬가지로, 2년 후에 받을 1만원의 현재가치는 다음과 같다.

$$\frac{1\text{만원}}{(1.1)^2} = 0.83\text{만원}$$

오늘 0.83만원을 저축하여 연간 10%의 이자를 받는다면 1년 후에는 0.91만원을 얻고 이 0.91만원을 1년 더 저축한다면 오늘로부터 2년 후에 1만원을 얻을 수 있다.

비금융 확정기여형(NDC) 제도에는 다음과 같은 네 가지 특성이 있다(Palmer, 2006).

- 모든 시점에서 개인이 받을 평생 연금액의 현재가치는 개인의 계정잔액과 일치한다.
- 부담금률을 일정하게 유지하기 위해서는 NDC 자산총액이 부채총액과 일치

하거나 더 커야 한다.

- 비금융 확정기여형 연금은 은퇴 시의 기대수명을 반영한 생명연금 형태로 지급된다.
- $g+\rho$의 비율로 평가하면 재정적인 균형이 이루어진다.

비금융 확정기여형 제도는 세대 간 공정성(intergenerational fairness)을 갖는다고 볼 수 있다. 왜냐하면 각 세대에게 소득대비 동일한 부담률이 적용되고, 급여금액은 각 세대의 평생에 걸친 경제적 성과와 사망률 추정치가 반영되어 결정되기 때문이다.

제2축(the second pillar)은 사용자(주로 기업)가 퇴직연금제도(occupational pension schemes or plans)의 형태로 제공한다. 여기서 사용자를 퇴직연금제도의 후원자(sponsor)라고 한다. 일반적으로 퇴직연금제도는 적립방식으로, 사용자(후원자)와 근로자(연금가입자)가 납부하는 부담금과 투자수익을 누적하여 연금자산을 형성한다. 연금가입자가 은퇴하면 적립·부리된 연금자산으로 연금을 지급한다. 많은 경우(특히 큰 기업보다 작은 기업의 경우) 누적된 자산으로 보험회사의 생명연금에 가입하기도 한다.

연금가입자(pension scheme members)는 재직가입자, 은퇴가입자 및 이연가입자로 구분할 수 있다. 재직가입자(active member)란 고용되어 부담금을 납부 중인 가입자를 말한다. 은퇴가입자(retired member)란 은퇴하여 연금을 받고 있는 가입자이다. 이연가입자(deferred member)란 더 이상 부담금을 납부하지 않지만 과거 고용되어 있었고 연금에 대한 권리를 보유한 연금가입자로 남아 있어서 종국적으로 은퇴하게 되면 연금이 지급되는 구성원이다.

연금제도의 형태는 다양하지만 대부분의 퇴직연금은 적립방식(funded)이다. 퇴직연금은 크게 확정급여형(defined benefit), 확정기여형(defined contribution), 그리고 혼합형(hybrid)으로 구분된다.

최근까지 가장 일반적인 퇴직연금제도는 확정급여형(DB)이었다. 확정급여형(DB) 연금제도는 미리 정해진 급여(benefit)를 연금으로 지급하기로 약속하는 제도로 연금지급을 위해 조달된 자금이 얼마인지에 관계없이 정해진 급여를 지급한다. 가장 단순한 확정급여형(DB) 제도는 소득과 물가의 변동에 관계없이 일정한 화폐금액을 지급하는 방식이다. 이러한 제도는 고정급여(fixed benefit) 또는 고정금액(fixed amount) 제도라고 하고 독일과 미국에서 많이 볼 수 있다.

그러나 확정급여형(DB) 연금제도는 대체로 임금에 연계되는 형태이다. 가장 일반적인 경우로 연금급여가 연금가입자의 최종 근무년도 임금(또는 마지막 3~5년 평균임금)에 연계되는 최종임금 연금제도(final salary scheme)를 들 수 있다. 실제 연금수령액은 최종임금의 일정 비율이 되는데, 이 비율은 근속연수(years of service)에 급여발생률(accrual rate, 예를 들면 1%)을 곱하여 산출한다.

[표 1.1]은 최종임금 대비 연금급여 가치의 비율을 예시로 보여준다. 근속연수가 길어질수록 매년 취득한 연금급여액의 현재가치가 점점 커지는 백로딩(backloading) 방식이다. 예컨대 10년차에 취득한 연금급여의 현재가치는 최종임금의 0.98%이지만 40년차에 취득한 연금급여의 현재가치는 26.08%이다. 여기서 화폐의 시간가치와 물가 상승률에 의해 백로딩이 발생한다. 고연령 근로자는 저연령 근로자에 비해 은퇴시점이 더 가까우므로 고연령 근로자에게 추가적인 연금급여 1단위의 현재가치가 더 크다.

[표 1.1] 임금 대비 연금급여의 가치

근속연수(년)	신규 취득한 연금급여의 현재가치(%)	부리된 연금급여의 가치(%)
1	0.32	0.32
10	0.98	6.88
20	3.10	32.58
30	9.18	115.68
40	26.08	365.14

가정 : 근무한 마지막 연도 임금의 1%를 연금급여로 지급.
25세 연금 가입, 65세 은퇴한 이후 85세까지 생존.
임금 상승률과 물가 상승률은 연 5%이며, 연금액 산출에 적용되는 이자율은 연 9%.

출처 : Bodie, 1990, 표 1.

물가상승(inflation)은 두 가지 이유로 백로딩을 증대시킨다. 첫째, 물가상승은 명목이자율(nominal interest rate)을 상승시켜 화폐의 시간가치 효과를 증가시킨다. 둘째, 물가상승은 명목임금을 상승시켜 매년 발생하는 급여 증가폭을 확대시킨다. 고용기간이 1년 늘어나면 근속연수가 1년 증가할 뿐만 아니라 명목임금 또한 증가하게 된다.

최근에는 근속기간 동안의 임금 평균치에 따라 연금이 결정되는 평균임금(average salary) 방식이 도입되었다. 예를 들면 네덜란드에서는 산업단위 연금제도(industry-wide pension scheme)가 최종임금 방식에서 평균임금 방식으로 전환되었다. 근속기간 평균 재평가소득(career average revalued earnings ; CARE) 방식에서는 근속기간 동안의 일반물가 또는 임금상승을 반영하여 평균임금을 조정한다. 근속기간 평균 재평가소득 방식은 연금수급액의 크기 관점에서 평균임금 방식과 최종임금 방식의 중간이라고 할 수 있다.

또 다른 확정급여형(DB) 연금제도로 은퇴잔고 방식(retirement balance scheme)이 있다. 이는 근속연수에 발생금액의 배수(근속기간 평균임금의 일정 비율)로 산출된 일시금을 지급하는 형태이다. 평균임금이 아니라 최종임금이 적용되는 경우 최종임금일시금 방식(final salary lump sum scheme) 또는 연금지분 방식(pension equity scheme)이라고 한다. 이러한 방식은 일본과 호주에서 많이 쓰인다. 하지만 이 경우 일시금이 생명연금 가입에 쓰이지 않는다면 적당한 연금제도라고 하기 어렵다.

확정급여형(DB) 연금제도에서는 연금펀드의 자산이 연금부채가치(미래에 지급될 약정금액의 현재가치)를 초과하면 잉여금(surplus)이 발생한다. 반대로 연금부채가치가 연금펀드의 자산을 초과하면 부족금(deficit)이 발생한다. 연금규제당국이나 연금감독당국은 잉여금과 부족금이 발생하지 않도록 통상 엄격한 규칙을 부과한다. 잉여금은 잉여금이 소진될 때까지 연금후원회사(sponsor)가 부담금 납입을 중단하는 부담금공제기간(contribution holiday)을 통해 해소된다. 부족금은 추가부담금 납입을 통해 일정한 기간(5~10년, 회사 근로자의 평균 잔여 근속기간(대체로 15년 내외) 등) 내에 충당되어야 한다.

최근에는 확정기여형(DC) 연금제도가 확정급여형(DB) 연금제도를 대체하는 추세가 가속화되고 있다. 확정기여형(DC) 연금제도에서는 부담금률이 정해져 있는데, 부담금은 연간 일정액 또는 임금의 일정률로 정해진다. 확정기여형(DC) 연금제도에서 연금액은 특정된 금액으로 정해지지 않고 은퇴 시까지 적립·투자된 금액에 따라 연금액이 결정된다. 부담금이 적거나 투자성과가 나빠서 은퇴 시 연금펀드의 가치가 작다면 연금액도 작아진다. 반대로 연금펀드의 가치가 크다면 그에 상응하여 연금액도 커진다. 확정기여형(DC) 연금제도에서는 잉여금과 부족금이 발생하지 않는다.

하이브리드 연금제도(hybrid scheme)는 확정급여형 요소와 확정기여형 요소를 혼합한 것이다. 하이브리드 연금제도의 주요 형태는 다음과 같다(Wesbroom과 Reay, 2005).

- **순차 하이브리드 연금제도**(sequential hybrid scheme) : 특정 연령(예 45세) 이전에는 확정기여형(DC) 제도를 적용하고 그 후에는 확정급여형(DB) 제도를 적용하는 형태이다. 이직률이 높은 젊은 시기에는 높은 이동성을 보장하고, 연령대가 높은 근로자에게는 예측 가능성을 보장할 수 있다.
- **조합 하이브리드 연금제도**(combination hybrid scheme) : 임금의 일정 한도(예 기본급)까지는 확정급여형(DB) 제도를 적용하고 한도를 넘는 임금(예 성과급)에 대해서는 확정기여형(DC) 제도를 적용하는 형태이다.
- **보증 연금제도**(underpinning arrangement) : 보증 하이브리드 연금제도에는 두 종류가 있다. 하나는 확정급여형(DB) 보증이 있는 확정기여형(DC) 제도이다. 이 경우에는 투자성과가 부진하면 임금과 근속기간을 적용한 확정급여형(DB) 최저 연금(minimum pension)을 제공한다. 다른 하나는 확정기여형(DC) 보증이 있는 확정급여형(DB) 제도이다. 이 제도는 조기 퇴직자에게 보증혜택을 제공하기 위한 것으로 가입자 부담금의 원리금의 일정배율로 산출된 확정기여형(DC) 연금급여보다 최종임금 급여(final salary benefit)가 적지 않도록 보증된다.

- **현금잔고 연금제도**(cash balance scheme) : 연금급여는 인별 계좌(individual account)에 적립된 금액을 기준으로 정해지는데, 부담금률과 약정수익률(기초자산의 실제 수익률이 아니라, 대체로 채권수익률에 연계되어 결정됨)을 적용한 결과가 인별 계좌에 기장된다. 은퇴 시까지 적립된 금액으로 생명연금에 가입한다. 가입자 입장에서 이 방식은 확정기여(DC) 방식과 유사하다. 이는 미국에서 가장 많이 쓰이는 하이브리드 연금제도로(Rappaport 외, 1997 참고) 리스크 분담 연금제도(shared risk scheme)라고 부르기도 한다.
- **목표급여 연금제도**(targeted benefit scheme) : 연금펀드가 목표수준을 상회하거나 하회하면 부담금을 조정하여 목표 연금액을 제공하도록 하는 확정기여형(DC) 제도이다.

제3축(the third pillar)은 국가가 제공하는 연금과 고용회사가 제공하는 연금 외에 개인이 은퇴에 대비하여 적립하는 추가적인 저축을 말한다. 이러한 저축은 예금이나 주식·채권에 대한 뮤추얼펀드로 투자되기도 한다. 제3축에 해당되는 연금제도는 확정기여형(DC) 제도의 형태를 갖는데, 이를 개인연금제도(personal pension scheme) 또는 개인은퇴계좌(individual retirement account ; IRA)라고 한다. 거주용 주택 등 다른 자산도 은퇴 후 소득을 제공할 목적으로 이용될 수 있다. 은퇴 후에 거주하던 주택을 팔고 작은 주택을 구입함으로써 은퇴자금을 증대시킬 수 있다. 이러한 거래를 트레이딩 다운(trading down)이라고 한다. 주택을 담보로 대출을 일으키고 이자를 대출에 누적시키다가 거주자가 사망하면 주택을 처분하여 대출원금과 이자 누적액을 상환하는 방법도 있다. 이를 주택지분해제(home equity release)라고 한다.

앞서 살펴본 3대축 외에 노년생활을 지탱하기 위한 제4축(the forth pillar)으로 은퇴 후 근로(post-retirement work)가 증가하는 추세이다. 우선 은퇴자가 계속해서 근로하기를 원하는 경우가 증가하고 있다. 상근으로 고용되어 있다가 갑자기 할 일이 전혀 없는 상황에 놓이고 싶지 않기 때문이다. 이런 사람들은 은퇴가 점진적으로 진행되는 것을 선호한다. 물론 은퇴 후 생활비를 충당하기 위해서 어쩔

수 없이 근로를 계속해야 하는 경우도 있다.

노년에 부딪히는 문제는 연금뿐만이 아니다. 노년에 많은 사람들이 건강, 의료비, 장기치료 등의 문제에 직면하게 된다. 영국에서는 노인 중 약 20%가 사망 전 2년 이상의 장기치료를 경험하며, 이러한 치료에 드는 평균비용은 영국인의 평균 연봉 수준이다. 개인의 생애 의료비용 중 상당부분이 대체로 사망 전 6개월 동안 발생한다. 연금제도는 이러한 비용을 충당할 수 있도록 설계되지 못한 경우가 많다. 사람들은 이와 같은 장기치료 비용을 국가에 의존하거나 주택 등 개인자산을 처분하여 충당한다. 장기치료를 보장하는 보험계약이 존재하긴 하지만 소수의 사람들만이 이 보험에 가입한다.

1.3 결론

연금경제학은 상대적으로 새로운 경제학 분야로 다양한 연금제도의 미시·거시·후생 경제학적 함의를 다룬다. 연금제도 그 자체도 상대적으로 최근에 발전되었으며, 공적연금, 퇴직연금, 개인연금 등을 포괄한다. 다양한 연금제도의 영향에 대한 논의는 Blake(2000)를 참고하라. 영국 연금 시스템의 세부 내용은 Blake(2003)을 참고하고, 여타 사회보장 시스템에 대해서는 Gruber와 Wise(2004)를 참고하라.〈역주 : 한국 등 주요국의 연금제도는 국민연금(www.nps.or.kr)의 '세계의 연금정보', 국제사회보장협회(www.issa.int)의 'Social Security Country Profiles', 'ISSA/OECD/IOPS complementary and private pensions database' 등을 참고하라.〉

연 / 습 / 문 / 제

01. 연금(pension)이란 무엇인가?

02. 생명연금(life annuity)이란 무엇인가?

03. 연금경제학(pension economics)이란 무엇인가?

04. 사회보장에 대한 베버리지 접근과 비스마르크 접근의 차이를 설명하라.

05. 4대축(four pillars)을 설명하라.

06. 확정급여형 연금제도(DB scheme)와 확정기여형 연금제도(DC scheme)의 차이를 설명하라.

07. 확정급여형 연금제도(DB scheme)의 주요 종류를 설명하라.

08. 확정급여형 연금제도(DB scheme)의 급여가 백로딩(backload)됨을 설명하라.

09. 하이브리드 연금제도(hybrid scheme)의 주요 종류를 설명하라.

10. 비금융 확정기여형(non-financial or notional defined contribution ; NDC) 연금제도를 설명하라.

11. 화폐의 시간가치(the time value of money)를 설명하라.

12. 고령층은 연금 문제 외에 어떤 다른 문제에 직면하는가?

참 / 고 / 문 / 헌

Barr, N. (2004) *The Economics of the Welfare State*, Oxford University Press, Oxford.

Blake, D. (2000) Does it matter what type of pension scheme you have?, *Economic Journal*, **110**, F46 – F81.

_______ (2003a) *Pension Schemes and Pension Funds in the United Kingdom*, Oxford University Press, Oxford.

_______ (2003b) The UK pension system : key features, *Pensions*, **8**, 330 – 375.

Bodie, Z. (1990) Pensions as retirement income insurance, *Journal of Economic Literature*, **28**, 28 – 49.

Gruber, J. and Wise, D. (2004) *Social Security Programs and Retirement around the World*, University of Chicago Press, Chicago.

Hannah, L. (1986) *Inventing Retirement : The Development of Occupational Pension Schemes in Britain*, Cambridge University Press, Cambridge.

Holzmann, R. and Palmer, E. (eds) (2006) *Pension Reform : Issues and Prospect for Non–Financial Defined Contribution Schemes*, World Bank, Washington, D.C.

Palmer, E. (2006) What is NDC?, in Holzmann, R. and Palmer, E. (eds), *Pension Reform : Issues and Prospect for Non–Financial Defined Contribution Schemes*, World Bank, Washington, D.C., pp. 17 – 33.

Rappaport, A., Young, M., Levell, C. and Blalock, B. (1997) Cash balance pension plans, in Gordon, M., Mitchell, O. and Twinney, M. (eds), *Positioning Pensions for the Twenty – First Century*, University of Pennsylvania Press, Philadelphia, pp. 29 – 44.

Wesbroom, K. and Reay, T. (2005) Hybrid Pension Plans : UK and International Experience, Research Report 271, Department for Work and Pensions, Leeds.

MEMO

제2장 | 연금 미시경제학 Ⅰ: 개인의 연금 의사결정

02

연금 미시경제학 I
: 개인의 연금 의사결정

02 연금 미시경제학 I : 개인의 연금 의사결정

연금 미시경제학의 첫 번째 내용으로 개인의 연금 의사결정에 대해 논의해 보자. 개인의 연금 관련 의사결정을 분석하는 데는 주로 Ando와 Modigliani의 생애주기모형(lifecycle model)이 이용된다. 이 장에서는 생애주기모형을 적용하여 개인의 저축과 은퇴에 대한 의사결정을 분석하고, 이와 관련된 실증분석에 대해 알아볼 것이다. 또한 Feldstein의 은퇴유발 효과를 고려한 생애주기모형(lifecycle model with induced retirement)을 살펴보고, 실증분석 결과에 대해서도 알아본다.

2.1 생애주기모형

생애주기모형(lifecycle model ; LCM)은 Ando와 Modigliani가 개발하였고 Merton(1969, 1971)이 확장시켰다. 생애주기모형에서는 합리적이고 모든 정보를 가진 대표적 개인이 자신의 전체 생애주기에 걸친 소득을 예측하고 이를 기초로 전체 생애주기 동안에 걸친 소비를 계획한다. 생애주기모형에 따르면 저축의 주된 목적은 은퇴 후의 지속적인 소비를 뒷받침할 자산을 축적하는 것이다. 이 모형은 1인당 총소비(즉, 대표적 개인의 소비)가 1인당 총소득(즉, 대표적 개인의 소득)보다 평탄하다는(즉, 변동이 적다는) 관찰에 기초한 것이다. 생애주기모형은 개인이 평생에 걸쳐 소비를 평탄하게 하기 위해 노력한다고 예측한다. 가장 단순한 예로 개인의 일생이 청년기와 노년기의 두 시기로 나뉘어져 있으며, 청년기에는 근로하고 노년기에는 은퇴생활을 한다고 가정해 보자. 연금제도가 없는 경우, 개인이 은퇴에 대비해 충분히 저축하지 않으면 은퇴 후 삶의 질이 급격하게 낮아지는 것을 경험하게 된다. 은퇴 후에는 소비를 목적으로 대출을 받기도 어려운데, 미래에 발생할 소득이 없어 대출상환 가능성이 낮기 때문이다. 이러한 점을 이해한다면 개인은 소득이 높은 청년기에 소득보다 적게 소비하고 소득이 적은 노년기에 소득보다 많이 소비하고자 할 것이다. 이로 인해 은퇴를 위한 저축이 이루어지고, 그 결과 소득보다 소비가 평탄해질 것이다. 은퇴를 위한 저축은 금융자산(financial assets)의 축적으로 이어지고 은퇴 후에 인출되어 소비된다.

생애주기모형을 더 잘 이해하기 위해 다음과 같은 예시를 고려해 보자. 불확실성이 없고 이자율이 0%라고 하자. 25세인 개인이 40년을 근로한 후 은퇴하여 10년을 더 산다고 하자. 이 사람이 매년 2,500만원을 번다면 평생 근로소득의 현재가치, 즉 인적자본 또는 재부(wealth)는 10억원(이자율이 0%이므로 연간소득을 40년간 합산하면 현재가치가 됨)이다. 이 사람의 인적자본 10억원을 잔여 수명 50년에 걸쳐 소비할 수 있는데, 이 사람이 평생 동안 평탄하게 소비하고자 한다면 매년 2,000만원씩 소비하여 모든 자산을 소진한 후 생을 마감하면 된다. 이를 위해 이 사람은 근로기간 동안 매년 500만원을 저축하여 은퇴시점에 2억원을 연금펀드에 저축하고, 그 후 은퇴기간 동안 매년 2,000만원씩 인출하게 된다.

위의 예시에서 이 사람은 재산을 상속받지도, 자손을 위해 유산을 남기지도 않는다고 가정하였다. 만일 이 사람이 2억 5,000만원 상당의 금융자산을 상속받는다면 이 사람의 총재부는 금융자산과 인적자산을 합산한 12억 5,000만원이 되고, 이제 매년 2,500만원을 인출하여 소비한 후 모든 자산을 소비하면 사망하게 된다. 따라서 생애주기모형에서 소비는 재부의 함수이며, 소비의 재원은 소득이나 금융자산 처분으로 조달된다.

차입(borrowing)과 대부(lending)가 가능하도록 생애주기모형을 확장할 수도 있다. 이를 위해 생애주기를 청년기, 중년기, 노년기의 3단계로 나눌 수 있다. 청년기는 교육을 마친 후 직장을 잡는 시기로 주택과 같은 실물자산(physical assets)을 구입하고 가정을 꾸리기를 원한다. 이를 위해서는 청년의 일반적인 소득보다 많은 돈이 필요하므로 대출을 받는다. 중년기에는 소득이 소비를 상회하여 과거의 대출을 상환하고, 더 나아가 은퇴에 대비하여 금융자산과 실물자산에 저축을 하게 된다. 마지막으로 노년기에는 축적된 자산을 인출하여 줄어든 소득보다 더 많이 소비한 후 생을 마감한다. 실제로는 은퇴 후에는 통근비가 들지 않는 등 은퇴 전보다 소비지출이 줄긴 하지만 일반적으로 소비 감소폭보다 소득 감소폭이 훨씬 크다.

보다 일반적인 생애주기모형에서는 개인이 여러 기간을 살면서 평생에 걸쳐 소비를 통해 발생하는 효용의 할인된 가치를 극대화(maximize)한다. 이자율은 양수(>0)이고 불확실성은 없다고 가정하자. 이를 수식으로 표현하면, 개인은 $t=0, \cdots, \overline{D}$에 대해 다음의 효용함수를 극대화한다.

식 2.1
$$\Lambda_t = U(C_t) + \left(\frac{1}{1+\rho}\right)U(C_{t+1}) + \left(\frac{1}{1+\rho}\right)^2 U(C_{t+2}) + \cdots + \left(\frac{1}{1+\rho}\right)^{\overline{D}} U(C_{t+\overline{D}}) = \sum_{s=t}^{\overline{D}} \left(\frac{1}{1+\rho}\right)^{s-t} U(C_s)$$

이 극대화는 다음과 같이 생애 소비와 생애 소득을 일치시키는 생애 예산제약(lifetime budget constrain) 또는 시점 간 예산제약(intertemporal budget constrain)하에서 이루어진다.

식 2.2
$$\sum_{s=t}^{\overline{D}} C_s\left(\frac{1}{1+r}\right)^{s-t} = A_t + \sum_{s=t}^{R} W_s\left(\frac{1}{1+r}\right)^{s-t} = A_t + W_t$$

여기서 Λ_t는 생애효용의 할인된 가치, $U(C_t)$는 t기의 소비 C_t로 인한 효용([그림 2.1] 참고), W_t는 t기의 소득, ρ는 시간선호율(rate of time preference), A_t는 비인적 재부(주로 금융자산), r은 금융자산에 대한 시장 이자율, $\overline{D}$는 수명(고정되어 있다고 가정), R은 근로기간($< \overline{D}$)을 나타낸다.

다음 [박스 2.1]에 효용의 의미가 자세히 설명되어 있다.

박스 2.1 효용(Utility)

효용(utility)은 개인이 재화나 서비스를 소비하여 얻는 만족 또는 혜택을 측정한다. 그런데 소비되는 재화나 서비스의 양이 증가할 때 효용도 선형(linear)으로 증가하는 것은 아니다. 오히려 소비되는 재화나 서비스가 증가함에 따라 효용이 감소하는 비율로 증가한다. 즉, 개인은 재화나 서비스의 소비에 대해 체감(decreasing)하는 양(+)의 한계효용(marginal utility)을 갖는다. 첫 번째로 먹은 딸기가 두 번째 딸기보다 맛있게 느껴지는 것이다.

경제학에서는 효용함수(utility function)를 이용하여 효용을 표현한다. 일반적으로 효용함수는 소비를 효용으로 변환시키는 함수로 한계효용이 체감하는 양(+)의 값은 갖는다는 특성이 있다. t기의 소비 C_t에 대한 효용은 $U(C_t)$라고 표시한다. 그러면 $U(C_t)$의 기울기(slope) 또는 1차 미분(first derivative)은 소비의 한계효용을 나타낸다.

$$U'(C_t)=\frac{\partial U(C_t)}{\partial C_t}>0$$

그리고 효용함수의 2차 미분(second derivative) 또는 곡도(curvature)는 소비가 증가함에 따라 한계효용이 감소하는 정도를 측정한다.

$$U''(C_t)=\frac{\partial^2 U(C_t)}{(\partial C_t)^2}<0$$

이러한 특성을 갖는 효용함수를 그림으로 나타내면 [그림 2.1]과 같다. 일반적으로 많이 쓰는 효용함수 형태는 로그효용함수이다.

$$U(C_t)=\ln(C_t)$$

로그효용함수에서 1차 미분과 2차 미분은 다음과 같다.

$$U'(C_t)=\frac{1}{C_t}>0$$

$$U''(C_t)=-\frac{1}{(C_t)^2}<0$$

시점 간 대체 탄력성(intertemporal substitution elasticity ; ISE)은 다음과 같다.

$$\sigma[C_t]=-\frac{U'(C_t)}{U''(C_t)C_t}$$

ISE는 시간에 걸쳐 소비를 대체하고자 하는 의향(willingness)을 측정한다. 즉, 소비 평탄화와 관련된다. ISE가 낮으면(즉, 효용함수의 곡도가 커서 $U''(C_t)$가 높거나 C_t가 커서 ISE가 1보다 작으면) 시간에 걸쳐 소비를 평탄화하려는 의향이 크다.

오늘 재부가 1% 증가한다면 오늘의 소비는 1%보다 적게 증가시키고 나머지는 미래 소비를 증가시키는 데 쓰인다. 효용함수의 곡도가 매우 큰 경우에는 곡도가 작은 경우에 비해 소비증가에 대해 효용이 더 적게 증가하고, 미래 소비증가에 비해 상대적으로 오늘 소비증가를 낮게 평가한다. 현재소비 C_t가 큰 경우에도 마찬가지이다. 왜냐하면 C_t가 크면 $U'(C_t)$이 작고 현재소비가 더욱 증가하는 것을 높이 평가하지 않는다는 것을 의미한다. 로그효용함수 하에서는 $\sigma[C_t]=1$이 되는데, 이는 오늘 재부가 1% 증가하면 오늘과 미래 모든 시기의 소비가 1% 증가한다는 것을 의미한다.

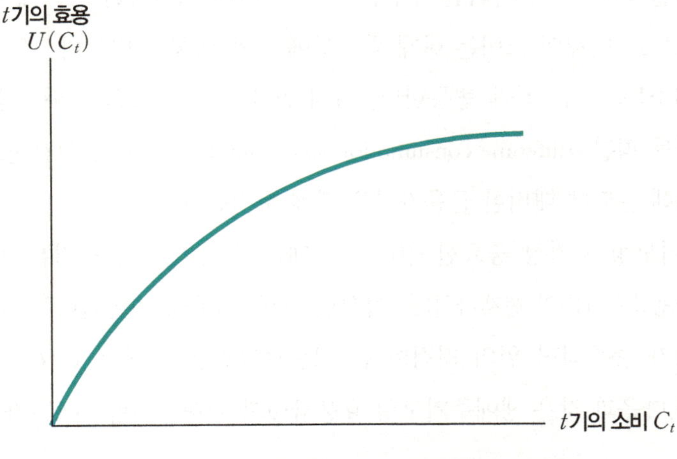

[그림 2.1] 한계효용이 양(+)이면서 체감하는 효용함수

시간선호율(rate of time preference)은 현재소비와 미래소비 사이의 선호를 측정하는 척도로, 주관적 할인율(subjective discount rate) 또는 조급성 정도(degree of impatience)라고도 한다. 시간선호율이 높은 사람은 '미래에 대비'하기보다는 '현재에 충실'한 것을 더 좋아한다. 이러한 사람은 미래에 대해 높은 할인율을 적용한다. 즉, 식 (2.1)에서 ρ가 클수록 현재효용 $U(C_t)$에 비해 미래효용 $U(C_{t+1})$의 가치를 낮게 평가하는 것이다. 시간선호율은 그 사람의 개인적 이자율(personal interest rate)이라고 해석할 수도 있다. 시장이자율(market interest rate) r은 경제 내 모든 개인의 시간선호율의 가중평균이며, 가중치는 경제 내 재부의 분포를 반영한다. 시간선호율이 시장이자율 r보다 큰 사람($\rho>r$)은 시간선호율이 시장이자율보다 작은 사람($\rho<r$)으로부터 대출을 받아 현재소비를 증가시키는데, 예산제약 (2.2)를 만족시키기 위해서 미래 어느 시점에서는 이를 상환하여야 한다.

이를 다른 각도에서 살펴보자. 어떤 개인의 시간선호율이 낮다는 것은 인내심이 강하다는 것을 뜻하고 인적자본의 가치를 높게 평가한다는 것을 의미한다. 이러한 개인은 자신의 재능이나 학습능력에 자신감이 있어서 자신의 채무상환 능력이 크다고 생각한다. 반면 어떤 개인의 시간선호율이 높다는 것은 인내심이 약하다는 것을 뜻하고 미래소득을 큰 폭으로 할인하며, 인적자본의 가치를 낮게 평가한다는 것을 의미한다. 이러한 개인은 자신의 미래 채무상환 능력에 대한 믿음이 크지 않으므로 현재의 소비는 현재의 소득에 크게 영향을 받는다. 즉, 현재소비가 크고 현재소득과 비슷하게 변동한다. 다시 말해, 시간선호율이 매우 높은 개인은 생애 소비를 평활화(lifetime consumption smoothing)하지 않고, 시간선호율이 낮은 개인에 비해 은퇴에 대비한 금융자산을 적게 축적한다.

생애주기모형의 가장 중요한 원리는 현재의 소비 C_t가 금융자본(A_t)과 인적자본(평생 노동소득 $\overline{W}_t$의 현재가치)을 합산한 생애 재부에 의존한다는 것이다. 예산제약 (2.2)가 충족되면 위의 최적화 문제는 로그효용함수(즉, $U(C_t)=\ln(C_t)$)를 가정할 때 다음과 같은 생애주기모형 효용극대화 현재소비함수(C_t)가 된다.

식 2.3 $$C_t=b(A_t+\overline{W}_t)$$

여기서 인적자본 $\overline{W}_t$는 다음과 같이 나타낼 수 있는데, 임금 상승률(g)은 이자율(r)보다 작은 상수($g<r$)라고 가정하였다.(Blake, 2000, p. 199 참고)

식 2.4 $$\overline{W}_t=\sum_{s=t}^{R}W_s\left(\frac{1}{1+r}\right)^{s-t}=\sum_{s=t}^{R}W_t\left(\frac{1+g}{1+r}\right)^{s-t}$$

$$=\left(\frac{\left(\frac{1+g}{1+r}\right)^{R+1-t}-1}{\left(\frac{1+g}{1+r}\right)-1}\right)W_t$$

또한 b는 총재부에 대한 한계소비성향(marginal propensity to consume)[1]이다. 수명 D_x가 유한하다면 $b=\overline{D}^{-1}$가 되어 평생 동안 소비가 일정하게 분산된다. 영구히 존속하는 가족을 가정한 무한지평(infinite horizon)의 경우 $b=\rho$가 되어, 소비는 총재부에 비례하게 되고 비례상수는 시간선호율과 동일하게 된다. 이러한 결과는 Merton(1969, 1971)에 제시되어 있다. 현재소득과 식 (2.3)의 현재소비 사이의 차이가 현재 저축에 해당된다.

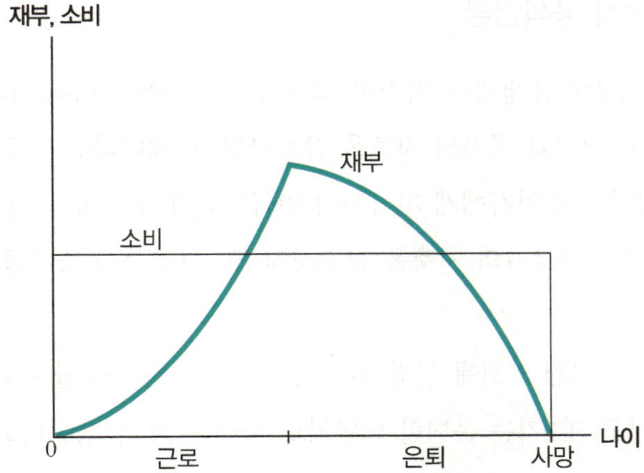

[그림 2.2] 재부와 소비의 생애주기 프로파일

[그림 2.2]는 생애주기모형 하에서 연령과 재부의 관계를 나타낸 것으로, 위로 볼록한 모양이다. 생애주기모형은 소비가 평생 일정할 것이며, 근로기간에는 저축이 양(+)이고 은퇴기간에는 저축이 음(−)이라고 예측한다(Modigliani, 1986).

1 총재부에 대한 한계소비성향은 총재부가 1단위 증가할 때 소비에 사용되는 재부의 비율을 나타낸다.

2.2 연금과 저축

생애주기 동안의 저축에서 연금은 매우 중요한 역할을 한다. Blinder(1981)는 개인이 은퇴만을 위해서 저축을 하는 단순한 모형을 이용하여 이를 분석하였다. 무위험이자율로 무한정 대출이 가능한 완벽한 자본시장을 가정하였고 세금은 없다고 가정하였다. 개인은 은퇴에 대비해 조직화된 의무 연금제도를 통한 저축과 자체적인 저축 사이에서 선택을 해야 한다고 가정하자. 연금제도로는 부과방식 공적연금제도(unfunded state pension scheme)와 사용자가 제공하는 적립방식 사적연금제도(funded private pension scheme)의 경우로 나누어 분석해 보자.

2.2.1 부과방식 공적연금

일반적으로 공적연금체계는 적립이 되지 않는 부과방식(pay-as-you-go)으로 운영되기 때문에 개인과 국가의 저축을 감소시킨다. 왜냐하면 근로자로부터 징수한 금액은 공적연금 수익자에게 지급되어 연금수익자의 소비를 늘리는 데 사용되기 때문이다. 이는 근로자의 저축을 감소시킬 뿐, 근로자의 소비를 감소시키지는 않는다.

이러한 효과는 [그림 2.3]에 설명되어 있다. 제0기는 근로를 하는 청년기로 소득 W_0이 발생하고 제1기는 은퇴한 노년기로 소득 W_1이 발생한다고 하면, 초기부존점(endowment point)은 E_1이 된다. 시점 간 예산제약은 BB로, 기울기가 $-(1+r)$이다. 여기서 r은 무위험이자율이다. 만일 시점 간 동일한 효용수준을 나타내는 개인의 무차별곡선이 II라면, 시점 간 예산제약과 시점 간 무차별곡선이 접하는 A가 최적 소비점이 된다.

부과방식 의무연금(또는 사회보장제도)이 도입되어 근로자의 가처분소득이 부담금 W_0-X_0만큼 감소된다고 하자. 그러면 부존점은 E_2로 바뀌지만 소비점은 여전히 A로 동일하다. 부과방식 연금제도의 도입으로 청년기인 제0기에 저축이 W_0-C_0에서 X_0-C_0로 감소되지만 소비와 효용에는 변화가 없다. 노년기인 제1

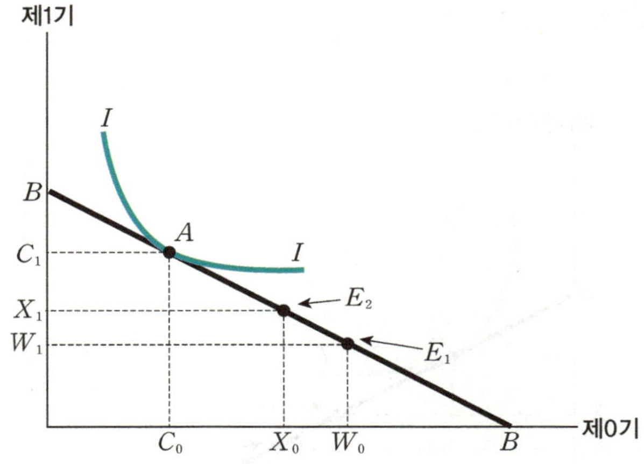

출처 : Blinder, 1981.

[그림 2.3] 부과방식 공적연금제도하에서 저축의 감소

기에는 청년기에 납부한 부담금에 상응하는 연금을 다음 세대로부터 받는다. 이러한 약속된 공적연금의 가치를 공적연금 재부(state pension wealth) 또는 사회보장 재부(social security wealth)라고 한다.

2.2.2 적립방식 사적연금

적립방식 사적연금(Private Funded Pension, 사용자가 후원하는 퇴직연금)에서는 사적연금제도에 적립한 1원이 민간 저축을 정확하게 1원만큼 대체한다. 따라서 적립방식 사적연금제도는 개인의 연금과 관련된 저축과 다른 저축을 합한 총저축에 영향을 주지 않는다.

이러한 효과는 [그림 2.4]에 설명되어 있다. 의무 적립방식 사적연금의 도입으로 근로자의 가처분소득이 부담금 $W_0 - X_0$만큼 감소하고, 이 부담금은 r의 수익률로 연금에 적립된다. 부존점은 E_2로 바뀌지만 소비점은 여전히 A로 동일하다. 이 경우 연금에 대한 저축은 경계 안쪽에 위치하므로 내경계(inframarginal)라고 한다. 제0기 총 저축액은 $W_0 - C_0$로 적립방식 사적연금 도입 전과 동일하고, 소비와 효용도 동일하다. 다만 의무 적립방식 사적연금이 재량적인 저축을 대체한다는 점만 달라진다.

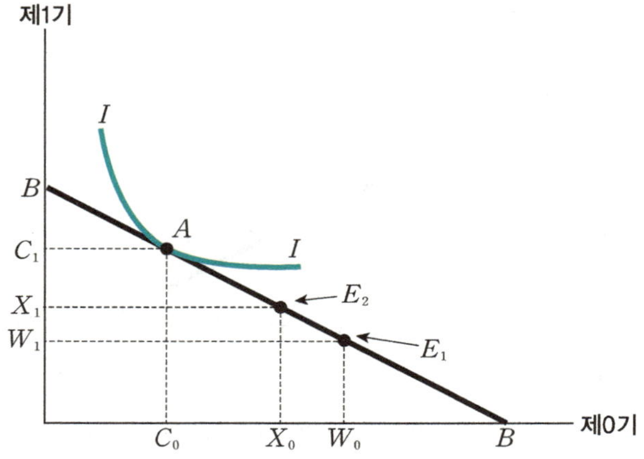

출처 : Blinder, 1981.

[그림 2.4] 적립방식 사적연금제도하에서 내경계 연금저축

이제 자본시장 제약조건(capital market constraint)을 도입하여 의무연금저축을 담보로 대출을 받을 수 없다고 가정해 보자. [그림 2.5]는 이러한 자본시장 제약

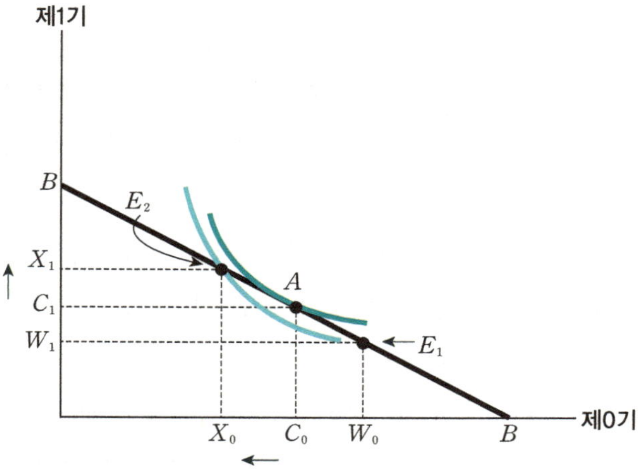

출처 : Blinder, 1981.

[그림 2.5] 강제된 과다저축

조건이 구속력 있는(binding) 경우를 나타낸다. 의무연금저축 도입으로 개인의 최적 선택점이 A(내부해)에서 E_2(모서리해)로 이동한다. 총저축은 W_0-C_0에서 W_0-X_0로 증가하여 C_0-X_0만큼의 강제된 과다저축이 발생하고 효용이 감소한다. 연금저축 이외의 재량적 저축은 없다. 연금저축이 경계에 위치한 한계적(marginal)인 상황이므로, 의무적 연금 저축 수준이 더 높아지면 경제 전체의 저축이 그만큼 증가한다.

이제 또 다른 왜곡요인으로 연금에 대한 저축에 세금우대(tax break)를 도입해 보자. 그러면 연금에 대한 저축의 세후수익률 r이 재량적인 저축의 수익률 $r(1-\tau)$보다 높아진다(여기서 τ는 비례세율을 나타낸다). [그림 2.6]에서 연금에 대한 저축은 내경계이고, 최적점이 A_1에서 A_2로 이동하여 순소득효과(pure income effect)가 발생한다. 순소득이 증가하여 소비는 (C_0, C_1)에서 (γ_0, γ_1)로 두 기간 모두에서 증가하고, 이에 따라 효용도 증가한다. 총저축은 감소하지만 세금우대 BD(세로축)의 영향으로 연금에 대한 저축액은 증가한다.

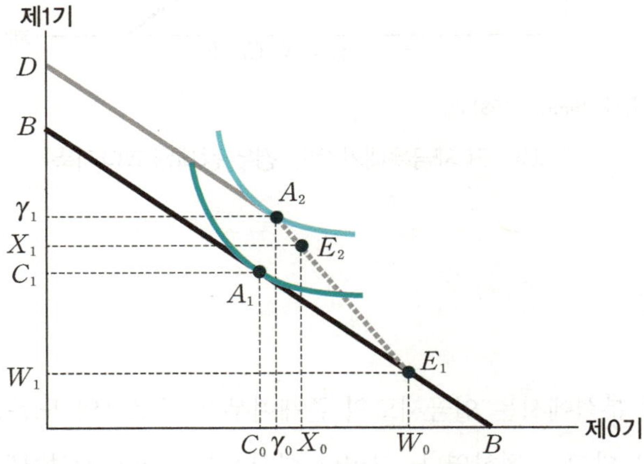

출처 : Blinder, 1981.

[그림 2.6] 세금우대가 있는 경우 내경계 연금 저축

[그림 2.7]은 강제된 연금 과다저축이 있는 모서리해(corner solution)의 경우를 보여준다. 청년기 소비가 C_0에서 γ_0로 감소하고, 노년기 소비가 C_1에서 γ_1로 증가한다. 효용은 연금에 대한 저축의 크기에 따라 증가할 수도 있고 감소할 수도 있는데, 이 경우에는 효용이 증가한다. 따라서 연금제도가 최적이 아니더라도 개인이 혜택을 누리는 경우가 있을 수 있다. 이 경우 연금에 대한 저축 외의 재량적 저축은 이루어지지 않는다.

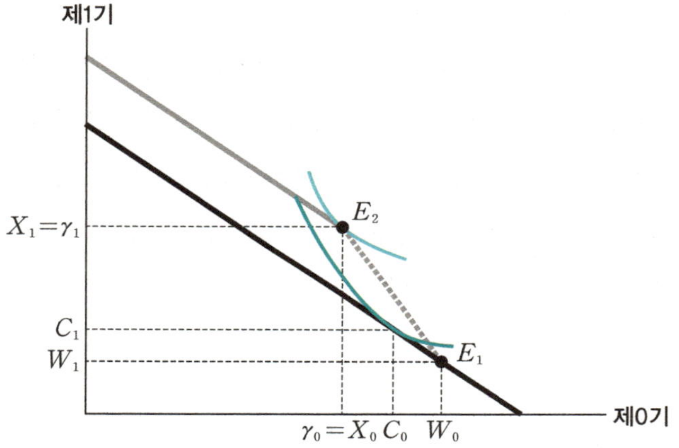

출처 : Blinder, 1981.

[그림 2.7] 세금우대가 있는 경우 강제된 과다저축

2.3 연금과 은퇴 의사결정

지금까지의 분석에서는 연금제도의 존재여부가 근로자의 노동공급 패턴에 영향을 주지 않는다고 가정하였다. 그러나 현실에서는 부과방식이든 적립방식이든 연금제도의 존재여부가 은퇴시기에 대한 의사결정에 영향을 미칠 수 있다.

2.3.1 연금제도가 없는 경우

[그림 2.8]은 연금제도가 없는 경우(No Pension) 근로자의 노동-여가 선택을 보여준다. 근로자는 A를 선택하여 노동을 전혀 하지 않으면서 사회보장이나 자산소득으로 a_t를 받을 수도 있고, B와 C 사이에서 선택하여 주당 최소 근무시간과 최대 근무시간 사이에서 노동시간을 결정할 수도 있다(Blinder, 1981 참고). 실선 BC의 기울기는 세후 임금률 W_t를 나타낸다. 근로자가 나이가 들면 세 가지 변화가 생긴다. 첫째, 노동보다 여가를 선호하게 되는 경향이 있다. 둘째, a_t가 증가하는 경향이 있다. 셋째, 임금이 낮아질 수 있다. 이러한 요인들로 인해 근로자는 나이가 들면서 노동시간을 줄이는 쪽으로 최적 선택을 변경하게 된다. 이때 무차별곡선이 I_aI_a에서 오른쪽 아래로 이동하여 I_bI_b가 되면 근로자는 B에 한동안 머물러 있다가 어느 순간 무차별곡선 I_cI_c상의 A로 이동하여 은퇴를 하게 된다. 이러한 분석으로 근로자가 나이가 많을수록, 건강하지 못할수록, 부유할수록, 임금이 낮을수록, 은퇴연금이 많을수록 은퇴할 가능성이 높아진다는 것을 알 수 있다. 같은 논리로, 임금이 높을수록, 그리고 노동시간이 탄력적일수록(즉, B가 오른쪽으로 이동하여 실선 BC가 오른쪽으로 더 길어질수록) 은퇴를 늦게 할 가능성이 높아진다.

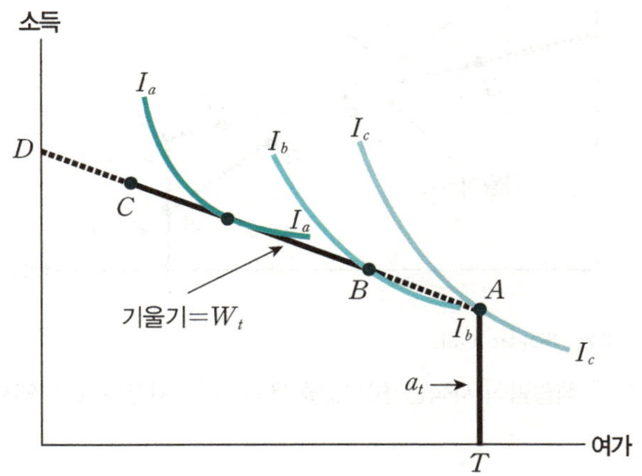

출처 : Blinder, 1981.

[그림 2.8] 노동-여가 선택

2.3.2 적립방식 사적연금

이제 근로자가 은퇴하면 일정한 연금액 P를 지급하는 적립방식 사적연금(private funded pension)이 도입되었다고 가정하자. 이로 인해 예산제약이 어떻게 달라지는지가 [그림 2.9]에 나타나 있다. 은퇴 전 예산제약은 TAD로 [그림 2.8]과 동일하다. 연금을 받기 위해서는 근로자는 현재의 직업에서 은퇴해야 하고, 은퇴 후에는 저임금 w_t에 시간제 근무를 할 수 있다고 하자. 그러면 예산제약은 $TEHG$가 되고, 유효한 예산집합은 CFH와 E가 된다.

근로자가 나이를 먹어감에 따라 무차별곡선이 이동하고 a_t가 증가하면서 시간제 저임금 직장으로 이직하여 FH상에서 더 짧은 시간 동안 노동할 수도 있고, 완전히 은퇴하여 노동을 전혀 하지 않는 E점을 선택할 수도 있다. 연금액이 클수록, W_t와 w_t의 차이가 클수록, 시간제 근무 시 최소 근무시간이 길수록 완전은퇴를 선택할 가능성이 높아진다.

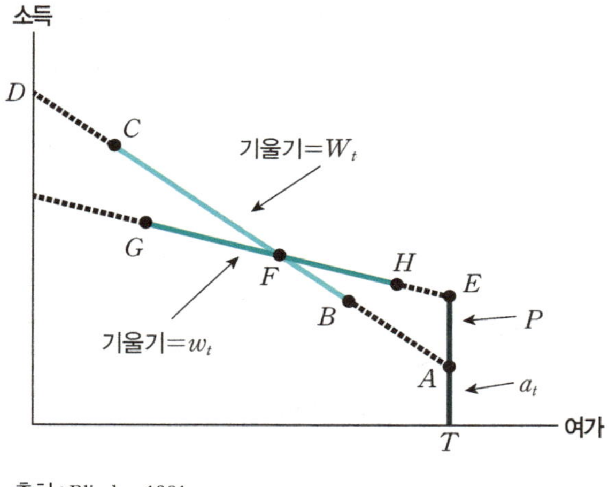

출처 : Blinder, 1981.

[그림 2.9] 적립방식 사적연금이 있을 때 은퇴 후 시간제 노동 의사결정

연금액이 근속기간에 연동되는 연금제도에서는 근로자가 1년을 추가로 근속하여 최종급여가 커지면 연금액도 증가한다. t연도에 은퇴할 경우 연금액이 P_t라면,

$t+1$연도에 은퇴할 경우에는 연금액이 P_t보다 큰 P_{t+1}가 되는 것이다. 따라서 금년에 은퇴하면 $P_{t+1}-P_t$의 현재가치를 잃는다. 이 금액이 충분히 크다면 근로자는 은퇴시기를 늦출 것이다. 연금액이 최근 또는 최근 몇 년간의 임금에 연동되는 연금제도에서는 근로자의 최근 또는 최근 몇 년간 임금이 높으면 연금액도 커지게 되는데, 근로자는 이러한 요인을 고려하여 은퇴시기를 결정할 것이다. Bodie 외(1992)는 은퇴연금이 수용 가능한 수준에 못 미칠 경우 근로자는 이 부족분을 보충하기 위해 어떻게 은퇴시기를 조절하는지를 보여준다.

2.3.3 부과방식 공적연금

부과방식 공적연금(unfunded state pension) 체계는 근로자가 일찍 은퇴하도록 유도하는 경향이 있다(Feldstein, 1974 ; Crawford와 Lilien, 1981). 통상 공적연금에는 소득검증(earnings test)이 따른다. 이러한 소득검증은 암묵적 과세효과를 갖는데, 은퇴 후 소득이 일정 수준을 넘어서면 연금지급액을 축소하기 때문이다. 공적연금액이 S_t라고 하자. [그림 2.10]은 주당 근로시간이 $T-L_0$를 넘는 경우 소득 2원당 1원의 연금을 차감하는 사례를 보여준다. 여기서 $L_0=X/W_t$이고 X는 기준소득액

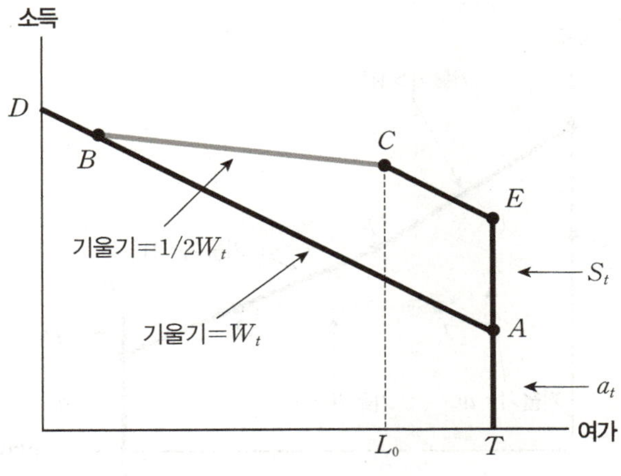

출처 : Blinder, 1981.

[그림 2.10] 부과방식 공적연금제도하에서의 은퇴 후 시간제 노동 의사결정

이다. 이제 예산제약은 $TECBD$가 되고 점 B 이하에서는 연금혜택을 받지 못한다. 소득검증으로 인해 점 C 이후에는 노동에 대한 유인이 크게 줄어들게 된다.

공적연금체제에서는 보통 법정 연금수혜 연령 이후로 은퇴를 늦추면 연금액을 늘려준다. 이렇게 늘어나는 연금액이 계리적으로 공정한(actuarially fair) 금액에 미치지 못할 수도 있으며, 이 또한 조기은퇴를 유발할 수 있다.

2.3.4 부과방식 공적연금과 적립방식 사적연금이 모두 있는 경우

공적연금과 사적연금이 모두 존재하는 경우, 근로자가 연금개시 연령 이후에도 기존의 직업을 유지한다면 그의 예산제약은 사적연금 크기에 따라서 [그림 2.11]이나 [그림 2.12]의 $TAFG$가 된다. 만일 연금개시 연령 이후 기존의 직업에서 퇴직하여 은퇴하고 시간제 근로를 시작한다면 예산제약은 $TEfg$가 된다. 점 F와 점 f는 공제기준 소득수준이 달성되는 점을 나타낸다. $w_t < W_t$이므로, Ef의 기울기가 AF의 기울기보다 작고, 점 F에서의 노동시간이 점 f에서의 노동시간보다 짧다.

[그림 2.11]은 사적연금이 소규모인 경우를 나타낸다. 두 예산제약의 교차점

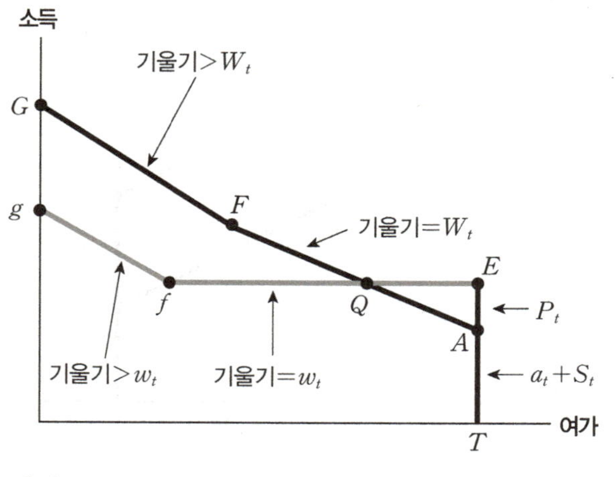

출처 : Blinder, 1981.

[그림 2.11] 공적연금과 소규모 사적연금이 있는 경우 은퇴 후 예산제약

(Q)이 AF상에 위치하고, 합해진 예산제약은 $TEQFG$가 되고, 다음의 세 가지 경우가 발생할 수 있다.

- 완전은퇴(점 E)
- 은퇴 후 시간제 근로(QE)
- 기존 직장에서 계속 근무(Q의 좌측에서 무차별곡선과 접하는 점)

무차별곡선의 볼록도가 낮은 경우에는 근로자가 전일제 근무(GF)를 하다가 시간제 근로를 거치지 않고 완전은퇴(점 E)로 건너뛸 수도 있다.

[그림 2.12]는 사적연금이 대규모인 경우를 나타낸다. 두 예산제약선의 교점 (Q)이 GF상에 위치하고, 합해진 예산제약은 $TEQG$가 된다. 이제 전일제 근로에서 시간제 근로를 거치지 않고 완전은퇴로 갈 가능성이 더 높아졌으며, $w_t \ll W_t$라면 더욱 그러하다.

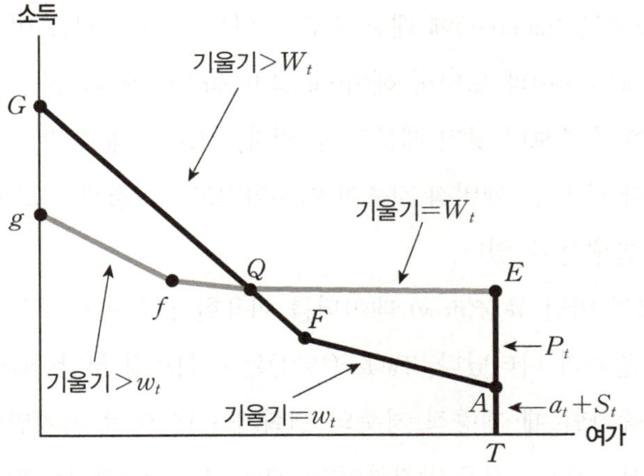

출처 : Blinder, 1981.

[그림 2.12] 공적연금과 대규모 사적연금이 있는 경우 은퇴 후 예산제약

2.4 생애주기모형의 검증을 위한 실증연구

생애주기모형(LCM)이 이론적으로는 훌륭해 보이지만 초기의 실증연구는 생애주기모형을 지지하지 않는 것으로 나타났다.

생애주기모형은 근로기간에 재부가 축적되고 은퇴기간에 재부가 소진될 것으로 예측하지만 많은 연구결과에서 이와 일치하지 않는 증거들이 발견되었다. Darby(1979), Kotlikoff와 Summers(1981), Laitner와 Juster(1996)는 미국에서 저축을 통해 축적된 '생애 자산(lifecycle assets)'은 미국 총자산의 30% 수준에 불과하고 나머지는 상속된 자산이라는 것을 발견했다. Mirer(1979), Danziger 외(1982~1983), Poterba(1994), Horioka 외(1996)는 미국과 일본의 노년층이 재부를 소진하는 속도가 생애주기모형(확실성 하에서 상속동기(bequest motive)가 없는 경우)의 예측보다 느리며, 미국에서는 오히려 재부가 축적된다는 것을 발견했다. 또한 Friedman과 Warshawsky(1990)는 수명 불확실성 하의 생애주기모형이 타당하다고 보기에는 은퇴를 위한 생명연금(annuity)에 대한 수요가 너무 적다는 것을 발견했다.[2] 이는 역선택(adverse selection)과 도덕적 해이(moral hazard)로 인해 연금의 수익률이 계리적으로 공정한 수준보다 낮기 때문일 수 있다. 이로 인해 수명의 불확실성에 대비하는 수준보다 더 많은 예비적 저축이 이루어지고, 그 결과 의도하지 않게 비자발적인 상속이 발생할 수 있다.

저량(stock)이 아닌 유량(flow) 데이터를 이용한 분석에서도 생애주기모형과 일관되지 않는 결과가 나타났다. Taylor(1971)는 사회보장 부담금(social security contribution)이 증가할 때 재량적 저축의 변화가 −1이어야 하지만([그림 2.3] 참고) −2.16으로 나타난다는 것을 발견하였다. Threadgold(1978)는 영국의 자료를 분석하여 사적연금에 대한 저축이 총저축을 증가시킨다는 것을 밝혔다. Pitelis(1985)는 영국의 자료를 이용하여 사적연금 저축액이 증가할 때 연금을 제외한 재량적 저

2 생명연금은 개인이 너무 오래 사는 리스크에 대한 보호를 제공한다. Yaari(1965)는 상속동기가 없는 개인은 모든 재부를 생명연금화(annuitize)하는 것이 최적의 선택이라는 것을 밝혔다. 또한 Davidoff 외(2005)는 생명연금 시장이 불완전하더라도 재부의 상당부분을 생명연금화하는 것이 최적이라는 것을 밝혔다.

축의 변화가 0.8~1.25라는 것을 발견했는데, 둘 사이에 완전한 대체관계가 있다면 −1로 나타났어야 할 것이다.

횡단면분석에서도 유사한 증거가 나타난다. 대부분의 분석에서 사회보장 재부가 증가하면 저축이 감소하지만 사적연금 재부의 증가는 저축증가를 수반하는 것으로 나타났다. Kotlikoff(1979), Leimer와 Richardson(1992)은 미국자료를 분석한 결과 사회보장 재부가 사적 재부를 0.6~0.7만큼 대체한다는 결과를 얻었는데, 생애주기모형이 타당하다면 1만큼 대체되어야 한다. Takayama(1990)는 일본에서 사회보장 재부가 증가하면 저축률이 하락한다는 것을 발견했다. 한편 Blinder 외(1983), Kurz(1984), David와 Menchik(1985)와 같이 소비와 사회보장 재부 사이에 유의한 관계가 없다는 것을 보여주는 연구결과도 있다. Green(1981)은 영국의 자료를 이용하여 퇴직연금 저축이 1만큼 증가하면 재량적 비연금 저축이 0.8~1.19만큼 증가한다는 것을 밝혀냈는데, 이들 사이에 완전대체관계가 있다면 −1이었을 것이다.

Jappelli와 Modigliani(2005)는 은퇴기에 저축이 줄지 않고 늘어난다고 주장하는 기존의 연구들이 저축을 적절히 정의하지 못하고 있다고 지적하였다. 기존의 연구에서 채택한 저축의 표준적인 정의는 가처분소득(소득세 차감 후)과 소비의 차이인데, 이러한 저축의 정의는 근로시기에 연금제도에 투입되는 부담금을 고려하지 않으며 은퇴시기에는 연금수입을 포함하고 있다. Jappelli와 Modigliani는 노동과 재산으로부터 발생한 소득(소득세 차감 후)에서 소비를 차감한 값으로 저축을 정의하는 것이 타당하다고 주장하였다. 따라서 적정한 근로시기 저축액을 구하기 위해서는 제반 연금제도(공적·사적 및 의무적·재량적)에 대한 모든 부담금을 가처분소득에 합산해야 한다. 또한 연금수취액은 노동과 재산으로부터 발생한 소득이 아니므로 은퇴시기의 소득에서 연금수취액을 제외해야 한다. 통상적인 저축의 정의는 생애주기모형의 저축에 비해 근로시기에는 더 작고 은퇴 후에는 더 크다. 따라서 표준적인 저축의 정의를 적용하면 [그림 2.2]에서 살펴본 재부와 연령의 관계는 너무 평평하게 된다. 그러나 Jappelli와 Modigliani의 주장에 따라 표준적인 저축을 보정하여 분석하면 생애주기모형에서 예측한 것과 같이 불룩한 모양을 회복한다.

2.5 Feldstein의 은퇴유발 효과를 고려한 생애주기모형

Feldstein(1974, 1976, 1979, 1982)은 최초로 소비와 저축에 대한 연금재부의 영향을 시계열로 분석하였다. 그는 은퇴유발 효과를 고려한 생애주기모형(lifecycle model with induced retirement)을 이용하여 저축대체 효과(savings replacement effect)와 은퇴효과(retirement effect)를 구분하고자 하였다. 저축대체 효과는 앞의 Blinder (1981) 모형에서 살펴보았듯이 공적연금으로 인해 은퇴대비 사적 저축의 필요성이 줄어드는 효과를 말한다. 은퇴효과란 공적연금이 근로자의 조기은퇴를 유발하면서 생활수준을 유지하기 위해 은퇴에 대비한 사적 저축을 늘리도록 하는 효과를 말한다. 이 두 가지 상반되는 효과 중에서 어느 쪽이 클지는 실증분석의 영역이다. 1930~1974년 미국 데이터를 분석한 Feldstein의 연구결과는 사회보장 재부(social security wealth)는 작지만 통계적으로 유의하게 사적 저축을 감소시키고 소비를 증가시키는 것으로 나타났다(1982년 Leimer와 Lesnoy가 발견한 컴퓨터 프로그램 오류를 수정한 이후에도 결과는 다르지 않음). Feldstein은 다른 나라에서도 유사한 결과를 얻었다(Feldstein, 1980).

Feldstein의 연구는 큰 논쟁을 불러일으켰다. 그중 하나는 가설 검증을 위해 적절한 모형이 무엇인가에 대한 이론적 논쟁이었다. 예를 들면 Barro(1974, 1978)는 Feldstein의 모형이 사적인 세대 간 재부 이전(즉, 부모가 자신의 은퇴 후 생활비를 염두에 두고 자녀에게 재산을 상속하는 행위와 같은)을 고려하지 않았다고 지적했다. 이러한 효과는 의무적인 사회보장 납부액의 영향을 정확히 상쇄하여 리카도 동등성(Ricardian equivalence)[3]이 성립하게 된다. Barro는 소비함수에 추가변수(정부 잉여, 실업률, 내구소비재 저량)를 반영하여 분석한 결과 소비에 대한 사회보장 재부

---

3 경제학자 데이빗 리카도의 이름을 딴 개념으로 개인의 행동에 대한 정부의 통제를 개인이 사적인 거래를 통해 완전히 상쇄시킬 경우 리카도 동등성이 성립한다고 한다.

의 영향은 통계적으로 유의하지 않음을 밝혔다.

초기 영국 시계열자료에 대한 분석결과에서도 저축에 대한 연금재부의 영향이 통계적으로 유의하지 않은 것으로 나타났다. 이는 연금재부에 공적연금만 반영하든, 퇴직연금만 반영하든, 공적연금과 사적연금을 모두 반영하든 마찬가지였다(Hemming, 1978 ; Hemming과 Harvey, 1983 ; Browning, 1982).

Feldstein의 연구가 불러일으킨 또 다른 논쟁은 연금재부의 대리변수(proxy)에 대한 것이었다. 사회보장 재부의 정확한 값은 개인이 은퇴 후 받을 것으로 예상되는 사회보장연금의 계리적 가치(actuarial value)여야 하는데, Feldstein은 사회보장 재부의 부정확한 추산치를 사용하였다는 것이다. Feldstein은 분석의 단순화를 위해 다음과 같은 가정을 적용하였다—가처분소득 대비 연금급여(benefit)의 비율은 과거 평균인 0.41로 항상 일정하다 ; 미래 수급자 수는 연령별 경제활동 참가율 차이를 조정한 현재 가입 근로자 수와 같다 ; 유족연금 수급자 수는 현재 가입 근로자와 연금수급자 수에 비례한다.

영국에 대한 연구에서도 연금재부와 관련해 만족스럽지 못한 가정이 적용되었다. Hemming(1978)은 일찍이 적정한 계리적 접근법(생존확률을 반영하여 예상 현금흐름을 현재가치로 환산)을 적용하였으나, 유의미한 결과를 도출하기에는 표본기간이 너무 짧았다. 결국 추후에 추정치가 작아지는 쪽으로 수정되었다. Hemming과 Harvey(1983)가 적용한 가정은 다음과 같다—연금재부(pension wealth)는 연금급여의 일정 배수이다 ; 금융재부(financial wealth)는 현재 세후 이자수입을 10%로 할인한 연금현재가치와 같다 ; 주택재부(housing wealth)는 과세기준액으로부터 유추된다 ; 조기이탈로 최종임금의 2/3 이하의 급여를 받을 가능성은 무시한다. Browning(1982)이 적용한 가정은 다음과 같다—연금청구권이 시간에 따라 증가하지만 공적연금의 실질가치는 일정한 비율(할인율보다는 낮은)로 성장한다 ; 0~72세 구간에서 인구가 균등하게 분포한다 ; 사적연금재부는 연금펀드의 시장가치와 동일하다(따라서 연금의 잉여는 항상 0인 것으로 간주됨) ; 적립되지 않은 연금제도는 적립된 연금제도의 크기와 같으며, 따라서 사적연금재부는 연금펀드 시장가치의 두 배로 간주된다.

연금제도의 은퇴유발 효과 연구에는 횡단면분석이 이용되었다. Disney 외(1994)와 Meghir와 Whitehouse(1997)는 영국의 자료를 분석하여 다음과 같은 결과를 얻었다—퇴직연금이 있는 근로자는 그렇지 않은 근로자에 비해 같은 직장에 오래 근속하는 경향이 있으며, 동시에 더 일찍 은퇴하는 경향이 있다 ; 퇴직연금에 일찍 가입할수록 일찍 퇴직할 가능성이 높아진다. 결국 퇴직연금 자산의 소득효과(income effect)와 재부효과(wealth effect)가 시점 간 대체효과(intertemporal substitution effect)를 능가하는 것으로 나타났다. 여기서 시점 간 대체효과는 노동이 늘어나면 최종임금 연금액도 증가하므로 은퇴가 지연되는 효과를 말한다. 퇴직연금이 없는 근로자가 일반적인 은퇴연령 이전에 은퇴하는 원인은 주로 실업과 건강문제이다. 부과방식 공적연금제도로 인한 상쇄효과도 존재하지만, 이는 적립방식 사적연금과 상당히 다르게 작용하는 것으로 나타났다. 한편 Sheshinski(1978), Boskin(1977), 그리고 Boskin과 Hurd(1978)는 노령인구 증가로 공적연금 지급을 위해 사회보장세(social security taxes)가 증가할 경우 경제활동 참가율을 낮추고 조기은퇴를 유도하는 역유인 효과(disincentive effect)가 있을 수 있다고 주장하였다. 또 한편 Blinder 외(1980)는 공적연금 수급연령 이후로 은퇴를 미루면 계리적 공정가치 이상으로 연금이 증가하므로 공적연금이 필연적으로 조기은퇴를 유발하는 것은 아니라고 주장했다. 물론 이러한 효과들은 사회보장제도의 구조에 따라 달라지며, 여러 영향이 종합된 순효과(net effect)는 실증분석을 통해서 밝혀야 할 부분이다.

심리학적 연구결과 또한 이 문제에 대한 통찰을 제공한다. 예를 들면 Cagan(1965)은 연금 관련 개인행동에 인지효과(recognition effect)가 존재함을 밝혔다. 즉, 개인은 의무적으로 연금제도에 가입하게 될 때야 비로소 처음으로 노후대비 저축의 중요성을 깨닫게 되고 이로 인해 저축에 더욱 힘쓰게 된다는 것이다. 이와 유사하게 Katona(1964)는 연금 관련 개인행동에 목표-가속화 효과(goal-gradient effect)가 존재함을 밝혔는데, 목표에 가까울수록 노력이 더욱 커진다는 것이다.

2.5.1 소비 의사결정

Blake(2004)는 전후 영국 자료를 이용하여 1인 대표적 경제주체(single representative agent)를 가정한 일종의 Feldstein 생애주기모형 소비함수 (2.3)를 추정하였다[4]. 이 접근법의 장점은 이미 존재하는 경제 전체에 대한 총합 자료를 이용할 수 있다는 것이다. 그러나 대표소비자 모형은 경제 내 소득분포에 대한 제약적인 조건이 충족되어야만 미시경제적 행동의 대표성을 가진다. 그 조건은 소득분포가 시간에 대해 일정하거나 또는 비확률적 시간의존 변수(deterministic time–dependent variables)의 함수여야 한다는 것이다(Stoker, 1986). Blundell 외(1993)는 이렇게 총합적 요인(aggregate factors)을 반영하게 되면 시계열 기반 대표적 경제주체 모형이 패널자료를 이용한 미시경제 모형에 비해 예측력 측면에서 꼭 우월하지는 않다는 것을 보였다. Goodman 외(1997, 제3장)는 영국의 소득분포가 전후부터 1985년까지는 안정적이었으나(지니계수[5] 0.26 내외), 그 이후 불평등성이 증가하였으며(특히 소득분포의 극단 부분에서), 1993년쯤에는 다시 안정화되었다(지니계수 0.34). 분석대상 표본기간에 걸친 연간 지니계수를 측정하는 변수를 포함시키면 통계적으로 유의하지 않게 나타나서 1975년 이후 소득분포의 변화가 대표적 경제주체 모형을 기각하기에는 충분하지 않았다.

[식 2.3]의 소비함수는 현재소비가 현재 총재부에만 의존하고, 재부의 구성이나 다른 변수에는 의존하지 않는다는 것을 의미한다. 그러나 이것은 완전 노동시장과 완전 자본시장 하에서만 성립한다. 완전 노동시장에서는 근로자가 비자발적 실업을 겪지 않아야 하며, 완전 자본시장에서는 연금재부나 인적자본과 같은 비유동성 비시장성 자산을 담보로 개인이 대출을 받을 수 있어야 한다.

현실에서 우리는 다음과 같은 가능성을 허용해야 한다—재부의 구성요소에 따

4 1948~1994 기간의 연간 자료가 사용되었으며, 재부 자료는 대부분 Blake와 Orszag(1999)에서 원용되었다. 인적자본은 전 성인인구에 대한 생애소득의 기대현재가치로 추정되었다.

5 지니계수는 영국의 통계학자 Corrado Gini에 의해 개발된 소득불평등을 나타내는 척도(measure)이다. 지니계수는 0부터 1까지의 값을 가질 수 있다. 모든 사람이 동일한 소득을 얻는 완벽한 평등 상태라면 지니계수는 0이 되고, 한 사람이 모든 소득을 차지하고 나머지 사람들은 소득이 전혀 없는 완벽한 불평등 상태라면 지니계수는 1이 된다.

라 소비에 미치는 영향이 다를 수 있다 ; 재부의 다른 특성(예를 들면 재부 구성요소별 수익률)이 소비에 영향을 미칠 수 있다 ; 개인은 유동성에 제약을 받는다 ; 이러한 제약은 금융 규제완화(financial deregulation) 등에 의해 시간이 흐름에 따라 변화될 수 있다 ; 그 외에도 소비에 영향을 주는 요인들이 존재한다.

이러한 가능성들은 다음과 같은 방식으로 반영되었다.

- **총재부의 구성요소를 각각 별도의 설명변수로 반영** : 총 개인재부(total personal wealth) $A+\overline{W}$는 다음의 여덟 가지 구성요소로 나눌 수 있다. (1) A_F : 순금융재부(net financial wealth), (2) A_H : 부동산 재부(housing wealth), (3) A_B : 기본 공적연금 재부(basic state pension wealth)[6], (4) A_D : 내구소비재 재부(consumer durable wealth), (5) A_S : 소득기반 공적연금 재부(state earnings related pension〈역주 : 사용자와 근로자가 부담금을 납부하고 정부가 관리하는 영국의 연금제도이다. 1978년 4월 6일부터 2002년 4월 5일까지 부담금이 납부되었으며, 그 후에는 공적 제2연금(state second pension)으로 대체되었다.(출처 : Wikipedia)〉 wealth), (6) A_O : 퇴직연금 재부(occupational pension wealth), (7) A_P : 개인연금 재부(personal pension wealth), (8) $\overline{W}$: 인적자본.
- **총재부 실질수익률, 총재부 구성요소의 실질수익률[7]을 설명변수로 고려** : r_W, r_F, r_H, r_D, r_B, r_S, r_O, r_P.
- **유동성 제약** : 소비함수에 현재소득을 도입하여 유동성 제약 효과를 반영한다. 이로써 생애소득모형과 상치되는 현재소득에 대한 소비의 과도한 민감성(excess sensitivity)을 반영할 수 있다(Hall, 1978 ; Flavin, 1985 ; Zeldes, 1989 ; Cushing, 1992). 예를 들어 [식 2.3]은 유동성 제약이 없는 소비자의 총합을 나타낸다. 유동성이 제약된 개인은 현재소득만큼만 소비할 수 있도록 제약된

---

6 이에 대한 자세한 사항과 여타 연금제도 형태에 대해서는 Blake(2003)를 참고하라.

7 r_B, r_S, r_O는 내부 수익률(internal rate of return)법으로 측정하고, r_W는 재부 구성요소 수익률의 가중평균이다. 인적자본을 측정하기 위해서 실질할인율로 3%(Government Actuary's Department에서 공적연금재부를 추정할 때 적용하는 할인율과 동일)를 적용하였다.

다. 이러한 개인이 총 개인 가처분소득(total personal disposable income) W_t의 일정 비율(c)만큼을 받는다면 총소비함수는 다음과 같게 된다.

식 2.5 $C_t = b(A_t + \overline{W}_t) + cW_t$

- **생애주기 요소** : [식 2.5]는 상속동기가 없는 대표적 경제주체의 최적 소비행동을 나타낸다. 이러한 경우, 소비는 개인의 연령과 독립적이게 된다. 여러 연구자들이 다양한 방식으로 생애주기 요소를 반영하였다. Modigliani(1970)와 Feldstein(1980)은 젊은이의 인구비중과 노년층의 인구비중을 각각 청년부양률(youth dependency ratio ; *YOUTHDR*)과 고령층부양률(elderly dependency ratio ; *AGEDR*) 변수로 반영하였다. Hamermesh(1985)는 기대수명(life expectancy ; *LIFEXP*)을 반영하였다. Hurd(1987)는 상속동기의 존재를 밝히기 위해 횡단면자료를 이용하여 자녀가 있는 노년층의 저축이 자녀가 없는 노년층의 저축보다 큰지를 검증하였지만 상속동기의 증거를 발견하지는 못하였다. 상속동기는 총합 시계열 분석으로는 검증할 수 없다.
- **노동시장 참가상태** : 개인의 노동시장 참가상태(고용상태 또는 실업, 경제활동 참가연령 또는 은퇴)는 분명히 소비행동에 영향을 미치는 요인이다. 많은 연구자들이 실업률(*UN*)을 분석에 포함시킨다. Campbell과 Mankiw(1991)은 1980년대 실업률 증가가 금융 규제완화로 인한 소비증가 효과를 축소시켰는지를 분석하였다. 한편 소비와 여가 사이에 상충관계가 있다면, 실질임금(real wage)이나 근로시간(hours worked)이 커질 때 소비도 증가하도록 모형에 포함되어야 한다. Barro(1974, 1978), Burkhauser와 Turner(1982) 및 Bayoumi(1995)는 근로시간의 대리변수로 실업률을 이용하였다.
- **물가 상승률** : 실질이자수익이 아니라 명목이자수익이 국민계정에 반영되므로 물가상승 시 소비자는 저축을 늘려야 한다(Bayoumi, 1993, p. 1434). Hendry와 von Ungern–Sternberg(1981) 및 Hendry(1994)는 유동성자산에 물가 상승률을 곱하여 산출한 값($\dot{P}_F$)을 변수로 사용하였는데, 이는 $\dot{P}_F$값이 높아지면

개인은 유동성 자산의 실질가치를 유지하기 위해 저축을 늘릴 것으로 예상되기 때문이다.

- **여타 부문으로부터의 파급효과**(spillover effects) : 일부 연구자는 기업부문 저축(SC) 및 정부부문 저축(SG)을 포함시키기도 하는데, 이들 부문의 저축이 개인 저축을 대체하거나 개인 소비를 보완할 수도 있기 때문이다. 예를 들면 Feldstein(1974)은 기업의 사내유보이익(retained earnings)을 포함시켰고, Barro(1974, 1978)는 정부 잉여(government surplus)를 포함시켰다. 기업의 퇴직연금제도에 잉여금이 있을 경우 연금수급자와 일부분 공유할 수도 있다는 가능성을 고려하여 퇴직연금잉여금($SURPLUS$)을 포함시킬 수도 있다.

[표 2.1]은 이 모형에 근거해 세 가지 버전으로 추정된 장기 탄력성(long-run elasticities)[8]을 보여준다. 총재부($A+\overline{W}$)는 탄력성이 1/3 정도로 나타났으며, 양의 탄력성을 갖는 변수로 부동산 재부(A_H)는 0.7~0.8, 기본공적연금 재부(A_B)는 0.4, 소득기반 공적연금 재부(A_S)는 0.1이었다. 음의 탄력성을 갖는 변수는 퇴직연금재부(A_O)가 −0.09와 개인연금 재부(A_P)가 −0.007이었으며, 개인가처분소득(W)은 0.5~0.8의 탄력성을 갖는 것으로 나타났다. 핵심적인 결과는 공적연금재부가 소비에 유의하게 양(+)의 영향(즉, 저축에는 음(−)의 영향)을 끼친다는 것과 개인연금재부가 소비에 유의하게 음(−)의 영향(즉, 저축에는 양(+)의 영향)을 끼친다는 것이다.

이 결과는 Edwards(1996)의 국가별 저축에 대한 연구와 비교할 수 있다. Edwards는 OECD(미국과 영국 제외), 라틴아메리카, 동아시아 36개국의 패널자료를 분석하여 민간 저축이 고령층 부양률(elderly dependency ratio), 정부저축 및 사회보장지출과 음(−)의 관계를 갖는다는 결론을 내렸다.

Poterba 외(1996)는 미국에서 1983~1986년 동안 개인은퇴계좌(individual retirement accounts ; IRAs)와 401(k)에 대해 부담금 면세한도를 높인 결과 개인저축이

---

8 A의 B에 대한 탄력성(elasticity of A with respect to B)은 B가 1% 변동할 때 A가 몇 퍼센트 변동하는지를 나타낸다.

[표 2.1] 재부와 기타 변수에 대한 소비의 장기 탄력성

설명변수	종속변수		
	$C(1)$	$C(2)$	$C(3)$
$A+\overline{W}$	0.3447(8.18)	–	–
A_H	–	0.0712(11.18)	0.0811(7.76)
A_B	–	0.0441(2.54)	0.0444(2.47)
A_S	–	0.1066(5.58)	0.0977(5.10)
A_O	–	−0.0883(4.67)	−0.0860(4.10)
A_P	–	−0.0072(9.47)	−0.0066(6.46)
r_W	0.0054(1.04)	0.0044(4.80)	–
r_F	–	–	0.0003(3.91)
r_B	–	–	0.0063(2.33)
W	0.5030(9.78)	0.7727(21.13)	0.7693(20.58)
$YOUTHDR$	0.0528(1.19)	–	–
ΔUN	−0.0015(5.11)	–	–
$AGEDR$	–	−0.0819(4.73)	−0.0702(3.64)
$\dot{P}_F$	−0.0068(2.21)	–	–
SG	0.0035(8.32)	0.0021(5.63)	0.0023(5.41)
SC	–	–	0.0180(2.02)
$SURPLUS$	–	0.0018(2.40)	0.0013(1.68)

주 : Δ는 변화분을 의미하고, ( ) 안의 숫자는 t값(t − ratio)을 나타냄.
출처 : Blake, 2004, table 3.

1 : 1 비율로 증가했음을 발견했다. 그러나 Gale과 Scholz(1994)가 동일한 기간에 대해 수행한 연구에서는 IRAs에 대한 부담금 한도를 높인 결과 과세대상 저축으로부터 세금감면이 있는 IRAs로 이동하는 효과만 있었을 뿐 국가 전체 저축을 증대시키는 효과는 없었다. 결국 이 두 연구결과는 개인저축 증가가 세금우대분 충당으로 인한 정부저축 감소로 상당부분 상쇄될 수 있다는 것을 시사한다. 1988년 영국에서 개인연금제도(미국의 IRAs와 401(k)에 상응)를 도입했을 때 동일한 결과가 나타났다.

이 결과는 영국에 대한 여러 횡단면분석과도 비교할 수 있다. Alessie 외(1997)는 1982년 6월까지 있었던 내구재에 대해 법적으로 높은 초기납부금(downpayment)이 적용된 것이 상대적으로 젊은 가구에게 구속력 있는 제약으로 작용했을

것으로 보아 연령군 분석(cohort analysis)을 실시하였는데, 1985~1988년 동안 소비지출이 크게 증가한 것은 1984~1986년 사이에 이루어진 완전 금융자유화 추가 조치로 설명될 수 없다는 것을 발견했다. Attanasio와 Weber(1994)는 1985~1986년 사이의 소비증가가 주로 젊은 연령층에 의한 것이었는데, 이는 젊은 연령층에서 기대 생애 근로소득이 높아진 데 기인한다고 주장하였다. 1982년 이후 주택가격 상승이 소비의 중요한 결정요인이었지만 1985년 이후의 소비 급증을 설명하지는 못하였다. 부동산 재부 역시 소비의 결정요인임이 확인되었으나, 인적자본은 통계적 유의성이 없었다. 1980년대의 소비 급증은 대체로 공적연금 재부(특히 소득기반 공적연금 재부)와 1980년대의 퇴직연금 잉여증가로 설명될 수 있다.

2.5.2 은퇴 행동

표준적인 은퇴연령(보통 60~65세)이 있긴 하지만 실제 은퇴하는 나이는 점차 일정하지 않게 되고 있다. 이와 함께 은퇴가 더 이상 노동여부를 양자택일하는 결정을 의미하지도 않게 되었다. 어떤 사람들은 표준 은퇴연령 이후에도 계속해서 고용되어 있기도 하고, 어떤 사람들은 은퇴연령 이전에 이미 비상근직에 종사하기도 한다. 또한 유도된 은퇴(induced retirement)가 존재하기도 한다. 이처럼 은퇴 의사결정은 매우 복잡한 것으로, 총합 시계열 모형(aggregate time series model)에서 정확하게 모형화하기 매우 어렵다.

Blake(2004)는 고령층의 경제활동 참가율(AGEPR)에 영향을 미치는 요인을 분석하였다. [표 2.2]는 Blake가 적용한 모형의 장기 탄력성 추정결과를 보여주는데, 총재부($A+\overline{W}$)가 1% 증가하면 고령층 경제활동 참가율을 0.5% 미만으로 낮추는 것으로 나타났다. 이 효과는 주로 총재부에서 가장 큰 비중을 차지하는 인적자본($\overline{W}$)에 의해 발생된다. 인적자본($\overline{W}$)이 독립적으로 소비에 영향을 미치는 것은 아닐지라도, 은퇴를 유도하는 데에는 유의한 양(+)의 효과를 갖는다. 여기서 고려하는 대표적 경제주체는 일부분은 청년, 일부분은 장년, 일부분은 노년으로 이루어져 있다. 만일 청년 부분에서 인적자본의 증가가 있었다면 이는 노년 부분의

[표 2.2] 경제활동 참가율의 재부와 기타 변수에 대한 장기 탄력성

설명변수	종속변수	
	$AGEPR(1)$	$AGEPR(2)$
$A+\overline{W}$(t-ratio)	−0.4413(1.53)	−
A_H	−	0.1534(3.89)
A_O	−	−0.4839(14.50)
A_P	−	0.0682(10.17)
W	−	−0.5148(3.09)
W	0.9520(2.17)	0.7058(4.11)
$YOUTHDR$	2.0485(10.81)	−
$LIFEXP$	−10.8196(5.94)	−

주 : ( ) 안의 숫자는 t값(t − ratio)을 나타냄(원문에 없음).
출처 : Blake, 2004, table 4.

조기 은퇴를 유도하게 된다. 또한 퇴직연금 재부(A_O)의 장기 탄력성은 −0.48로 추정되어 유의한 양(+)의 은퇴유발 효과가 있는 것으로 나타났다. 이는 Disney 외(1994) 및 Meghir와 Whitehouse(1997)의 영국에 대한 횡단면 연구결과와 일관된다.

한편 부동산 재부(A_H)와 개인연금 재부(A_P)의 증가는 은퇴를 늦추는 효과가 있는 것으로 나타났다. 이는 생애주기 가설과 상치되는 결과이다. 소득(W)의 경우 장기 탄력성이 0.7~0.95로 고령층 경제활동 참가율에 강한 양(+)의 영향을 주는 것으로 나타났다. 나머지 두 변수도 총재부가 포함된 모형에서 유의한 것으로 나타났다. 청년부양률($YOUTHDR$)이 높아지면 은퇴연령이 크게 증가하고, 수명이 늘어나면 (이환율 morbidity를 증가시켜) 경제활동 참가율이 낮아지는 것으로 나타났다. 흥미롭게도 공적연금은 은퇴 의사결정에 영향을 미치지 못하는 것으로 나타났다. 이는 Sheshinski, Boskin 및 Hurd 효과와 Blinder, Gordon 및 Wise 효과가 서로 상쇄된다는 것을 시사한다.

2.5.3 추가논의

앞서 살펴본 결과 공적연금 재부는 강한 저축대체 효과를 가지고 있어서 은퇴에 대비해 개인적으로 저축할 필요성을 줄이는 것으로 나타났는데, 이는 Feldstein의 연구(1974, 1976, 1979, 1982)와 유사한 결과이다. 그러나 은퇴유발 효과는 없는 것으로 (최소한 고령층의 경제활동 참가율을 낮추지 않는 것으로) 나타났다. 반면 사적 퇴직연금은 직접적으로 저축증대(소비감축) 효과가 있는 것으로 나타났는데, 간접적으로는 고령층 경제활동인구를 낮춤으로써 저축을 줄이는 효과도 있다. 순효과는 양(+)으로 나타났다. 사적 개인연금 또한 저축을 증대시키는 직접효과가 있는 것으로 나타났는데, 이는 개인연금이 고령층 경제활동 참가율을 높이는 효과에 의해 더욱 강화된다. 고령층 경제활동 참가율에 대한 퇴직연금과 개인연금의 영향을 [표 2.1]과 [표 2.2]에 기초하여 분석해 보면, 퇴직연금에 대한 저축의 장기 탄력성은 0.0577, 개인연금에 대한 장기 탄력성은 0.0127로 나타난다.

이러한 결과로부터 다음과 같은 중요한 정책적 함의를 도출할 수 있다. 첫째, 정부가 국민저축(national savings)을 증대시키고 은퇴를 늦추고자 한다면 공적연금제도에 개인 은퇴계좌(individual retirement account)를 설치하는 것을 고려해야 한다. Feldstein(1978, 1997)을 비롯한 여러 연구에서 이러한 권고가 제시되었다. 칠레의 경우 1981년 연금적립을 민영화한 후 국민저축이 크게 증가하였다. Gale과 Scholz(1994)는 사적연금을 장려하기 위한 세금감면은 결국 공적 저축을 감소시키는 경향이 있다는 것을 밝혔다. 또한 Feldstein과 Bacchetta (1991)는 국내저축을 증대시키기 위한 정책은 국내 자본저량(capital stock) 증대로 귀결되며, 증가분은 최대 1/3까지 해외로 유출된다는 것을 밝혔다. 둘째, 자본시장의 불완전성이 점차 줄어들면서 소비자들은 비유동적인 연금자산을 담보로 대출을 받을 수 있게 될 것이다. 유동성이 낮은 부동산을 담보로 대출을 받는 것은 1980년대부터 가능했었는데, 이와 동일한 구조로 연금자산을 유동화하는 것이 가능할 것이다. 이는 소비에 큰 영향을 줄 것이며, 정책당국이 전통적인 정책수단을 통해 소비를 변화시키기가 무척 어려워질 수 있음을 의미한다. 이는 결국 적립방식 사적연금의 양

(+)의 저축효과를 상쇄하게 될 수도 있을 것이다.

2.6 결론

생애주기모형은 지난 반세기 동안 저축과 은퇴 의사결정을 연구하는 주된 분석틀로 이용되어 왔다. 개인은 언젠가는 일을 하기에는 너무 나이가 많아지기 때문에 은퇴 후 적당한 삶의 질을 유지하기 위해서는 일하는 동안 저축이 필요하다는 사실을 인지하게 된다.

연금제도는 생애주기모형으로 잘 분석될 수 있다. 부과방식 공적연금은 개인의 재량적인 저축을 감소시키고 그 크기만큼 국민저축을 감소시키는데, 이는 개인이 은퇴에 대비해 사적으로 저축할 필요가 줄어들기 때문이다. 적립방식 사적연금에 대한 부담금은 일반적으로 총저축에 영향을 미치지 않는데, 이는 부담금에 해당되는 금액만큼 재량적인 저축이 줄어들기 때문이다.

연금제도의 존재는 은퇴 의사결정에도 영향을 미칠 수 있다. 연금재부의 규모가 크다면 은퇴를 유도하는 효과가 있을 수 있다. 부과방식 공적연금에서 이러한 효과가 나타나는 것으로 보인다. 사적부문의 퇴직연금제도에서는 부담금이 투자된 후 미래에 연금급여로 지급되는데, 이로 인해 은퇴를 늦추는 효과가 있다. 연금자산이 충분하지 못한 사람은 부족분을 충당하기 위해 더 오래 일하기로 결정하기도 한다.

초기의 실증분석에서는 생애주기모형을 뒷받침하는 증거를 찾아내지 못하였으나, 이는 저축을 정확하게 정의하지 못한 탓이었다. 실증분석을 통해 밝혀진 사항은 다음과 같다 ; 공적연금은 일찍 은퇴하도록 유도하는 효과는 약하지만 은퇴에 대비하여 사적으로 저축할 필요성을 줄여준다 ; 사적 퇴직연금은 저축을 증대시키면서 일찍 은퇴하도록 유도하는 효과가 있다 ; 사적 개인연금은 저축을 증대시키지만 은퇴를 미루는 효과가 있다.

연 / 습 / 문 / 제

01. 생애주기모형을 설명하라.

02. 예시를 이용하여 생애주기 동안 저축이 볼록한 모양을 가진다는 것을 도출하라.

03. 할인된 생애효용이란 무엇인가?

04. 시점 간 예산제약에 대해 설명하라.

05. 효용과 한계효용에 대해 설명하라.

06. 시점 간 대체 탄력성(intertemporal substitution elasticity)에 대해 설명하라.

07. 시간선호율(the rate of time preference)은 무엇을 측정하는가?

08. 개인이 대출을 받을지 대부를 할지 결정하도록 하는 요인은 무엇인가?

09. 인적자본을 정의하라.

10. 소비의 효용이 로그함수이고 자본시장과 노동시장이 완벽하다면 최적소비는 어떻게 결정될 것인가?

11. 시점 간 무차별곡선(intertemporal indifference curve)이란 무엇인가?

12. 부과방식 공적연금을 도입하면 개인의 저축과 국민저축에 어떤 영향이 있는가?

13. 적립방식 사적연금을 도입하면 개인의 저축과 국민저축에 어떤 영향이 있는가?

14. 한계(marginal)와 내경계(inframarginal)의 차이를 비교하라.

15. 어떤 경우 강제된 과다저축(forced oversavings)이 발생하는가?

16. 연금에 대한 저축의 세금우대 효과를 설명하라.

17. 연금제도가 없는 경우 은퇴 의사결정을 설명하라.

18. 적립방식 사적연금이 있는 경우 은퇴 의사결정을 설명하라.

19. 부과방식 공적연금이 있는 경우 은퇴 의사결정을 설명하라.

20. 소득검증(earnings test)의 근로유인에 대한 효과를 설명하라.

21. 생애주기모형의 타당성을 검증하기 위한 실증분석 결과를 설명하라.

22. 생애주기모형에서 저축의 적절한 정의는 무엇인가?

23. 은퇴유발 효과를 고려한 Feldstein 생애주기모형을 설명하라.

24. 자본시장과 노동시장이 완전하지 않을 때 소비에 영향을 주는 기타요인으로는 무엇이 있는가?

참 / 고 / 문 / 헌

Alessie, R., Devereux, M.P. and Weber, G. (1997) Intertemporal consumption, durables and liquidity constraints : a cohort analysis, *European Economic Review*, **41**, 37 – 59.

Ando, A. and Modigliani, F. (1957) The life cycle hypothesis of saving : aggregate implications and tests, *American Economic Review*, **53**, 55 – 84.

Attanasio, O.P. and Weber, G. (1994) The UK consumption boom of the late 1980s : aggregate implications of microeconomic evidence, *Economic Journal*, **104**, 1269 – 302.

Barro, R. J. (1974) Are government bonds net wealth?, *Journal of Political Economy*, **82**, 1095 – 1117.

_________ (1978) *The Impact of Social Security on Private Saving*, American Enterprise Institute, Washington, D.C.

Bayoumi, T. (1993) Financial deregulation and household saving, *Economic Journal*, **103**, 1432 – 1443.

__________ (1995) Explaining Consumption : A Simple Test of Alternative Hypotheses, Discussion Paper 1289, Centre for Economic Policy Research, London, December.

Blake, D. (2000) *Financial Market Analysis*, John Wiley & Sons, Chichester.

_______ (2003) *Pension Schemes and Pension Funds in the United Kingdom*, Oxford University Press, Oxford.

_______ (2004) The impact of wealth on consumption and retirement behaviour in the UK, *Applied Financial Economics*, **14**, 555 – 576.

Blake, D. and Orszag, M. (1999) Annual estimates of personal wealth holdings in the UK since 1948, *Applied Financial Economics*, **9**, 397 – 421.

Blinder, A. (1981) *Private Pensions and Public Pensions : Theory & Fact*, W. S. Woytinsky Lecture No. 5, Institute of Public Policy Studies, University of Michigan.

Blinder, A., Gordon, R. and Wise, D. (1980) Reconsidering the disincentive effects of social security, *National Tax Journal*, **33**, 431 – 442.

____________________________ (1983) Social security bequests and the life cycle theory of saving : cross-sectional tests, in Modigliani, F. and Hemming, R. (eds), *The Determinants of National Savings and Wealth*, St. Martin's Press, New York, pp. 89 – 122.

Blundell, R., Pashardes, P. and Weber, G. (1993) What do we learn about consumer demand patterns from microdata?, *American Economic Review*, **83**, 570 – 597.

Bodie, Z., Merton, R. and Samuelson, W. (1992) Labor supply flexibility and portfolio choice in a life cycle model, *Journal of Economic Dynamics & Control*, **16**, 427 – 449.

Boskin, M.J. (1977) Social security and retirement decisions, *Economic Inquiry*, **15**, 1 – 25.

Boskin, M.J. and Hurd, M.D. (1978) The effect of social security on early retirement, *Journal of Public Economics*, **10**, 361 – 377.

Browning, M.J. (1982) Savings and pensions : some UK evidence, *Economic Journal*, **92**, 954 – 963.

Burkhauser, R. and Turner, J. (1982) Social security, preretirement labour supply and saving : a confirmation and critique, *Journal of Political Economy*, **90**, 643 – 664.

Cagan, P. (1965) *The Effect of Pension Plans on Aggregate Savings*, National Bureau of Economic Research, New York.

Campbell, J.Y. and Mankiw, N.G. (1991) The response of consumption to income : a cross-country investigation, *European Economic Review*, **35**, 723 – 767.

Crawford, P.C. and Lilien, D.M. (1981) Social security and the retirement decision, *Quarterly Journal of Economics*, **46**, 505 – 529.

Cushing, M.J. (1992) Liquidity constraints and aggregate consumption behaviour, *Economic Inquiry*, **30**, 134 – 153.

Danziger, S., Van Der Gaag, J., Smolensky, E. and Taussig, M. (1982~1983) The life cycle hypothesis and the consumption behaviour of the elderly, *Journal of Post–Keynesian Economics*, **5**, 208 – 227.

Darby, M. (1979) *The Effects of Social Security on Income and the Capital Stock*, American Enterprise Institute, Washington, D.C.

David, M. and Menchik, P. (1985) The effect of social security on lifetime wealth accumulation and bequests, *Economica*, **52**, 421 – 434.

Davidoff, T., Brown, J. R. and Diamond, P. A. (2005) Annuities and individual welfare, *American Economic Review*, **95**, 1573 – 1590.

Disney, R., Meghir, C. and Whitehouse, E. (1994) Retirement behaviour in Britain, *Fiscal Studies*, **15**, 24 – 43.

Edwards, S. (1996) The Chilean Pension Reform : A Pioneering Programme, NBER Working Paper No. 5811.

Feldstein, M. (1974) Social security, induced retirement and aggregate capital accumulation, *Journal of Political Economy*, **82**, 905 – 926.

__________ (1976) Social security and savings : the extended life cycle theory, *American Economic Review, Papers and Proceedings*, **66**, 77 – 86. Individual Pension Decision Making 43.

__________ (1978) Do private pensions increase national savings? *Journal of Public Economics*, **10**, 277 – 293.

__________ (1979) Social security and private saving : another look, *Social Security Bulletin*, **42**, 36 – 39.

__________ (1980) International differences in social security and savings, *Journal of Public Economics*, **14**, 225 – 244.

__________ (1982) Social security and private saving : reply, *Journal of Political Economy*, **90**, 630 – 642.

__________ (1997) The case for privatisation, *Foreign Affairs*, **76**, 24 – 38.

Feldstein, M. and Bacchetta, P. (1991) National savings and international investment, in Bernheim, B. and Shoven, J. (eds), *National Saving and Economic Performance*, University of Chicago Press, Chicago.

Flavin, M. (1985) Excess sensitivity of consumption to current income : liquidity constraints or myopia?, *Canadian Journal of Economics*, **18**, 117 – 136.

Friedman, B. and Warshawsky, M. (1990) The cost of annuities : implications for saving behaviour and bequests, *Quarterly Journal of Economics*, **105**, 135 – 154.

Gale,W. and Scholz, J. (1994) IRAs and household saving, *American Economic Review*, **84**, 1233 – 1260.

Goodman, A. Johnson, P. and Webb, S. (1997) *Inequality in the UK*, Oxford University Press, Oxford.

Green, F. (1981) The effect of occupational pension schemes on saving in the United Kingdom : a test of the life cycle hypothesis, *Economic Journal*, **91**, 136 – 144.

Hall, R.E. (1978) Stochastic implications of the life cycle—permanent income hypothesis : theory and evidence, *Journal of Political Economy*, **86**, 971 – 987.

Hamermesh, D. (1985) Expectations, life expectancy and economic behaviour, *Quarterly Journal of Economics*, **100**, 389 – 408.

Hemming, R. (1978) State pensions and personal savings, *Scottish Journal of Political Economy*, **25**, 135 – 147.

Hemming, R. and Harvey, R. (1983) Occupational pension scheme membership and retirement saving, *Economic Journal*, **93**, 128 – 144.

Hendry, D. F. (1994) HUS revisited, *Oxford Review of Economic Policy*, **10**, 86 – 106.

Hendry, D. F. and von Ungern–Sternberg, T. (1981) Liquidity and inflation effects on consumers'expenditure, in Deaton, A.S. (ed.), *Essays in the Theory and Measurement of Consumer Behaviour*, Cambridge University Press, Cambridge.

Holzman, R. (1997) Pension reform, financial market development and economic growth : preliminary evidence from Chile, *IMF Staff Papers*, **44**, 149 – 178.

Horioka, C., Kasuga, N., Yamazaki, K. and Watanabe, W. (1996) Do the Aged Dissave in Japan? : Evidence from Micro Data, University of Kobe Institute of Social and Economic Research, Discussion Paper No. 402.

Hurd, M. (1987) Savings of the elderly and desired bequests, *American Economic Review*, **77**, 298 – 312.

Jappelli, T. and Modigliani, F. (2005) The age–saving profile and the life–cycle hypothesis, *The Collected Papers of Franco Modigliani, Volume 6*, MIT Press,

Cambridge, MA, pp. 141 – 172.

Katona, G. (1964) *Private Pensions and Individual Savings*, Survey Research Center, Institute for Social Research, University of Michigan.

Kotlikoff, C.J. (1979) Testing a theory of social security and life cycle accumulation, *American Economic Review*, **69**, 396 – 410.

Kotlikoff, L. and Summers, L. (1981) The role of intergenerational transfers in aggregate capital accumulation, *Journal of Political Economy*, **89**, 706 – 732.

Kurz, M. (1984) Capital accumulation and the characteristics of private intergenerational transfers, *Economica*, **51**, 1 – 22.

Laitner, J. and Juster, F.T. (1996) New evidence on altruism : a study of TIAACREF retirees, *American Economic Review*, **86**, 893 – 908.

Leimer, D. and Lesnoy, S. (1982) Social security and private saving : new time series evidence, *Journal of Political Economy*, **90**, 606 – 642.

Leimer, D. and Richardson, D. (1992) Social security, uncertainty adjustments and the consumption decision, *Economica*, **59**, 311 – 336.

Meghir, C. and Whitehouse, E. (1997) Labour market transitions and the retirement of men in the UK, *Journal of Econometrics*, **79**, 327 – 354.

Merton, R. C. (1969) Lifetime portfolio selection under uncertainty : the continuous-time case, *Review of Economics and Statistics*, **51**, 247 – 257.

__________ (1971) Optimum consumption and portfolio rules in a continuoustime model, *Journal of Economic Theory*, **3**, 373 – 413.

Mirer, T. (1979) The wealth–age relation among the aged, *American Economic Review*, **69**, 435 – 443.

Modigliani, F. (1970) The life–cycle hypothesis of saving and intercountry differences in the savings ratio, in Eltis, W.A., Scott, F.G. and Wolfe, J. N. (eds), *Induction, Growth and Trade : Essays in Honour of Sir Roy Harrod*, Clarendon Press, Oxford, pp. 197 – 226.

Modigliani, F. (1986) Life–cycle, individual thrift, and the wealth of nations, *American Economic Review*, **76**, 297 – 313.

Modigliani, F. and Ando, A. (1963) The life cycle hypothesis of saving : aggregated implications and tests, *American Economic Review*, **53**, 55 – 84.

Pitelis, C. N. (1985) The effects of life assurance and pension funds on other savings : the post–war UK experience, *Bulletin of Economic Research*, **37**, 213 – 229.

Poterba, J. (1994), Introduction, in *International Comparison of Personal Saving*, Poterba, J. (ed.), University of Chicago Press, Chicago.

Poterba, J., Venti, S. and Wise, D. (1996) Personal Retirement Savings Programs and Asset Accumulation : Reconciling the Evidence, *NBER Working Paper* No. 5599.

Sheshinski, E. (1978) A model of social security and retirement decisions, *Journal of Public Economics*, **10**, 337 – 360.

Stoker, T. (1986) Simple tests of distributional effects on macroeconomic equations, *Journal of Political Economy*, **94**, 763 – 795.

Takayama, N. (1990) How much do public pensions discourage personal savings and induce early retirement in Japan, *Hitotsubashi Journal of Economics*, **31**, 87 – 104.

Taylor, L. (1971) Saving out of different types of income, *Brookings Papers on Economic Activity*, **2**, 383 – 407.

Threadgold, A. R. (1978) Personal Savings : The Impact of Life Assurance and Pension Funds, Bank of England Discussion Paper No. 1, October.

Yaari, M. (1965), Uncertain lifetime, life insurance and the theory of the consumer, *Review of Economic Studies*, **32**, 137 – 150.

Zeldes, S. P. (1989) Consumption and liquidity constraints : an empirical investigation, *Journal of Political Economy*, **97**, 305 – 346.

제3장 | 연금 미시경제학 Ⅱ : 기업의 연금 의사결정

03

연금 미시경제학 Ⅱ
: 기업의 연금 의사결정

03 연금 미시경제학 Ⅱ
: 기업의 연금 의사결정

연금 미시경제학의 두 번째 내용은 기업의 연금 의사결정에 대한 것이다. 이 장에서는 기업이 근로자에 대한 보수 패키지(compensation package)의 하나로 왜 연금을 제공하는지에 대해 논의하고 일부 기업들이 정년퇴직 조항을 고용계약에 포함시키는 이유에 대해서 살펴본다. 또한 기업의 관점에서 연금부채(pension liabilities)의 본질이 기업의 근로자에 대한 시각에 따라 어떻게 달라지는지도 검토한다. 이는 기업이 근로자를 일용 노동시장(spot labor market)에서 고용하는 것으로 보는지 아니면 근로자와 암묵적 장기계약(implicit long-term contract)을 체결한 것으로 보는지에 따라 달라진다. 이어서 세금과 연금정책에 대해 살펴보고, 마지막으로 연금제도와 연금펀드에서의 대리인 관계(agency relationship)에 대해 논의한다.

3.1 기업의 연금 제공

기업 연금제도(corporate pension scheme)는 19세기 말 선진국에서 발전되기 시작하였는데, 20세기 후반까지는 널리 보급되지 않았다. 기업 연금제도의 발전과정을 설명하기 위해 여러 가지 이유들이 제시되었다(Logue, 1979).

- 19세기 말부터 노년기의 빈곤문제에 대한 인식이 증가함에 따라 20세기 초

사회보장제도로서의 공적연금제도가 도입되었고 사적연금제도에 대한 수요가 생기기 시작하자 일부 이타적 사용자(altruistic employer)가 이에 부응하게 되었다.

- 이 시기에 기업들이 빠르게 성장하면서 복잡화가 심화되고 지리적으로도 확산되기 시작했다. 이러한 기업의 경영진은 연금제도의 설립으로 근로자를 더욱 효과적으로 모니터링하고 통제할 수 있었다.
- 적립방식 사적연금이 기업과 근로자에게 유리하도록 세법이 만들어졌다. 영국, 미국 등 여러 국가에서는 EET(Exempt-Exempt-Taxed) 과세구조를 운영하고 있다. 즉, 기업과 근로자 모두 연금 부담금에 대해 세금공제(tax deductible)를 적용받고, 부담금 투자수익에는 이자소득세와 자본이득세가 적용되지 않으며, 연금을 받을 때만 과세하는 것이다.
- 연금이 사용자와 노동조합(trade union) 사이의 단체교섭(collective bargaining deal) 대상에 포함되기 시작하였다.
- 근로자의 기대수명이 늘어남에 따라 생산성이 낮아진 노동자가 자연적으로 감소하는 메커니즘이 더 이상 작동하지 않게 되었고, 기업은 근로자의 은퇴를 보다 체계적으로 계획할 필요가 있게 되었다.
- 개인이 스스로 투자하는 것보다는 연금펀드를 통해 투자하는 것이 투자기회, 투자비용, 투자관리 측면에서 우월하다고 인식되었다.
- 전쟁 중이나 고물가 시기에 소득정책을 시행하여 직접적인 임금상승을 제한함에 따라 이를 회피하기 위해 간접적인 임금인상 방법으로 더 많은 연금혜택을 제공하게 되었다.

이제 기업의 연금제공에 관한 세 가지 주된 이유에 대해 좀 더 깊게 살펴보도록 하자.

3.2 고용계약에서 연금의 역할

기업이 근로자에게 연금을 제공하는 세 가지 주된 이유는 다음과 같다(Logue, 1979).

- 이타주의(altruism)로서의 연금(장기근속에 대한 보상)
- 이연된 보수(differed pay)로서의 연금
- 조건부 청구권(contingent claim)으로서의 연금

3.2.1 이타주의로서의 연금

연금에 대한 이타주의 관점은 빅토리아 시대의 시민 책무까지 거슬러 올라간다. Squires(1912)는 '사회 경제체제 전체의 관점에서 볼 때, 어느 사용자에게도 개인의 근로 인생을 10년, 20년, 40년에 걸쳐 완전히 소진시킨 후 바다 위에 표류하는 난파선처럼 사회에 내던질 권리는 없다'고 쓰고 있다. 이 관점에는 잔인한 경제적 현실주의가 녹아 있다. 영국 북동철도회사(North Eastern Railway Company)의 임원이었던 A. Kaye Butterworth는 '연금은 사업상 필요에 의해서 제공하는 것이지 박애주의 차원에서 제공하는 것이 아니다. 만일 효과적인 연금펀드가 없다면 관리자는 직원을 유지하기 위해 지속적으로 노력을 기울여야만 할 것이다(철도연금펀드 분과위원회 자료, Cd.5484, 1911)'라고 주장하였다. 그의 주장에서 '노동력 감가상각(human depreciation)'에 대한 인식을 엿볼 수 있고, 초기 사적연금이 근속기간에 일정한 금액(소득에 연계하지 않음)을 곱하여 장기근속을 보상하는 구조로 되어 있었음을 짐작할 수 있다.

하지만 초기에는 근로자가 연금에 대해 계약으로서의 권리를 가졌던 것은 아니다. Logue(1979)가 인용한 고지문(disclaimer)을 보면 이를 분명히 알 수 있는데, 이 고지문에는 '이 연금제도는 회사의 자발적인 조치이며, 고용계약의 일부분으로 간주 또는 해석되지 않는다. 회사는 연금제도 전부 또는 일부를 언제든지 변경, 수정, 무효화, 취소할 수 있는 권리를 갖는다. 이 연금제도는 회사가 언제든 어느

직원이든 해고할 수 있는 권리에 영향을 주지 않으며, 해고된 직원은 연금 이익을 얻을 수 없다'라고 쓰여 있었다.

이 고지문의 의미에 대해 Logue(1979, p. 18)는 '연금이란 계몽된 사용자가 호의로 제공하는 것이라고 보는 시각이 사용자와 근로자 모두에게 있었다. 이러한 계몽된 사용자는 기계와 마찬가지로 근로자도 감가상각을 겪는다고 믿었고, 근로자가 스스로 미래에 대비하지 않으므로 노년에 경제적으로 보살핌을 받아야 한다고 믿었다. 다만 차이점은 노동계는 연금이 협상의 대상이고 계약으로 발생하는 권리로 보고 싶어한 반면, 경영자는 연금을 재량권의 영역에 두고자 하였다'라고 설명하고 있다.

3.2.2 이연된 보수로서의 연금

20세기 후반으로 넘어가면서 연금에 대한 이타주의 관점이 이연보수(differed pay) 관점으로 바뀌었다. 연금은 기업이 거저 주는 것이 아니라 근로자의 권리가 된 것이다.

Blinder(1981)와 Wise(1985)는 연금제도가 고용계약에 인센티브를 부여하는 장치로 사용될 수 있다고 주장했다. 이연보수 산정방식을 잘 설계하면 연금제도가 장기적인 고용–피고용 관계 유지에 도움이 될 수 있기 때문이다. 사용자는 근로자의 선발(recruitment), 유지(retention), 근무태도(work effort), 훈련(training) 및 은퇴시기(timing of retirement) 등에 영향력을 유지하기를 원한다.

- 사용자는 좋은 직원을 채용해서 유지하기를 원한다. 직원을 선발하고 채용하는 데는 비용이 수반되므로, 사용자는 채용 후 퇴직률(quit rate)을 낮게 유지하고자 한다. 직원이 실제로 입사하기 전까지는 직원의 능력을 정확히 평가하기 어렵다. 그런데 사용자는 이미 근무 중인 직원의 업무능력에 대해서는 훨씬 잘 알고 있으므로, 좋은 직원과 고용관계를 유지함으로써 비용을 줄일 수 있는 것이다.
- 사용자는 근로자가 열심히 일하고, 정직하게 행동하며, 직무에 태만하지 않

기를 바란다. 또한 기업은 근로자에게 회사특유 기술이면서도 이전가능한 기술을 가르침으로써 직원의 인적자본에도 투자를 한다. 이 투자비용을 회수하기 위해서는 직원이 회사에서 오랫동안 근무해야 한다.

- 마지막으로, 직장생활의 마지막 단계에 생산성이 낮아진 근로자는 은퇴하도록 유도할 필요가 있다.

연금제도는 이런 다양한 목적을 달성하는 데 도움이 되도록 설계될 수 있다. 예를 들어 근로자가 일정기간을 근무한 후에야 연금 혜택을 받을 수 있도록 연금제도에 수급권 기준(vesting rule)을 설정할 수 있다. 수급권 기준은 노동력의 이직(turnover)을 감소시킬 목적으로 설계된 것인데, 근로자가 정해진 기간을 채우지 않고 회사를 떠날 경우 발생퇴직급여(accrued benefit)를 모두 포기해야 하기 때문이다. Lazear(1985)는 연금제도가 노동의 생산성을 개선하거나 인적자본에 대한 투자까지도 증대시킬 수 있으며, 이로 인해 근로자의 소득증대, 그리고 결과적으로는 연금까지 증대시키는 데 도움이 될 수 있다는 것을 보였다. Lazear(1983)는 연금급여 조정을 통해 근로자가 은퇴를 앞당기거나 늦추도록 유도할 수 있다고 주장하였다.

완전자본시장과 연금의 중립성

Blinder(1981)는 불확실성이 없고, 세금이 없으며, 근로자에 대한 보수는 근로자의 한계생산(marginal product)[1]과 동일하고, 정년퇴직(compulsory retirement)이 없는 완전자본시장[2]의 세계에서는 연금과 임금이 서로에 대해 완벽한 대체재(perfect substitute)가 된다는 것을 보였다. Blinder는 이를 연금의 중립성(neutrality

1 한계생산이란 마지막 노동투입 1시간으로부터 생산된 산출물의 가치를 의미한다. 이는 노동자에게 지급된 시간당 임금 이상의 가치를 가져야 한다. 그렇지 않으면 회사는 해당 노동력 1시간의 투입으로부터 손실을 얻게 된다.

2 완전자본시장의 기준 중 하나는 개인이 무위험 이자율에 한도제한 없이 대출받거나 대부할 수 있다는 것이다.

of pensions)이라고 불렀다. 여가와 노동 사이의 한계 대체율[3]이 임금률과 같을 때 근로자의 효용극대화가 달성된다.

완전자본시장 하에서는 임금과 연금 부담금 두 가지 보수의 가치가 근로자의 한계생산과 일치하는 한, 고임금-저연금 패키지와 저임금-고연금 패키지는 서로 동등하다. 이것을 보상급여원리(compensating wage principle)라고 한다. 만일 근로자의 임금을 $1 줄이는 대신 근로자의 연금계좌에 $1를 입금해 준다면, 이 근로자가 구매력을 이전과 같이 유지하기 위해서 개인 저축을 $1만큼 줄이거나 $1를 대출받을 수 있다는 것이다. 총 보수가 동일하다면 연금제도의 존재여부가 근로자의 노동공급과 저축에 대한 의사결정에 영향을 주지 않는다. 보상급여원리하에서 경제적 연금부채(economic pension liabilities)는 근로자가 은퇴 후에 받을 연금을 위해 희생한 임금의 현재가치와 동일하다. [그림 3.1]에서 세로축은 t시점의 임금 W_t을 나타내고 가로축은 t시점의 연금약정 P_t를 나타낸다. 선분 AB를 따라 보수 패키지 W_t+P_t는 일정하므로, 사용자에게 선분 AB는 등비용곡선(iso-cost

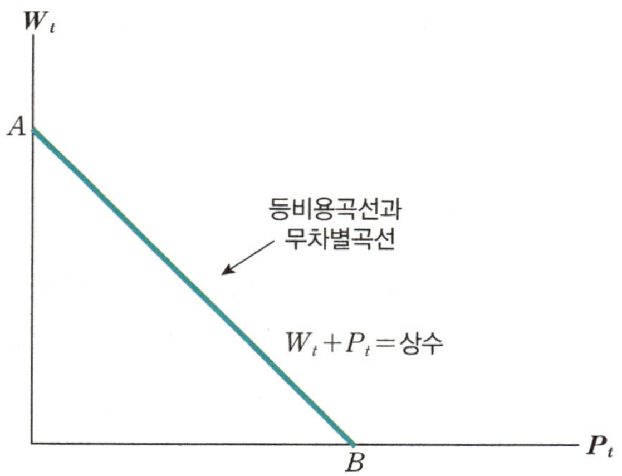

[그림 3.1] 완전자본시장과 연금 중립성

---

3 여가와 노동의 한계대체율(marginal rate of substitution between leisure and work)은 노동 1시간을 더 하기 위해 포기한 여가 1시간의 효용을 의미한다. 이는 근로자에게 지급된 시간당 임금 이상의 가치를 가져야 한다. 그렇지 않으면 노동자는 추가적으로 1시간을 더 노동하고자 하지 않을 것이다. 반면에 이것이 시간당 임금보다 작다면 근로자는 더 많은 시간을 노동하고자 할 것이고, 여가와 노동의 한계 대체율이 임금률과 일치할 때까지 노동을 공급하고자 할 것이다.

curve)[4]이 된다. 한편 완전자본시장에서는 선분 AB는 개인의 무차별곡선이기도 하므로, 선분 AB를 따라 개인의 효용이 일정하다. 따라서 개인은 사용자가 어떤 조합으로 보수 패키지 $W_t + P_t$를 제공하든지 무차별하다는 것이다.

실제 세계에서는 여러 가지 이유로 이러한 무차별성이 성립되지 않는다. 그 이유로 불완전 자본시장, 리스크, 세금제도, 회사특유 인적자본, 선택효과(selection effect) 또는 분류효과(sorting effect) 등을 들 수 있다. 이 요인들은 보수 패키지의 일부로서의 연금을 더 바람직하게 할 수도 있고 바람직하지 않게 할 수도 있다.

불완전 자본시장

자본시장 불완전성의 가장 흔한 두 가지 유형은 차입금리(borrowing rate)가 대부금리(lending rate)를 초과하는 경우와 은행이 일정 수준 이상의 자산을 보유한 기업에 대하여만 대출을 허용하는 경우이다.

불완전 자본시장(imperfect capital markets)하에서는 더 이상 연금저축과 개인저축이 완전 대체재가 아니며, 연금 중립성(pension neutrality)이 성립하지 않는다. 근로자가 확정기여형(DC) 연금제도에 가입하도록 강제되고, r_L(대부이자율)로 이자가 붙으면서 은퇴시점 R까지는 인출이 불가능한 금액 P_t가 무위험 연금펀드에 적립되어 있다고 생각해 보자. 이 근로자가 은퇴 시 상환하는 조건으로 은행으로부터 P'_t을 이자율 $r_B(>r_L)$에 대출받는다고 하자. 은퇴 시 은행에 상환할 원리금 총액 $P'_t(1+r_B)^{R-t}$는 은퇴 시 연금펀드 가치 $P_t(1+r_L)^{R-t}$보다 클 수 없으므로, 근로자는 연금제도가 없을 때와 같은 수준의 소비를 유지하기 위해서 충분한 자금을 조달할 수 없게 된다. 최악의 경우 근로자는 미래 연금을 담보로 대출을 받는 것이 아예 불가능할 수도 있다.

불완전 자본시장이 연금 중립성을 훼손시킬 수도 있지만, 항상 그런 것은 아니다. 첫째, 자본시장 제약에 구속력이 없을 수도 있다. 만일 의무적 연금 저축액이 자발적 개인 저축액보다 작다면 연금제도를 도입하는 것이 전체 저축액에 영향을

---

4 이 선을 따라 사용자가 부담하는 비용이 일정하다.

주지 못하고 자본시장의 완전성 여부와 무관하게 된다. [그림 3.2]에서 곡선 ACD는 대출 제약에 직면한 개인의 무차별곡선을 나타낸다. 점 C의 왼쪽에서는 제약에 구속력이 없다. 점 C의 오른쪽에서는 보수 패키지에서 연금저축이 차지하는 비중이 증가함에 따라 근로자의 소비 유연성에 제약이 커지고 더 많은 임금으로 이를 보상받아야 할 필요가 생긴다. 즉, 임금과 연금의 상충관계(trade-off)가 더 이상 직선형이 아니게 된다. 연금저축은 비중이 낮을 때는 중립적이지만, 비중이 커지면 중립성이 성립하지 않게 된다.

둘째, 보수 패키지가 사용자와 근로자 사이에 자율적 협상을 통해 결정되는 경우이다. 사용자로서는 점 C의 오른쪽에 해당되는 연금제도를 제시하지 않는 것이 좋다.

셋째, 불완전 자본시장의 또 다른 요인으로 거래비용(transaction cost)과 부보불가능 고유 리스크(uninsurable specific risk)가 있는데, 이들 요인은 연금제도를 통해 완화된다. 연금제도를 통해 거래비용과 분산투자의 경제성이 개선되고 개인당 비용이 하락하게 된다.

따라서 많은 근로자에게 불완전 자본시장은 심각한 문제가 아닐 수도 있다.

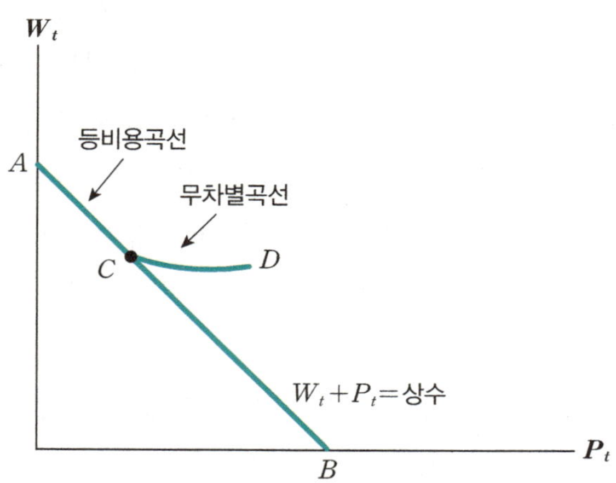

출처 : Blinder, 1981.

[그림 3.2] 불완전 자본시장과 연금 비중립성

리스크

연금가입자는 은퇴 전에 세 가지 중요한 리스크에 직면한다. 은퇴 전 사망할 리스크, 은퇴 전 해고될 리스크, 그리고 연금 지급불능 리스크(통상 소속회사의 지급불능과 연계됨)이다. 이러한 리스크의 존재로 인해 근로자 입장에서 연금에 저축되는 \$1의 기대가치(expected value)는 $\phi < 1$이 된다. 만일 사용자도 근로자와 동일한 기대를 갖는다면 사용자에게도 부담금의 기대가치는 ϕ가 된다. 이 때 근로자와 사용자가 모두 리스크 중립적(risk neutral)[5]이라면 연금 중립성은 여전히 성립된다. [그림 3.3]에서 선분 AE는 불확실성이 존재할 때 사용자의 등비용곡선이자 근로자의 무차별곡선이다(불확실성이 없을 때 등비용곡선과 무차별곡선은 AB였다). 연금은 근로자에게는 임금보다 가치가 낮고, 사용자에게는 임금보다 저비용이다.

그러나 사용자가 리스크 중립적이고 근로자는 리스크 회피적(risk-averse)[6]이라면 근로자는 연금에 저축되는 \$1를 $\phi_W = \omega\phi < \phi$로 평가한다. 여기서 $\omega < 1$는 근

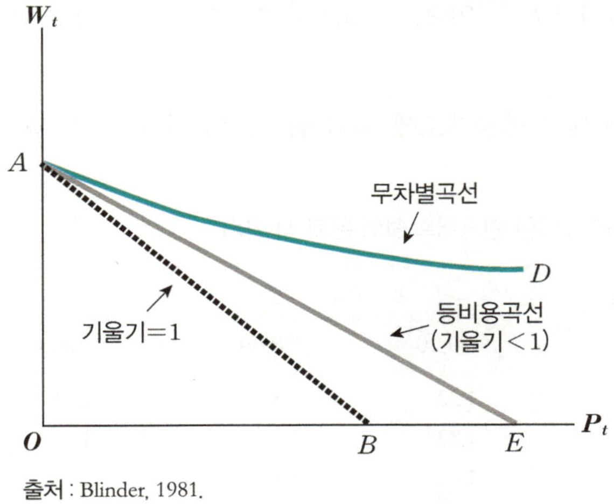

출처 : Blinder, 1981.

[그림 3.3] 불확실성과 연금 비중립성

---

5 리스크 중립적 경제주체는 리스크에 상관없이 기댓값에 근거해 의사결정을 한다.

6 리스크 회피적 경제주체는 리스크를 좋아하지 않고 누군가 리스크를 제거해준다면 리스크 프리미엄(risk premium)을 지불할 용의가 있다.

로자의 리스크 할인요소(risk discount factor)로 P_t가 클수록 증가한다. 이제 근로자의 무차별곡선은 곡선 AD가 되고, 근로자에게 최적 연금은 0이 된다.

불완전 자본시장과 리스크는 근로자와 사용자가 연금에 대해 중립적 내지는 반대 입장을 갖는 이유가 된다. 이제 연금의 긍정적인 측면을 살펴보자.

세금감면

연금제도가 갖는 핵심적인 장점은 세율이 낮은 시기로 납세를 미룰 수 있다는 것이다(소득세율이 변하지 않더라도 은퇴 후에는 사회보장세금 등을 납부하지 않음). 개인적으로 하는 저축은 세후소득으로 이루어지고, 저축에 따른 이자도 과세대상이다. 개인 저축계좌에 저축되는 $1는 은퇴시점에 $(1-\tau)(1+r(1-\tau))^{R-t}$의 가치를 갖는다. 여기서 τ는 소득세율(income tax rate)을 나타낸다. 반면 연금제도에 대한 저축은 통상 세전소득으로 이루어지고 이자에는 과세되지 않으며, 은퇴 후 연금소득에는 낮은 세율 $\tau' < \tau$[7]이 적용된다. 따라서 연금제도에 저축되는 $1의 가치는 $(1-\tau')(1+r)^{R-t}$이다. [표 3.1]은 $\tau' = \tau - 0.1$인 경우 연금제도의 세금감면을 보여준다.

근로자의 입장에서 연금제도에 투입되는 $1의 한계가치는 $\phi_W = \kappa\omega\phi$가 된다.

[표 3.1] 개인저축에 대비한 연금저축 $1의 은퇴 시 가치*

은퇴 시까지 잔여년수	$r=4\%$		$r=8\%$	
	$\tau=0.20$	$\tau=0.40$	$\tau=0.20$	$\tau=0.40$
10	1.22	1.36	1.31	1.58
20	1.32	1.59	1.52	2.12
30	1.42	1.86	1.76	2.87
40	1.53	2.17	2.05	3.89

* $\kappa = \left[\frac{1-\tau+0.1}{1-\tau}\right]\left[\frac{1+r}{1+r(1-\tau)}\right]^{(R-t)}$를 적용하여 산출

출처 : Blinder, 1981.

7 3.5절을 참고하라.

여기서 κ는 [표 3.1]에 나타나 있는 세금요소(tax factor)이다. $\kappa>1$이므로 젊거나 적용세율이 높은 근로자에게 $\phi_W>1$이 될 수 있다. 근로자에게 적용되는 세율이 높고 근로자가 지나치게 리스크 회피적이지 않다면 $\kappa\omega>1$이 되고, 그러면 근로자의 연금에 대한 수요가 클 것이다.

[그림 3.4]는 세금감면이 있는 경우 최적 연금이 어떻게 결정되는지를 보여준다. 근로자의 무차별곡선은 세금감면이 없을 때 AD이지만 세금감면이 주어지면 AF로 바뀐다. 보수 패키지에서 W_t와 P_t의 최적조합(optimal combination)은 무차별곡선과 등비용곡선이 접하는 점에서 결정된다. [그림 3.5]에 이러한 관계가 설명되어 있다. 무차별곡선과 등비용곡선이 접하는 점들을 이은 선을 계약곡선(contract curve)라고 하는데, 이는 총보수 W_t+P_t 수준이 달라질 때 W_t와 P_t의 최적조합을 나타낸다.

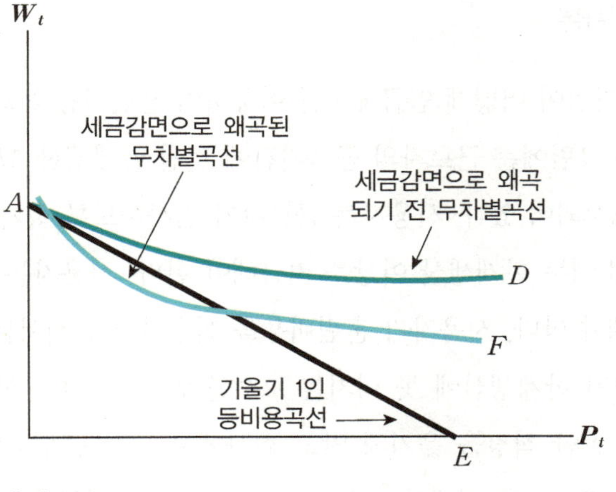

출처 : Blinder, 1981.

[그림 3.4] 무차별곡선에 대한 세금감면의 영향

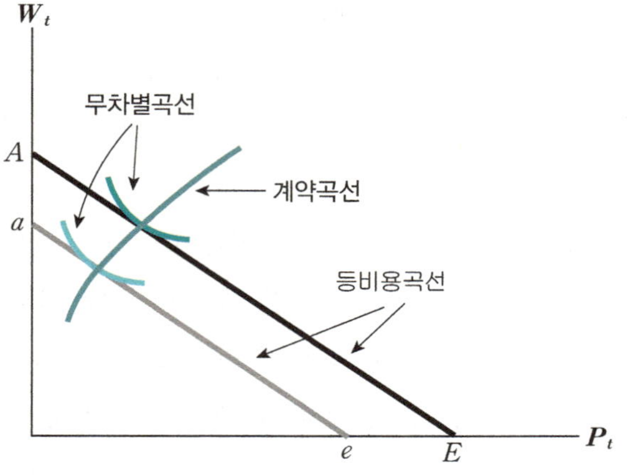

출처 : Blinder, 1981.

[그림 3.5] 세금감면이 있을 때 보수 패키지의 계약곡선

기업특유 인적자본

[그림 3.6]은 기업이 어떻게 연금제도를 이용하여 훈련비용을 회수할 수 있는지를 보여준다. 이 그림에는 근로자의 근속기간에 걸친 한계생산 MP_t와 보수 패키지 W_t+P_t가 표시되어 있다. 사용자는 근로자가 입사하도록 하기 위해서 입사 초기(연령 t_0세 이전)에는 한계생산 이상을 지급해야 한다. 사용자는 이 기간에 훈련비용까지 부담해야 한다. 사용자가 훈련비용을 회수하기 위해서는 근로자가 연령 t_0부터 연령 t_2까지 한계생산에 못 미치는 보수를 받아야 한다. 한편 사용자는 근로자가 이 기간 동안 직장을 옮기지 않고 회사에서 계속 근무하도록 해야 한다. 근로자는 t_0세 이후에는 한계생산보다 적은 보수를 받기 때문에 훈련을 통해 숙련도가 높아지면 더 많은 보수를 주는 다른 직장으로 옮기고자 하는 유인을 갖게 된다. 근로자를 장기 고용계약에 묶어두는 것은 현실에서 실행가능하지 않을 수 있고 불법일 수도 있다. 따라서 회사는 근로자가 회사에 남아 있도록 재정적 유인을 제공할 필요가 있다. 그중 한 방법은 근로자의 보수 패키지 중 일부분 P_t를 연금펀드에 적립해 주는 것이다. 적립된 연금은 회사가 훈련비용을 회수하는 연령 t_1세까지는 수급권이 없도록 할 수 있는데, t_1이 다음을 충족하도록 설정하면 된다.

식 3.1 $$\sum_{t=0}^{t_1}\frac{W_t+P_t-MP_t}{(1+r)_t}=0$$

이 연령이 되면 근로자에게 연금수급권이 주어지고, 한계생산과 보수 패키지 총액이 같아지는 [그림 3.6]의 A점으로 이동할 수 있다.

그러나 사용자와 근로자 모두 이 구조를 받아들이지 않을만한 이유가 있다. 사용자의 관점에서 보면 이 시점에 근로자는 고참직원이 되어 높은 가치를 갖게 된다. 근로자 역시 회사에 남고자 하는 강한 유인을 갖는데, 이는 연령이 t_2를 넘어서면 근로자의 한계생산이 보수 패키지의 가치를 하회하기 때문이다. 이 근로자는 추가적인 훈련이 효과적이지 못할 만큼 나이가 많아지게 되지만, 이러한 상황을 반영하여 보수를 삭감하는 것은 쉽지 않다[8]. 회사는 이제 이 근로자를 해고할 유인을 갖지만 그럴 경우 회사의 평판이 나빠질 것을 걱정하게 된다.

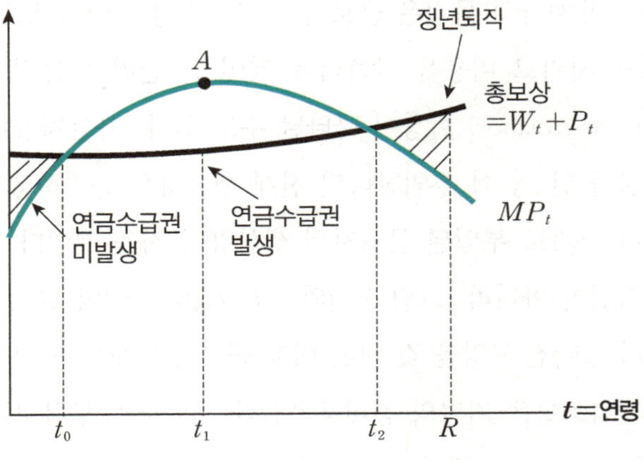

출처 : Blinder, 1981.

[그림 3.6] 근로자의 근속기간 관리에서 연금의 역할

사용자와 근로자는 다음과 같은 암묵적 계약에 동의할 유인을 갖는다. 사용자

8 그러나 근로자의 나이가 은퇴시점에 가까워지면 스트레스가 적고 보수도 적은 직무로 이동하는 경향이 점점 커지고 있다.

는 다음 [식 3.2]가 성립하도록 t_1부터 t_2까지 보수를 덜 지불하고, 그 대신 t_2부터 은퇴연령 R까지 보수를 더 많이 지불하기로 동의한다.

식 3.2 $$\sum_{t=t_1+1}^{R} \frac{W_t + P_t - MP_t}{(1+r)^t} = 0$$

[식 3.1]과 [식 3.2]가 모두 성립하면 근로자는 근속기간 전체에 걸쳐 한계생산 총 가치를 임금과 연금으로 받게 된다.

근로자가 R세를 넘어서까지 근무하면 회사로서는 손해를 입으므로, 회사는 R세가 된 근로자에 대해 퇴직을 유도하거나 강제하고자 한다. 그 수단으로는 고용계약에 의무퇴직 조항 포함, R세에 퇴직하는 근로자에게 계리적으로 유리한 연금급여(actuarially enhanced benefit) 제공, R세 이후에는 연금급여를 증가시키지 않거나 계리적으로 불리한 연금급여(actuarially unfair benefit) 제공 등을 들 수 있다.

이러한 장기 고용계약의 목적은 근로자의 근속기간 동안에 노동생산성(근로자당 산출량)을 증대시키고 비용을 감축하는 것이다. 한편 노동의 한계수확 체감(diminishing returns to labor) 현상이 나타날 수도 있다. 자본저량이 일정할 때 생산공정에 근로자를 한 명 더 투입한다면 전체 생산량은 증가하겠지만 이전에 투입된 근로자보다 추가로 투입된 근로자의 생산량이 적을 것이다. 그러면 기업의 등비용곡선은 직선이 아니라 [그림 3.7]의 AF(기울기 ϕ_F)와 같이 원점에 오목하고 원점으로부터 멀어진 모양을 갖는다. 이제 근로자의 보수 패키지에서 임금 W_t와 연금 P_t의 최적조합은 기업의 등비용곡선과 근로자의 무차별곡선(기울기 ϕ_W)이 접하는 점 $B(\phi_F = \phi_W)$가 된다. 생산성 증대는 임금과 연금을 모두 증가시킬 것이다(점 G와 점 B 비교).

장기 노동계약(long-term labour contract)은 노동력 제공 시점의 한계생산에 따라 임금을 받고 정년퇴직이 없는 일용 노동시장 계약(spot labour market contract)과 대비된다.

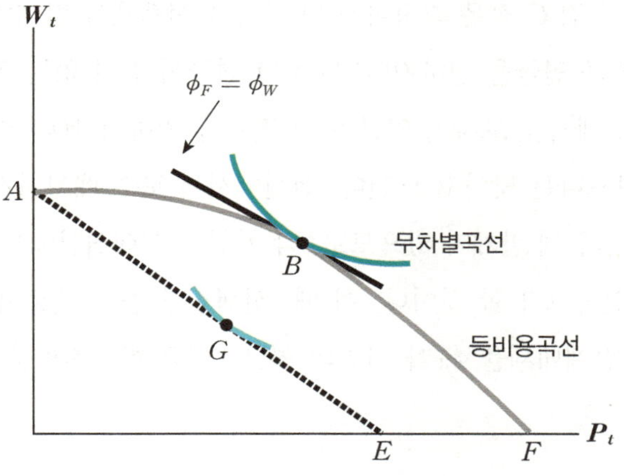

출처 : Blinder, 1981.

[그림 3.7] 수확체감 하에서의 최적 보수 패키지

선택효과 또는 분류효과

사용자가 선호하는 바람직한 근로자를 유치하는 효과를 갖도록 연금제도를 설계할 수 있다. 이를 선택효과(selection effect) 또는 분류효과(sorting effect)라고 한다. 저임금–고연금 패키지를 제시하는 사용자와 고임금–저연금 패키지를 제시하는 사용자는 서로 다른 특성의 근로자를 유인할 것이다(두 패키지의 현재가치가 동일하더라도). 두 사용자는 서로 다른 특성의 근로자를 선호하고 각자 선호하는 근로자를 유인하기 위해 서로 다른 보수 패키지를 제시하는 것이다. 예컨대 총 보수 패키지의 가치는 동일하지만 임금 W_t와 연금 P_t의 구성비가 상이한 보수 패키지를 제시하는 기업들의 연속체(continuum)가 있다고 해보자. 근로자는 자신의 선호에 부합되는 보수 패키지를 제시하는 회사를 선택할 것이다. 근로자의 선택은 연금에 대한 한계효용과 임금에 대한 한계효용이 일치되어 $\phi_W = 1$이 되는 곳에서 이루어질 것이다. 결국 근로자는 [그림 3.8]의 점 W에서와 같이 $\phi_F = \phi_W = 1$이 되도록 하는 기업을 선택할 것이다. 이러한 과정을 최적분류(optimal sorting)이라고 한다.

현실에서는 이런 선택의 연속체(continuum of choices)는 존재하지 않으므로,

근로자는 점 B나 점 C 같은 최적이 아닌 조합을 선택해야 할 수도 있다. 점 B에서 근로자는 더 큰 연금을 원하지만($\phi_W > 1$) 연금이 전혀 없는 점 A보다는 낫다고 느낀다. 점 C에서 근로자는 연금이 더 적기를 원하지만($\phi_W < 1$) 역시 연금이 전혀 없는 점 A보다는 낫다고 느낀다. 현실에서는 보수 패키지가 연속체로 제시되지 않아 선택범위에 한계가 있으므로, 각 기업은 선택집단(select group)에 속한 근로자들을 유인하고자 할 것이다. 이 때, 선택집단 중위 근로자(median worker)의 연금-임금 한계대체율 ϕ_W가 기업의 연금-임금 한계전환율[9] ϕ_F와 일치하게 된다.

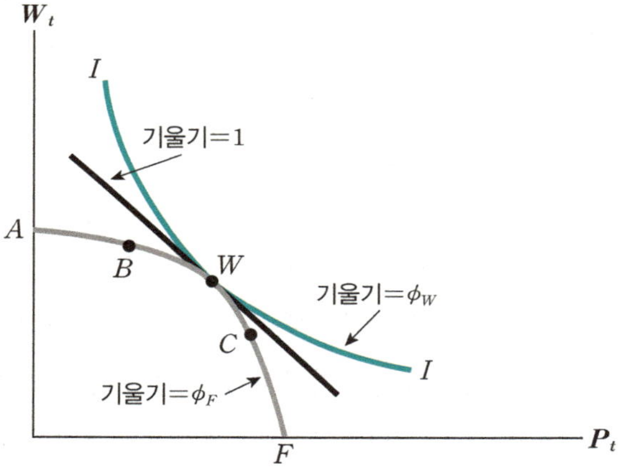

출처 : Blinder, 1981.

[그림 3.8] 임금과 연금의 최적 조합

Ippolito(1997)는 근로자가 납부한 부담금에 매칭 부담금을 납입해주는 사용자는 저축을 많이 하는 근로자를 유치하는 경향이 있다는 것을 발견했다. Ippolito는 그러한 근로자들이 낮은 시간선호율(즉, 미래를 크게 할인하지 않고 인내심이 강함)을 갖으며 특정 사용자들이 선호하는 특성을 가졌다고 주장하였다.

따라서 연금이 이연된 임금으로 해석될 수 있지만, 현실 세계에서는 보수 패키

9 연금-임금 한계대체율(marginal rate of transformation between pensions and wages)은 사용자가 부담하는 비용이 일정하면서 연금이 임금과 대체되는 비율을 나타낸다.

지에서 연금이 중립적(neutral)이지 않은 것으로 보인다. 연금은 임금의 불완전 대체재(imperfect substitute)이며, 연금으로 인해 생애 노동공급 내역이 변경될 수도 있다. McCarthy와 Neuberger(2003)에 이와 관련된 연구들이 정리되어 있다.

3.2.3 조건부 청구권으로서의 연금

연금은 인센티브를 제공하는 보상으로서의 역할과 리스크에 대한 보험역할을 하도록 설계될 수 있다(Merton, 1985). 이러한 효과를 갖기 위해서는 연금이 근로자 앞으로 적립되더라도 수급권이 즉시 주어져서는 안 된다. 또한 보상과 리스크가 어떻게 사용자와 근로자 사이에 분담되는지를 이해하는 것이 필요하다.

먼저 보상의 측면을 살펴보자. 회사의 성공이 연금제도를 통해 사용자와 근로자 사이에 어떻게 공유되는지는 연금제도의 운영방식에 따라 다르다. 예를 들어 확정기여형(DC) 연금제도에서는 사용자 부담금 증액의 형태로 보상을 부여함으로써 사용자와 근로자가 성공을 공유할 수 있다. 반면 확정급여형(DB) 연금제도에서는 급여발생률(accrual rate)을 높이는 등 연금급여 산정기준(benefit formula)을 개선시키는 방식으로 보상이 부여될 수 있다. 한편 연금펀드 자산의 투자성과가 좋아서 연금펀드에 잉여금이 발생한다면 사용자는 미래에 연금제도에 투입할 부담금을 줄일 수 있다. 실질적으로 사용자는 확정급여형(DB) 연금 자산에 대해 콜옵션(call option)[10]을 보유하는 것이 되고, 잉여금이 발생하면 옵션을 행사하여 잉여금을 향유할 수 있다(Sharpe, 1976 ; Blake, 1998).

이제 리스크 측면을 살펴보자. 리스크가 어떻게 사용자와 근로자 사이에 분담되는지 또한 연금제도의 형태에 따라 다르다. 확정기여형(DC) 연금제도에서는 주요 리스크(즉, 투자 리스크)가 대부분 근로자에게 전가된다. 반면에 확정급여형(DB) 연금제도에서는 연금펀드 자산 가치의 변동으로 인해 연금제도에 부족금(deficit)이 발생할 리스크를 회사가 감내한다. 이 때 연금가입자는 확정급여형

10 콜옵션 보유자는 특정 자산이나 상품을 미리 정해진 가격에 살 수 있는 권리를 갖는다.

(DB) 연금 자산에 대해 풋옵션(put option)[11]을 보유한 것과 같고, 부족금이 발생하면 옵션을 행사하여 사용자가 부족금을 책임지도록 한다(Sharpe, 1976 ; Blake, 1998).

사용자는 부족금을 어떻게 처리할지에 대해 어느 정도 통제력을 갖는다. 그중 한 방법은 미래 현금흐름으로부터 점진적으로 부족금을 줄여나가는 것이다. 이는 단기적으로 회사의 배당금을 감소시키고 장기적으로는 회사의 투자계획을 축소시킬 수 있으므로 주주 입장에서는 달갑지 않을 것이다. 부족금이 해소되기 전까지 연금펀드는 회사에 대해 무담보 채권자(unsecured creditor)가 되며, 실질적으로 리스크가 내재된 상환청구권을 보유하게 된다.

또 다른 방법은 해고와 채용을 이용하는 것으로, 근로자 앞으로 적립된 연금자산에 대한 수급권이 발생하기 전에 해당 근로자를 해고하고 수급권이 없는 젊은 근로자를 채용하여 기존 근로자를 대체하는 것이다. 그리하여 회사는 부채를 감축하는 효과를 얻을 수 있다.

가장 극단적인 경우를 생각해 보면 회사는 사실상 연금펀드에 대한 풋옵션을 보유하고 있다는 것을 알고 지급불능 상태가 됨으로써 풋옵션을 행사하여 연금펀드에 대한 의무로부터 벗어날 수도 있다(또한 실제로는 다른 채권자들에 대한 의무로부터도). 풋옵션의 행사가 미치는 영향은 연금가입자에 따라 달라질 수 있는데, 이는 연금가입자 모두가 동일하게 리스크를 분담하는 것은 아니기 때문이다. 이미 은퇴한 가입자는 연금을 대체로 온전히 받을 수도 있지만, 근속연수가 짧은 가입자는 연금을 거의 받지 못한다.

사용자가 가입자에게 손실을 전가하는 두 경우 모두에서 나이 어린 가입자가 나이 많은 가입자에 비해 더 큰 리스크에 직면한다.

11 풋옵션 보유자는 특정 자산이나 상품을 미리 정해진 가격에 팔 수 있는 권리를 갖는다.

3.3 기업 연금부채의 본질

기업의 연금부채(corporate pension liabilities)는 암묵적(implicit) 부채인가, 아니면 명시적(explicit) 부채인가?

Ippolito(1985a, 1997)와 Lazear(1979, 1983, 1985)는 퇴직연금(occupational pension)을 기업과 근로자 사이의 장기 암묵적 계약(long-term implicit contract)[12]으로 해석하였으며, 회사의 생산성에 중요한 영향을 미친다고 보았다. 특히 퇴직연금은 근로자의 퇴사와 은퇴 행동에 영향을 주고, 근무태만(shirking)과 직무 관련 부정행위(malfeasance)를 억제하는 효과를 갖는다. 통상적으로 확정급여형(DB) 연금제도만 이런 효과를 갖는다고 여겨져 왔다. 이연된 보수로서의 확정급여형(DB) 연금제도는 회사의 경제적 성과에 그 가치가 연동되므로 근로자들이 직무에 더 큰 노력을 쏟도록 하고 퇴사나 근무태만이 근로자에게 유리하지 않다는 것이다. 그러나 Lazear(1985)는 효율임금(efficiency wage)[13]을 지급하는 장기 노동계약하에서는 확정기여형(DC) 연금제도도 동일한 효과를 거둘 수 있다는 것을 보였다.

퇴직연금에 대한 암묵적 계약 이론에는 두 가지 측면이 있다. 첫째는 연금제도를 비계속기준 또는 청산기준(discontinuance or termination basis)보다는 계속기준(ongoing basis)로 평가할 경우 연금의 가치가 더 크다는 시각이다. 둘째는 연금이 보증된 것이 아니고 약속된 것일 뿐이지만 회사는 다른 부채가 있더라도 약속된 연금을 전액 지불할 암묵적 의무가 있다는 시각이다.

계속기준 가치평가(ongoing valuation)는 예측급여 가정(projected benefit assumption)에 기초하는데, 이는 근로자의 통상 은퇴연령(normal retirement age)까지 확정급여(DB) 연금급여(pension benefit)를 예측하여 무위험 이자율로 할인

12 암묵적 계약(implicit contract)은 당사자 간에 공식적 계약(formal contract) 없이 이루어진 계약관계를 의미한다.

13 효율임금이란 근로자를 현재 직무에 계속 근무하도록 하는 엄밀하게 경쟁적인 임금(strictly competitive wage)을 초과하는 임금으로 근로자가 더 열심히 근무할 유인을 갖도록 설계된 것이다. 근로자는 자신이 직장을 옮긴다면 새로운 사용자는 자신이 성실한지 태만한지를 모르기 때문에 경쟁적 임금만 지불할 것이라는 것을 인지한다.

하는 방식이다. 따라서 은퇴부터 R년 전에 연금제도에 가입한 근로자의 임금이 W_0이고 임금이 g율로 지수적(exponential)으로 성장한다면 M년 근속 후 발생급여(accrued benefit)는 다음과 같다.

식 3.3 $$A_{PS}=aMW_0e^{gR}e^{-r(R-M)}$$

여기서 r은 무위험이자율(연금펀드가 무위험자산에 투자한다고 가정하면 자산수익률도 동일)이고, a는 연간 연금급여발생률(pension accrual rate)이며, 임금은 은퇴연령까지 예측된다[14].

1년을 추가로 근무할 때 연금급여 가치의 증가는 다음과 같다.

식 3.4 $$\frac{dA_{PS}}{dM}=\left(\frac{1}{M}+g+r\right)A_{PS}$$

처음 두 항을 근속비용(service cost)이라고 한다. $1/M$은 추가 근속의 결과이고 g는 임금기준(salary base)이 상승한 결과이다. 세 번째 항은 급여가 지급될 시점이 1년 더 다가왔기 때문에 발생하는 재원조달비용(financing cost 또는 unwinding of the liability discount)이다. 이것은 근로자가 근속을 중지하더라도 발생하므로 근속비용(service cost)의 구성항목은 아니며, 연금자산에 대한 투자수익으로 상쇄된다(연금펀드가 무위험자산에 투자된다면 정확히 상쇄됨).

이 접근법은 계리사(actuary)가 연금부채를 평가하는 방식 중 예측급여 방식(projected benefits method)과 유사하다. 이 방식은 근로자의 근속기간 동안 발생할 퇴직급여 적립액을 전망하여 예측(project)하고 퇴직 시까지 잔여기간에 임금의 일정 비율로 배정하는 방식으로 근로자가 정년까지 근속한다는 암묵적 계약을 전제로 한다. 이 경우 암묵적 장기 노동계약을 통한 회사의 누적 경제적 이윤(cumulative

14 여기서 이산적(discrete) 부리($(1+g)^M$) 및 할인($(1+r)^{-(R-M)}$)이 아닌 연속적(continuous) 부리(egM) 및 할인(e−r(R−M))이 적용되었음에 유의하라.

economic profit)은 0이 되어서, 회사는 젊은 근로자로부터 이윤을 얻지도 않고 나이 많은 근로자로부터 손실을 입지도 않는다.

반면 Bulow(1982)는 연금부채가 회사채(corporate bond)와 같은 방식으로 취급되어야 한다고 주장하였다. 회사채의 가치는 다음의 세 가지 요인으로부터 영향을 받는다.

- 이자지급일 등과 같은 계약조건
- 채권을 뒷받침하는 자산의 가치
- 회사의 행위(예 선순위 채권 추가발행)를 제한하는 준수항목(covenant)의 존재 여부

분명한 사실은 회사채 계약은 명시적[15] 계약이라는 것이다.

Bulow는 현실 세계에서 근로자는 장기간 보장된 계약을 체결하지 못하며, 근로계약은 지속적인 재협상의 대상이라고 주장하였다(극단적인 예로 건설노동시장과 같은 일용노동시장을 들 수 있다). 이 경우 사용자는 젊은 근로자에게 한계생산에 미치지 못하는 보상(임금과 연금)을 지급할 수도 없고 나이 많은 근로자에게 한계생산을 넘어서는 보상을 지급할 수도 없다. 이 접근법은 계리사(actuary)가 연금부채를 평가하는 방식 중 발생급여 방식(accrued benefits method)과 유사하다. 여기서는 암묵적 계약을 고려하지 않는다. 기업과 근로자는 매기마다 임금을 포함한 보수 패키지 전체를 명시적으로 재협상하며, 미래의 임금과 근속연수를 반영하지 않고 평가시점까지의 임금과 연금만 고려하여 연금부채를 평가한다.

발생급여 방식을 적용하면 M년 근속 후 발생급여는 다음과 같다.

식 3.5 $$A_{PQ} = aMW_0 e^{gM} e^{-r(R-M)}$$

Bulow는 예측급여 방식으로 경제적 연금부채를 적절하게 평가하려면 너무나

15 명시적 계약(explicit contract)은 서면으로 당사자 간 계약관계의 의도와 효력이 명확히 기술된 것을 말한다. 통상 명시적 계약은 법적 강제력을 갖는다.

많은 암묵적 계약내용을 반영해야 하기 때문에 예측급여 방식보다 근속기간 M년까지만 고려하는 발생급여 방식이 회사의 경제적 연금부채 측정치로서 더 좋다고 주장하였다. 예를 들어 예측급여 방식을 적용하면 정년보다 일찍 퇴직하는 근로자가 남아 있는 근로자에게 보조금을 지급하는 결과(이를 막는 암묵적 계약이 없다면)가 발생한다.

여기서 논의한 사항들은 회사가 부담금을 얼마나 투입하느냐에 관계없이 순수하게 연금부채를 어떻게 측정하고 취급할 것인가에 관련된 것이다. 연금부채를 발생급여 방식을 이용하여 측정한다면, 이는 명시적 부채이고 채권과 같은 방식으로 취급되어야 한다.

McGill 외(2005)는 연단위 임금교섭에서 Bulow(1982)가 지지한 임금－연금 상충관계의 증거를 발견하지 못하였다. 그 대신 이들의 분석결과는 최종임금연금급여(final salary pension benefit)가 장기간 성실하게 근속하는 직원을 보상하도록 설계된 우대 보수(compensation premium)라는 것을 시사한다. 연금급여가 입사시점에 정해져서 퇴직 시의 임금과 근속기간에 연계되어 산출되기 때문이다. 그러나 최종임금연금제도는 1990년대 중반부터 전 세계적으로 줄어드는 추세를 보이고 있는데, 이는 기업들이 McGill의 관점에서 Bulow의 관점으로 이동해 간다는 것을 시사한다.

3.4 퇴사와 정년퇴직

3.4.1 퇴사

Bulow의 일용노동시장 모형에서 근로자는 퇴사(quitting)할 경우 얻을 것보다 더 많이 회사에 봉사하지 않고, 은퇴연령 이전에 퇴사하는 것으로 인한 불이익(penalty)이 없다고 가정한다. 반면 Ippolito와 Lazear의 장기 암묵적 계약 모형에서는 근로자가 은퇴 시까지 근속한다는 가정하에 연금을 위해 임금을 포기한다. 이 모형의 핵심 특징은 근로자가 통상 은퇴연령 이전에 퇴직한다면 근로자가 기여한 것에 비해 연금귀속분을 덜 돌려받게 된다는 것이다.

이는 확정급여(DB)형 연금제도에서 연금급여가 백로딩되기 때문인데, 발생급여 방식 [식 3.5]를 이용하면 확인할 수 있다. 최근 재직으로 인해 발생하는 연금급여(최근 임금의 일정 비율)는 다음과 같다.

식 3.6 $$\left(\frac{dA_{PQ}}{dM}-rB\right)/W_0e^{gM}=a(1+gM)e^{-r(R-M)}$$

[식 3.6]은 근속연수 증가로 인한 요소(aW_0e^{gM})와 과거 발생급여에 높아진 임금기준 적용으로 인한 요소($agMW_0e^{gM}$)를 합하여 은퇴까지 남은 기간에 대해 할인($e^{-r(R-M)}$)한 것이다.

[식 3.6]에서 퇴직급여는 시간에 걸쳐 임금의 일정 비율로 증가한다는 것을 알 수 있다. 입사 초기에는 발생급여가 크지 않지만 근속기간이 길어지면서 발생급여가 증가한다. 즉, 확정급여형(DB) 연금제도에서 급여가 백로딩된다([표 1.1] 참고). 근로자가 입사 초기에는 한계생산보다 덜 받고 나중에는 한계생산보다 더 받게 되지만, 회사에 근속하는 기간 동안 총 보수와 해당 기간 동안의 한계생산은 동일(현재가치로 비교)하다. 퇴직급여의 백로딩으로 인해 계속근무 시 연금재부와 퇴사 시 연금재부에 차이가 발생한다(Ippolito, 1997, p. 15). 계속근무 시 연금재부(stay pension wealth) A_{SP}는 [식 3.3]의 예측급여 방식으로 산출한 연금가치이며, 퇴사 시 연금재부(quit pension wealth) A_{PQ}는 [식 3.5]의 발생급여 방식으로 산출한 연금가치이다. 이 둘은 다음과 같은 관계를 갖는다.

식 3.7 $$A_{PQ}=A_{PS}e^{-g(R-M)}$$

둘 간의 차이를 퇴사의 연금자본손실(pension capital loss from quitting)이라고 한다.

식 3.8 $$PCL_Q=A_{PS}-A_{PQ}$$

이 값은 매우 클 수 있는데, 입사 초기일수록 더 크다([그림 3.9] 참고). 두 값 모두 평가시점까지의 근속기간 T를 기준으로 산출되었으므로 이 자본손실은 근속기간 때문에 발생하는 것이 아니다. 계속근무 연금은 예상 최종임금을 기초로 산출하였고 퇴사연금은 현재임금을 기초로 산출되었기 때문에 두 값의 차이가 발생하는 것이다.

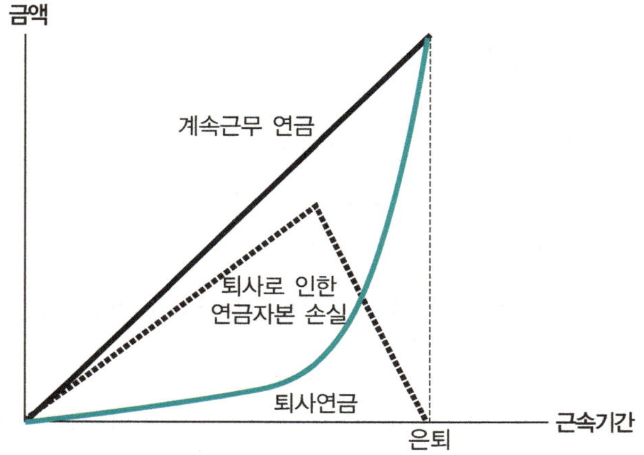

출처 : Ippolito, 1997.

[그림 3.9] 퇴사로 인한 연금자본 손실

3.4.2 정년퇴직

Lazear(1979)는 정년퇴직(mandatory retirement)이 왜 고용계약에 포함되는지에 대한 의문을 품었다(Fabel, 1994, chapter 4 참고). 게다가 정년퇴직은 연령차별로 해석될 수 있는데, 연령차별은 여러 나라에서 불법으로 인식되어가는 추세이다.

정년퇴직에 대해 다음과 같은 여러 가지 설명이 제시되어 있었다.

- 정년퇴직은 나이 많은 근로자의 생산성 감소에 대응하기 위한 수단이다. 하지만 낮아진 생산성에 맞게 임금을 낮추지 않고 왜 노동시장에서 제외시키는 것인가?
- 임금을 삭감하면 나이 많은 근로자의 근로의욕을 저하시킬 수 있다. 하지만 생산성과 관계없이 정해진 나이에 은퇴하도록 강제하는 것이 근로자의 근로

의욕에 도움이 되는가?

- 나이 많은 근로자의 생산성이 얼마나 저하되는지를 판단하는 것은 어렵다. 하지만 연령별 근로자의 생산성 차이를 판단하는 것도 쉽지 않다.
- 동일연령 은퇴 정책(uniform retirement policy)으로 근로자 간 차별을 피할 수 있다. 하지만 사용자는 사실상 임금인상, 승진 등으로 근로자를 계속해서 차별한다.
- 정년퇴직으로 젊은 근로자에게 승진기회를 제공할 수 있다. 하지만 기업이 한계생산 미만의 임금을 받으면서도 노동을 제공할 효율적인 고령 근로자를 은퇴시키고 한계생산만큼 임금을 받는 젊은 근로자를 승진시키는 이유는 무엇인가?

Lazear는 위의 어떤 것도 한계생산 감소를 체계적으로 반영하는 임금정책보다 정년퇴직이 더 선호되는 이유를 설명하지 못한다고 주장한다. Lazear는 젊은 시절에는 한계생산보다 임금을 적게 받고 나이가 많아지면 한계생산보다 임금을 많이 받다가 정년퇴직 시점에 임금지급이 중단되는 장기 근로계약이 근로자와 사용자 모두에게 최적(optimal)인 이유를 다음과 같이 설명하였다.

근로자는 생애소득 흐름의 현재가치(즉, 인적자본)를 중요하게 생각한다. 기업은 근로자의 생애 한계생산 흐름의 현재가치를 중요하게 생각한다. 다른 모든 조건이 동일하고 임금의 현재가치가 동일하다면 근속기간 내내 일정한 임금을 받는 계약과 젊은 시절에는 한계생산 미만의 임금을 받고 나이 들어서는 한계생산 초과임금을 받는 계약이 근로자와 사용자 모두에게 무차별하게 느껴질 것이다.

Lazear는 다른 모든 조건이 동일하지 않을뿐더러 두 번째 유형의 계약은 사용자와 근로자 모두로 하여금 근로자의 생애 한계생산의 현재가치를 증가시키는 방향으로 행동하도록 한다고 주장하였다. 이는 첫 번째 유형의 계약 하에서는 근로자가 근무태만 또는 부정행위에 빠질 가능성이 있는 반면, 두 번째 유형의 계약 하에서는 임금이 이연됨으로 인해 근로자가 더욱 성실하게 근무하도록 유도할 수 있기 때문이다.

은퇴가 최적이 될 조건은 근로자의 한계생산이 유보임금(reservation wage)[16]과 같아지는 것인데, 그 결과로 최적 은퇴일이 정해진다. 그러나 근로자가 젊은 시절에는 한계생산보다 적게 받고 나이 들어서는 한계생산보다 많이 받는다면 최적 은퇴일에 임금률이 한계생산 가치(the value of the marginal product ; VMP), 즉 유보임금을 초과하게 된다. 따라서 최적 은퇴일(즉, 생애 한계생산 현재가치가 생애 임금 현재가치와 같아지는 시점)에 도달하더라도 근로자가 받는 실제 임금이 유보임금을 초과하므로 근로자는 자발적으로 은퇴하지 않을 것이다.

즉, 여기에는 동태적 비일관성 문제(time inconsistency problem)[17]가 존재한다. 최적 고용계약은 근로자의 인적자본을 증가시키는 데 기여하고, 근로자는 사전적으로(ex ante) 이 고용계약을 선호한다. 근로자는 최적 고용계약 하에서 자신이 최적 은퇴일에 퇴직해야 한다는 것을 인지한다. 하지만 최적 은퇴일에 도달하면 근로자의 실제 임금이 유보임금을 상회하므로 근로자는 최적 고용계약을 취소하고 계속해서 근무하고자 하는 유인을 갖게 된다. 결국 최적 은퇴일에 근로자가 퇴직하도록 하는 정년퇴직(mandatory retirement) 조항이 필요하게 된다. 정년퇴직이 없다면 근로자의 인적자본을 극대화시키는 최적 고용계약이 실현될 수 없다. 따라서 근로자의 입장에서 정년퇴직 조항이 있는 것이 더 유리하다. 그러나 Lazear는 이러한 조건이 장기 고용계약에서만 적용 가능하다는 것을 지적하였다.

[그림 3.10]은 정년퇴직일(mandatory retirement date)에 연금재부가 극대화됨을 보여준다. 정년퇴직일 조항의 대안으로 퇴직을 늦추면 계리적 불이익(actuarial penalty)이 커지도록 하여 최적 은퇴일에 퇴직하도록 유도할 수도 있다. 근로자는 바람직한 시점을 넘어서까지 근로할 수 있지만 그로 인해 계리적으로 불공정

---

16 유보임금이란 근로자가 노동을 제공하는 대가로 받고자 하는 최소한의 임금을 말한다.

17 동태적 비일관성 문제(time inconsistency problems)는 어떤 계획이 시작될 때는 최적이지만 시간이 흐르고 나면 최적이 아니게 되는 경우에 발생한다(그 계획을 재협상하고자 하는 유인이 발생하기 때문일 수도 있고 새로운 정보의 결과일 수도 있다). 이러한 문제를 없애거나 줄이기 위해서 계획이 유인부합적(incentive compatible)으로 설계되어야 한다. 단순한 예로 근로자가 과업에 착수하기 전에 보수를 지급하면 과업을 잘 수행하고자 하는 유인이 감소할 수 있으므로 과업을 완수한 후에 보수를 지급하는 경우를 들 수 있다.

(actuarially unfair)한 처우를 받는 것이다. 기대수명이 유한하다면 [그림 3.10]에서와 같이 정년퇴직일 이후에 연금재부가 감소하게 된다. 연령차별이 불법인 나라에서는 동태적 비일관성 문제를 해결하기 위해 이 방법을 적용할 수 있을 것이다.

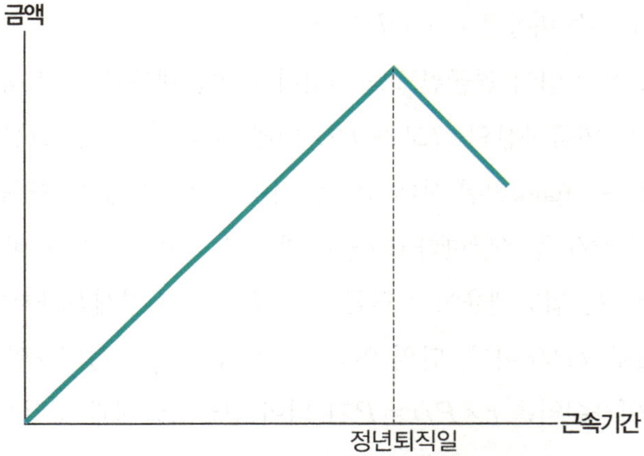

[그림 3.10] 정년퇴직일과 연금재부

3.5 연금 관련 세제

Munnell(1982)은 20세기 후반 적립방식 연금제도가 크게 성장한 데에는 기업과 가입자에게 제공되는 세금감면이 중요한 역할을 했다고 주장한다. 이는 특히 영국과 미국처럼 EET 체계의 세제혜택을 운영하는 나라에서 더욱 그러하다. 비적립방식(unfunded) 또는 부과방식(pay-as-you-go ; PAYG) 연금제도에서는 연금지급액이 인건비처럼 세금이 공제되는 비용으로 처리되어 과세대상이 되지 않지만 적립방식 연금제도를 운영하는 기업은 연금이 지급될 때 세금감면을 받지 못한다.

EET 체계는 적립방식 연금제도가 자발적으로 성장할 유인을 제공한다. TTE 체계를 적용하는 독일에서는 사적연금 자산의 규모가 크지 않으며, TTT 체계를 적용하는 호주에서는 사적연금 가입을 의무화한 결과로 사적연금 자산규모가 증가하게 되었다.

Tepper와 Affleck(1974), Black(1980) 및 Tepper(1981)는 EET 체계가 완전적립방식 연금제도를 운영할 유인을 기업에게 강하게 제공한다는 것을 보여준다. 세율 τ를 적용받는 기업이 연금액 P를 영구히 지급해야 하고 이자율은 r로 일정한 경우를 가정해 보자. 이 기업이 부과방식(PAYG) 연금제도를 운영한다면, [표 3.2]에서와 같이 연간 순 비용은 $(1-\tau)P$이다.

이와 반대로 이 기업이 연금펀드를 설립하여 연금채무를 미리 적립하기로 결정했다고 해 보자. 연금자산의 규모가 P/r(미래 연금지급액 현금흐름의 현재가치)이라면 완전적립(fully funded)된 상태[18]가 될 것이다. 이 기업은 채권을 발행하여 자본시장으로부터 P/r을 조달한다고 하자. 기업이 직면하는 세후 비용은 $(1-\tau)\times P/r$로, 여기서 τ는 법인세율이며 연금펀드 설정의 순 경제적가치에 해당되는 절세액(tax saving)은 $\tau P/r$이다. 만일 연금펀드가 연간 이자율이 r인 채권[19]에 투자한다면, 매년 이자수익은 $r\times P/r=P$가 되어 연금지급액과 정확히 일치한다. 이 기업은 또한 차입한 자금에 대한 이자를 지급해야 하는데, 그 세후 금액은 다음과 같다.

식 3.9 $(1-\tau)r\times P/r=(1-\tau)P$

두 연금제도 모두 미래에 현금을 $(1-\tau)P$만큼 지급해야 하지만 적립방식 연금제도에서는 즉각적인 현금혜택 $\tau P/r$을 받는다. 따라서 기업은 자금을 빌려서 연금펀드로 이전하고 채권에 투자하는 것이 더 유리하다.

여기서 짚고 넘어가야 할 점은 이러한 혜택이 적립에서 발생하는 것이 아니라 기업이 세후 이자율로 자금을 차입하고 연금펀드가 세전 수익률로 투자수익을 거

18 연금자산으로 P/r을 보유하고 매년 r의 수익이 발생한다면 $r\times P/r=P$ 만큼의 연금을 매년 지급할 수 있다.

19 채권(bond)은 주기적으로 정해진 이자인 이표(coupon)를 지급하고 만기에 원금을 지급하는 금융자산이다. 본문에서 예로 든 채권은 영구채(perpetual bond)로, 만기가 없고 원금지급도 없으며 매년 P를 영원히 지급하는 채권이다.

두기 때문이라는 것이다. 이것을 명확히 이해하기 위해 연금펀드의 투자수익이 법인세율 τ로 과세된다고 가정해 보자. 적립방식 연금제도의 경우 회사는 이제 $P/r(1-\tau)$의 부담금을 연금펀드에 납입한다. 세후비용은 다음과 같으며, 이는 차입한 금액과 정확히 일치한다.

식 3.10 $$(1-\tau)\times\frac{P}{r(1-\tau)}=\frac{P}{r}$$

이 경우에는 적립방식 연금제도가 부과방식에 비해 유리하지 않다.

채권 대신에 기업은 주식[20]을 발행하여 외부 자본(external equity)으로 연금펀드에 납입할 자금을 조달할 수도 있다. 세후 비용은 $(1-\tau)P/r$로 동일하다. 그러나 투자자가 직면하는 투자수익은 개인세율(τ^*) 적용 후 수령한 연금액을 부채에 대한 개인세율을 적용하여 할인한 값이다.

식 3.11 $$(1-\tau)(1-\tau^*)P\times\frac{1}{r(1-\tau^*)}=\frac{(1-\tau)P}{r}$$

따라서 외부자본으로 자금을 조달하는 것이 유리하지 않다. 연금부채를 기업채무로 대체함으로써 생기는 장점이 기업채무의 세제상 장점으로 인해 상쇄되는 것이다.

연금펀드가 회사의 이윤으로 조달된다 하더라도 여전히 절세효과가 있다. 이윤이 연금펀드에 대한 부담금으로 쓰이지 않고 배당으로 지급되었다면 배당에 대한 과세가 있었을 것이기 때문이다. 주주 입장에서의 가치는 절세액 $\tau^*(1-\tau)P/r$인데, 이는 통상 $\tau P/r$보다 작다.

Black(1980)과 Tepper(1981)는 기업의 확정급여형 연금제도 부채는 기업의 채무와 동등하고 연금펀드의 자산은 기업의 자산이라고 주장한다. 이를 EET 시스템 세제혜택과 결합하면 기업의 최적 연금정책은 기업 주주의 세금 감축을 최대화하

20 주식(equity 또는 shares)은 배당금을 지급하고 만기가 없는 금융자산이다. 배당금은 회사가 거둔 이윤에 기초하여 회사에 의해 정해진다. 따라서 채권의 이표와 달리 배당금의 크기는 변동한다.

는 것이 된다. 이는 회사가 연금제도를 완전 적립(fully fund)하여 채권에 전액 투자해야 함을 의미한다.

[표 3.2] 적립방식 연금제도의 세제상 우위

	현재 현금흐름	미래 현금흐름
부과방식 연금제도		
연금개시 후 지급	−	$-(1-\tau)P$
적립방식 연금제도		
1. P/r 차입	$+P/r$	$-(1-\tau)r\times P/r=-(1-\tau)P$
2. P/r은 연금펀드로 이전	$-(1-\tau)P/r$	−
3. 연금펀드가 채권에 투자	−	$r\times P/r=+P$
4. 연금개시 후 지급	−	$-P$
총현금흐름	$+\tau P/r$	$-(1-\tau)P$
적립방식 연금제도의 부과방식 대비 세제상 우위	$+\tau P/r$	−

출처 : Brealey와 Myers, 1991, table 35. 2

3.6 연금제도와 연금펀드의 대리인 비용

모든 계약관계는 잠재적으로 이해상충(conflict of interest) 문제를 내포한다. 이로 인해 본인-대리인 문제(principal-agent problem, 이하 '대리인 문제')가 발생한다. 대리인 문제는 본인(principal)인 일방이 대리인(agent)인 상대방에게 본인을 위해 특정한 서비스를 수행하도록 하는 계약관계에서 발생한다. 서비스는 통상 본인이 일정수준의 의사결정 권한을 대리인에게 위임해야 가능하다(Jensen과 Meckling, 1976, p. 308 ; Jensen, 1998). 본인은 계약이 제대로 이행되도록 하기 위해 적절한 유인과 감시 체계(incentive and monitoring system)를 설계해야 한다. 이로 인해 감시비용(monitoring cost)이 발생한다.

대리인 문제는 도덕적 해이나 정보취득 비용, 불완전 정보, 또는 정보 비대칭

(information asymmetry)에 의해 야기된다. 도덕적 해이란 일반적으로 본인(주인)이 대리인의 진정한 행위를 정확하게 관찰할 수 없을 경우 대리인이 본인(주인)의 이익에 부합되는 최선의 행동을 하지 않을 가능성을 의미한다. 예를 들어 대리인은 최선의 노력을 기울이지 않고 근무를 게을리하거나 부주의하게 행동할 수도 있다. 본인(주인)이 이러한 점을 염려한다는 것을 알고 있는 대리인은 자신(대리인)이 성실히 그리고 주의 깊게 행동한다는 것을 증명하기 위해 금전적·비금전적 확증비용(bonding cost)을 부담하기도 한다(Jensen과 Meckling, 1976, p. 351). 또한 감시비용과 확증비용을 치른다고 하더라도 대리인이 여전히 본인(주인)의 최선의 이익에 정확히 부합되게 행동하지 않을 가능성이 남는데, 이로 인한 비용을 잔여손실(residual loss)라고 한다. 대리인 비용은 감시비용, 확증비용, 잔여손실의 총합이며, 다른 여느 비용과 마찬가지로 실제로 존재하는 비용이다(Jensen과 Meckling, 1976, p. 357).

회사의 연금제도와 관련하여 많은 본인-대리인 관계가 존재한다.

- 회사의 소유자는 주주이지만, [본인]인 주주는 자신의 최선의 이익에 맞게 회사를 경영하도록 경영자(manager)를 [대리인]으로 선임한다.
- 회사가 연금제도를 운영함에 있어서, 회사의 경영자는 [본인]인 연금가입자의 최선의 이익에 맞게 연금제도를 운영하도록 수탁자(trustee)를 [대리인]으로 선임한다.
- [본인]인 수탁자는 연금가입자의 최선의 이익에 맞게 연금자산을 투자하도록 연금펀드 운영자를 [대리인]으로 선임한다.
- [본인]인 연금펀드 운영자는 연금펀드 투자대상 회사의 관리자가 주주의 [대리인]으로서 주주의 최선의 이익을 위해서 행동하도록 해야 한다.

이와 같이 연금제도의 이면에는 복잡하고 중층적인 대리인 관계가 존재한다. 회사의 주주 및 연금가입자는 수탁자와 본인-대리인 관계를 맺으며, 이 수탁자를 통해 연금펀드 관리자 및 기타 서비스(투자자문 등) 제공자들과 이중의 본인-대리인 관계를 맺게 된다.

본인은 잠재적 대리인 문제에 대응하여 사전적으로 유인부합적 계약(ex ante incentive compatible contract)을 체결함으로써 대리인이 본인의 최선의 이익을 위해 행동하도록 유도하거나 혹은 대리인의 성과가 나쁠 경우에는 필요하다면 고소 등의 방식을 통해서라도 대리인으로 하여금 이를 보상하도록 하는 확실한 사후정산 위협(credible threat of ex post settling up)을 가지고 있어야 한다. 본인은 둘 중 비용이 적게 드는 방법을 사용하면 된다(Fama, 1980). 이어서 연금과 관련된 사례를 분석해 보자.

3.6.1 내부 수탁자

영국의 경우, 연금제도 수탁자는 독립적으로 행동할 의무가 있다. 영국 연금규제당국(UK Pension Regulator)은 연금제도 수탁자 지침(2001.p.17)에서 '연금 수탁자로서 당신의 의무는 연금제도에 대한 것이지, 사용자·노동조합·가입자 일부 등 다른 어느 개인·집단에 대한 것이 아니다. 당신은 잉여자금을 사용자에게 투자할지 말지와 같이 자신의 이해가 관련된 어려운 의사결정에 종종 직면할 수 있다'고 기술하고 있다. 이러한 잠재적 이해충돌은 내부 수탁자(insider－trustees, 즉 연금제도 후원회사의 최고경영자 등 회사에 의해 선임된 수탁자)에게 특히 영향이 클 수 있다. 내부 수탁자를 통해 회사는 연금펀드에 큰 영향력을 행사하여 연금가입자의 이익을 침해할 수도 있다.

영국에서는 연금제도 후원자인 기업이 연금 수탁자의 대다수를 선임할 권한을 가진다. 연금가입자는 최대 50%의 수탁자를 지명할 수 있지만, 이 한도를 채우는 경우는 많지 않다.

수탁자는 다음과 같은 중요한 권한을 갖는다.

- 전문적 자문 제공자(계리사, 감사자, 투자자문자, 펀드 관리자, 자산보관자, 변호사 등)를 선임
- 연금펀드의 투자전략을 결정
- 부담금과 연금자산이 연금부채를 완전히 충당할 수 있도록 10년 이하의 기간

에 대해 부담금 납부 계획을 수립·유지하고, 연금펀드의 적립률이 90% 미만으로 심각한 적립금부족(serious deficiency) 상태가 될 경우 3년 내 적립률 90%를 달성할 수 있도록 부담금 납부계획을 확보

Cocco와 Volpin(2005)은 회사가 연금제도를 강력하게 통제하는 경우의 영향을 분석하였다. 이들은 내부 수탁자와 관련하여 대리인 가설(agency hypothesis)과 세금 차익거래 가설(tax arbitrage hypothesis)의 두 가지 가설을 검증하였다.

대리인 가설은 내부 수탁자의 대리인 비용을 예측하는 데 활용될 수 있다. Sharpe(1976)와 Treynor(1977)는 부채비율이 높은 회사는 위험한 프로젝트에 과도하게 투자할 유인을 갖는다는 것을 최초로 인식하였다. 프로젝트에 필요한 자금 중 일부는 저비용 부채로 조달되므로, 위험한 프로젝트가 성공한다면 주주는 높은 수익을 얻게 된다. 위험한 프로젝트가 실패로 돌아간다면 유한책임만을 갖는 주주가 회사를 포기하고 뒤처리는 은행과 채권자들에게 떠넘길 수도 있다.

연금제도에서도 마찬가지다. 연금펀드가 위험이 큰 투자(예를 들어 채권보다는 주식)를 통해 성공을 거두면 회사는 적은 부담금으로 적립률을 유지할 수 있다. 회사 입장에서 연금 적립금 부족액은 장기부채(연금가입자에 대한 회사의 부채)와 유사하고, 적립금이 부족한 연금제도의 가입자는 채권자와 유사하다(Besley와 Pratt, 2003). 연금펀드에 잉여금이 있을 때 내부 수탁자는 초과적립된 연금펀드를 청산하고 잉여금을 주주에게 돌려주고자 하는 유인을 갖는다(Pontiff *et al.*, 1990 ; Petersen, 1992).

대리인 가설에 따르면 다음과 같은 세 가지 예측이 가능하다.

- **대리인 가설 예측 1** : 내부 수탁자는 주식투자 비중을 높게 가져갈 것이며, 기업의 부채비율이 높으면 특히 그러할 것이다.
- **대리인 가설 예측 2** : 내부 수탁자는 연금제도에 대한 부담금을 적게 가져갈 것이며, 기업의 부채비율이 높으면 더욱 그러할 것이다.
- **대리인 가설 예측 3** : 내부 수탁자는 연금제도에 대한 부담금을 적게 가져갈 것이며, 기업의 부채비율이 높으면 특히 그러할 것인

> 데, 이는 주주에 대한 고배당과 결부되어 있을 것이다.(Webb, 2004)

회사가 자본제약(capital constraint)에 직면하여 투자계획을 이행하는 데 필요한 외부자금을 충분히 조달할 수 없는 경우 추가적인 대리인 문제가 발생한다. 이러한 경우, 회사는 내부자금을 이용하고자 할 것이다. 그러나 연금 부담금을 납부해야 한다면 재무적 제약에 직면한 회사는 투자를 감축할 수밖에 없다(Rauh, 2006).

자본제약 가설(capital constraint hypothesis)은 재무적 제약에 직면한 회사의 내부 수탁자는 투자를 위해 연금 부담금을 줄일 것이라고 예측한다(대리인 예측 4). 만일 이 투자가 효율적이라면 회사와 연금가입자 둘 다 이익을 얻을 것이지만, 투자가 비효율적이라면 대리인 비용이 발생한다.

세금 차익거래 가설(tax arbitrage hypothesis)은 내부 수탁자가 회사와 연금펀드의 세금감면을 극대화하는 역할에 대해서 예측을 제공한다. 회사가 얻는 소득(income)과 자본이득(capital gain)에 대해서는 과세가 되나, 연금펀드가 얻는 소득과 자본이득에 대해서는 세금이 면제된다. 따라서 회사는 회사와 연금펀드의 투자정책을 통합하여 세금 차익거래를 추구할 유인을 갖는다. 회사는 자금을 차입하여 부채비율을 높이고 차입자금을 연금펀드에 투입함으로써 세금을 최소화할 수 있다(Tepper와 Affleck 1974, 앞의 3.5절 참고). 이렇게 하여 회사의 리스크를 높이지 않으면서도 부채감세효과(debt tax shield)를 누릴 수 있다. 내부 수탁자는 회사와 연금펀드의 투자정책 조정을 원활하게 하는 데 기여할 수 있다. Black(1980)은 세금효과가 회사의 연금펀드에 초과적립하고 채권투자를 늘리도록 유도한다는 것을 보였다.

세금 차익거래 가설을 기초로 다음의 두 가지 예측이 가능하다.

- **세금 차익거래 가설 예측 1** : 내부 수탁자는 연금펀드가 채권투자 비중을 높게 가져가도록 할 것이며, 법인세 납부실적이 있는 회사라면 더욱 그러할 것이다.
- **세금 차익거래 가설 예측 2** : 내부 수탁자는 회사가 높은 세율에 직면할 때 연

금제도에 부담금을 많이 납입할 것이다.

Cocco와 Volpin은 영국 확정급여형(DB) 연금펀드 90개의 2002년 자료(2003년에 보고된 2002년 연차보고서)를 이용하여 이 가설들을 분석했다. 이들은 내부 수탁자가 연금가입자보다는 회사 주주의 이익을 위해 행동한다는 대리인 가설을 강하게 지지하는 증거를 발견하였으며, 세금 차익거래 가설을 지지하는 증거는 발견하지 못하였다. 구체적으로 부채비율이 높고 내부 수탁자 비중이 높은 기업에서는 다음과 같은 경향이 있다는 것을 밝혔다.

- 연금펀드 자산에서 주식투자가 차지하는 비중이 높음
- 연금 부담금을 적게 납입함
- 배당성향(dividend payout ratio)이 높음
- 회사가 대형 투자계획을 가지고 있을 때 연금 부담금을 줄임. 다만 적은 부담금이 더 좋은 투자기회와 연관되어 있다는 증거는 발견하지 못함

반면에 Bodie 외(1985)는 세금을 납부하는 수익성 있는 기업은 매우 다르게 행동한다는 것을 밝혔다. 이러한 회사는 Black(1980)이 예측한 것처럼 차입하여 연금펀드에 초과적립하고 채권에 투자할 가능성이 높은 것으로 나타났다. 그러나 연금 초과적립이 연금펀드 잉여를 노리는 적대적 인수(hostile takeover)를 부추길 수 있다는 위험이 존재한다(Pontiff 외, 1990).

3.6.2 연금 과소적립

Cooper와 Ross(2002)는 회사가 연금펀드를 설립하는 것은 연금자산을 다른 용도로 활용하지 않을 것임을 근로자에게 보여주는 확약수단(commitment device)으로서의 역할을 한다고 주장한다. 최적계약이론(optimal contract theory)과 최적 세금계획(optimal tax planning)의 관점에서 보면, 회사는 연금을 과소적립(underfunding the pension scheme)할 유인을 갖지 않는다. 계약이론(Azariadis, 1975 참고)은 기업(특히 리스크 중립적인 대형 기업)이 리스크 회피적인 근로자와의 계약관계에

있어서 생산자일 뿐만 아니라, 은행과 보험회사의 기능을 한다는 것을 의미한다. 예를 들면 회사는 연금펀드에 자금을 빌려주기도 하고 연금펀드에 결손이 발생할 리스크를 커버해준다. 시장이 완전하다면 이러한 기능은 쉽게 달성될 수 있는데, 완전한 시장에서는 기업의 대출과 리스크 헤지에 제약이 없기 때문이다. 그러한 경우 회사가 근로자에게 일정한 보상(임금과 연금)을 지급하는 것이 최적이다. 즉, 임금과 연금이 생산량, 매출, 생산성의 변동에 영향을 받지 않도록 하는 것이다. 리스크 회피적 근로자와 연금생활자는 생산량, 매출, 생산성 등의 변동이 소비에 영향을 주는 것을 달가워하지 않으며, 평탄한 소비 프로파일을 선호한다. 또한 리스크 회피적 근로자와 연금생활자는 연금이 완전적립되는 것을 선호하며, 회사는 이를 받아들여 이윤으로 적립금 부족을 해소할 수 없다면 대출을 받는다. 회사와 은행 간의 대출계약은 근로자에게 간접적으로 보험 또는 확약을 제공한다. 그러나 현실에서는 의도적으로 연금을 과소적립하는 기업들이 많이 있다. 이에 대해 여러 가지 설명이 제시되었는데, 시장 불완전성(market imperfection), 확증비용(bonding cost), 협상기법(bargaining ploy), 리스크 분담(risk sharing) 등이 있다.

시장 불완전성

Cooper와 Ross(2002)는 차입 제약, 차입-대부 이자율 차이 등 시장 불완전성(market imperfection)으로 인해 연금펀드가 과소적립되는 현상을 설명한다.

기업은 차입 제약(borrowing constraints)에 직면하는 경우가 있는데, 이는 기업이 차입한 자금을 오용하는 도덕적 해이에 대응하기 위한 것이다. 이러한 측면은 Myers와 Majluf(1984)이 처음 제기한 것으로 전형적인 비대칭 정보(asymmetric information) 문제이다. 이러한 기업은 은행 차입을 이용해서라도 임금을 지급하고 연금을 완전적립하겠다는 확증을 제공할 수가 없다. 이들 기업은 동원할 수 있는 자금 한도에서 연금을 부분적립(과소적립)하게 된다. 근로자는 투자부족에 따른 생산성 저하와 이로 인해 임금과 연금이 적어질 리스크에 노출된다. 근로자를 계속 고용하고 사업을 영위하기 위해서 기업은 낮은 임금을 받는 젊은 근로자에게 훗날 높은 임금과 연금(즉, 연령에 따라 상승하는 임금 프로파일[21])을 제공해야 한다. 이를 근로자가 회사에 대출을 해주는 것으로 볼 수도 있다.

기업의 차입금리가 연금의 수익률보다 높다면 기업은 차입한 자금을 연금펀드 적립에 사용하기보다는 주력사업에 사용하고자 할 것이다. 이 경우 역시 회사가 근로자로부터 차입한 것으로 볼 수 있다. 이에 대한 보상으로 근로자는 우상향하는 임금 프로파일을 요구한다.

Montgomery 외(1992)는 미국의 확정기여형(DB) 연금 데이터를 이용하여 분석한 결과 적립이 충분히 된 연금펀드 가입 근로자는 임금과 연금 사이에 일대일 상충관계(one-for-one trade-off)를 보이지만, 과소적립된 연금펀드 가입 근로자는 일대일을 초과하는 상충관계(즉, 임금감소 대비 더 큰 연금 증가를 근로자가 기대)를 보인다는 것을 밝혔다.

확증 비용

Jensen과 Meckling(1976, p. 308)은 대리인이 본인(주인)의 이익을 훼손하지 않도록 하거나 훼손하더라도 본인(주인)이 보상을 받을 수 있도록 하기 위해 확증비용(bonding cost)을 의도적으로 유발하는 것이 대리인에게 유리할 수 있다고 주장한다.

그러한 경우의 예로 경영자가 회사 연금펀드를 의도적으로 과소적립하는 경우가 있다. 연금펀드가 과소적립 상태이면, 이는 회사가 경영자와 근로자에게 무담보 채무를 지고 있는 것과 유사하다. 이로 인해 경영자와 근로자는 회사의 자산에 대한 청구권을 갖게 되는데, 이 청구권이 다른 많은 채권자에 비해 후순위(subordinate)인 경우 경영자와 근로자가 다른 채권자의 이익에 관심을 가질 유인이 생겨난다. 그 결과 회사 주주의 이익을 위해 회사를 경영하기로 계약한 경영자가 채권자의 이익을 희생하여 주주의 이익을 증대시킬 유인이 감소한다.

---

21 임금 프로파일(wage profile)은 근로자의 연령별 실질임금을 나타낸다. 영국에서서는 대체로 연령이 증가하면 임금이 상승하는 우상향 형태를 나타내며, 40대나 50대 초에 최고점에 이르고 그 후 덜 힘들고 책임이 적은 직무로 전환되어 은퇴 시까지 임금이 서서히 감소하는 형태를 보인다.

회사가 투자에 필요한 자금을 채권으로 조달하는 경우를 예로 들어 보자. 회사의 경영자가 알려진 것보다 리스크가 큰 투자 프로그램에 착수한다면 이는 주주의 이익을 증대시킨다. 왜냐하면 리스크가 큰 투자 프로그램이 성공하면 주주의 이익이 증대될 것이고 이 가능성이 반영되어 주가는 상승하지만 투자실패 리스크 증가로 채권가격이 하락할 것이기 때문이다.

Jensen과 Meckling은 이런 식으로 경영자가 주주의 이익을 증대시키는 것을 막는 데 필요한 대리인 비용을 연금 과소적립과 같은 암묵적 채무(implicit debt) 또는 내부 채무(inside debt)를 이용하여 줄일 수 있다고 주장한다. 경영자는 회사가 지급불능 상태에 빠지지 않기를 바라며, 경영자는 채권자에게 불이익이 되거나 자신의 고용상태를 위협하는 리스크를 피하고자 한다. 따라서 연금이 과소적립된 회사의 경영진은 회사의 사업이 지속적으로 영위될 수 있도록 관리할 유인을 갖게 되며, 이는 결국 장기적으로 주주의 이익과 부합된다. 요컨대, 연금 과소적립은 경영자와 나아가 근로자에 대한 감시비용을 줄이는 효과가 있다.

한편 이러한 측면이 작동하기 위해서는 경영자와 근로자에 대한 보상체계가 유인부합적(incentive compatible)이어야 한다. 즉, 경영자와 근로자의 미래 수익이 회사의 미래 이윤 및 주식 수익률과 양의 상관관계를 가져야 한다. 이러한 조건 하에서 경영자와 근로자는 채권자와 주주의 이익을 균형 있게 추구할 유인을 갖게 되고, 이로써 회사를 둘러싼 여러 관계자들의 이해가 정렬된다.

협상기법

Ippolito(1985b)는 연금 과소적립이 노동조합에 대한 회사의 협상력을 증대시킨다고 주장한다. 노동조합은 회사가 지급불능 상태에 이를 정도로 과도한 임금인상을 요구할 수도 있다. 연금 과소적립을 통해 근로자를 회사의 채권자가 되도록 함으로써 회사의 계속영업과 성공에 이해당사자가 되도록 하는 것이다.

리스크 분담

Arnott과 Gersovitz(1980)는 리스크 회피적 소형 기업은 리스크 회피적 근로자와 리스크 분담을 위해 연금 과소적립을 이용할 수 있다고 주장한다.

연금 과소적립과 연금펀드 보험

미국에서는 ERISA(Employee Retirement Income Security Act)에 근거하여 1974년 설립된 연금급여보증공사(Pension Benefit Guaranty Corporation ; PBGC)가 기업의 지급불능으로부터 기업연금펀드를 보호한다. 영국에서는 2005년 설립된 연금보호펀드(Pension Protection Fund)가 동일한 기능을 한다. 기업의 연금정책은 이러한 보험제도의 존재여부에 영향을 받는다.

Bulow(1982)는 연금급여보증공사(PBGC)의 연금펀드보험이 있는 경우와 없는 경우의 연금가치를 분석하였다. 각 변수를 다음과 같이 가정하자.

A = 발생급여(수급권 있는 경우와 없는 경우 모두)

V = 수급권 있는 연금급여

F = 적립된 연금급여, 즉 연금펀드의 자산

T = 연금급여의 청산가치

G = $PBGC$의 보증을 받는 연금급여($G<V$)

$PBGCL$ = $PGBC$의 부채

FL = F 외의 회사 부채

S = 회사 주식의 시장가치

PBGC가 존재하기 전 청산 시 근로자 청구권의 가치는 다음과 같다.

식 3.12 $T=\min(F, V)$

회사는 연금펀드를 청산할 권리를 가지며, $V > F$라 하더라도 추가적인 채무는 없다. 하지만 회사는 근로자에게 $(V - F)$만큼의 암묵적 부채를 지며, 근로자가 떠나지 않기를 바란다면 회사는 이 금액을 임금인상으로 지급하기로 약속해야 할 것이다.

ERISA 시행에 따라 회사의 입장이 달라졌는데, 이는 회사의 순 채무가 다음과 같이 달라졌기 때문이다.

식 3.13 $$FL = \min(A - F,\ MAX\{0,\ \min[G - F,\ 0.3S]\})$$

적립된 연금급여가 발생급여를 초과하는 상태$(F > A)$에서 연금제도를 청산하면 회사는 실질적인 잉여를 갖게 된다. 적립된 연금급여가 발생급여보다 작으면서 보증된 연금급여를 초과$(G < F < A)$하면 회사는 추가적인 채무에 직면하지 않는다. 적립된 연금급여가 보증된 급여보다 작으면 회사는 회사주식의 30%까지 채무를 갖고 나머지는 PBGC가 지불한다.

따라서 PBGC의 채무는 다음과 같다.

식 3.14 $$PBGCL = \max(0,\ G - F - 0.3S)$$

그리고 근로자에 대한 청산 연금급부의 가치는 다음과 같다.

식 3.15 $$T = PBGCL + FL + F = \min(A,\ \max\{G,\ F\})$$

Sharpe(1976), Harrison과 Sharpe(1983), 그리고 Ippolito(1986)는 재무적으로 곤경에 처한 회사가 지급불능 시 정부가 연금채무를 부담한다는 것을 알기 때문에 연금을 과소적립하고 위험한 투자전략(채권보다는 주식에 투자)을 따를 유인을 갖는다는 것을 보였다. 다시 말해, 회사의 입장에서 최선의 정책은 보험의 가치와 그 비용 사이의 차이를 극대화하는 것이므로 [식 3.13]을 최소화하고 [식 3.14]를 최대화하는 것이다.

Bodie(1996)는 연금후원기업의 재무적 건전성, 보증된 연금급여의 과소적립 정도, 보증된 연금급여와 연금제도 자산의 시장 리스크 불일치 정도 등이 PBGC가 자금부족에 빠질 리스크에 영향을 미친다는 것을 보였다.

3.6.3 성과연계 펀드 관리 수수료

Starks(1987)는 펀드 매니저와 펀드 소유자(이 책의 관점에서는 연금펀드 수탁자) 사이의 대리인 관계에서 대리인 비용을 관리하기 위한 수단으로 성과연계 펀드관리 수수료(performance-related fund management fees)를 연구하였다(Bhattacharya와 Pfleiderer, 1985 및 Gervais 외, 2005 참고). 유인구조가 적절한 계약이란 본인과 대리인 사이의 이해충돌 가능성을 최소화하는 계약이다. 연금펀드 수탁자와 펀드매니저 사이의 계약에는 투자성과 리스크를 둘 사이에 배분하는 리스크 분담 규칙(risk-sharing rule)이 반영된 수수료 구조가 있어야 한다.

Starks는 두 가지 종류의 성과연계 수수료를 고려하였다. 하나는 다음과 같은 보너스 성과 수수료(bonus performance fee ; BP fee)이다.

식 3.16
$$F_{BP}=\begin{cases} F_0 & \text{if } r \leq r_B \\ F_0+k(r-r_B) & \text{if } r > r_B \end{cases}$$

여기서 r은 펀드매니저가 달성한 실현된 펀드 수익률, r_B는 해당 계약에 적용된 벤치마크 수익률, F_0는 펀드매니저의 성과에 관계없이 받는 고정률수수료(flat-rate fee), 그리고 k는 벤치마크 수익률을 초과하는 실현 수익률의 일정률을 지급하는 성과연계 수수료를 나타낸다.

다른 하나는 다음과 같은 대칭적 성과 수수료(symmetric performance fee; SP fee)이다.

식 3.17
$$F_{SP}=F_0+k(r-r_B)$$

여기서는 펀드매니저의 투자성과가 벤치마크보다 못하면 그 차이의 일정 비율이 고정률 수수료에서 차감된다.

Stark는 보너스 성과 수수료(BP fee)는 펀드매니저로 하여금 연금수탁자가 바람직하다고 생각하는 것보다 높은 수준의 리스크를 지게 하므로 유인부합적이지 않다는 것을 보였다. 리스크가 높은 포트폴리오는 기대수익률이 높은 동시에 변동성 또한 크다. 실현수익률이 벤치마크보다 높다면 펀드매니저는 그 차이의 k비율을 받지만, 실현수익률이 벤치마크보다 낮다고 해서 불이익을 받지는 않는다. 반면에 대칭적 성과 수수료(SP fee)는 펀드매니저와 연금 수탁자의 이해관계가 일치되게 하므로 유인부합적이다. 펀드매니저의 성과가 벤치마크보다 높든 낮든 연금수탁자와 체계적으로 공유되므로, 펀드매니저는 연금수탁자가 바람직하다고 생각하는 수준 이상으로 리스크를 지지 않을 것이다.

그러나 액티브 펀드(active fund)의 경우 벤치마크보다 성과가 좋은 투자처를 찾아내는 데 상당한 자원을 투입해야 한다. 대칭적 성과 수수료 구조는 펀드매니저로 하여금 연금수탁자의 바람직한 수준보다 적은 자원을 투입하도록 유도할 수 있다. 펀드매니저의 입장에서 k가 낮을수록 최적 자원투입 수준이 낮아진다. 펀드매니저가 투입하는 자원 수준을 연금수탁자가 정확하게 관찰할 수 없다면 대리인 문제가 여전히 존재한다. 보너스 성과 수수료 구조는 자원투입 수준이 더 낮아지도록 한다. 이는 펀드매니저가 하방 리스크(downside risk)에 직면하지 않아 하방리스크를 방지하는 데 자원을 쓸 필요가 없기 때문이다. 이 경우 대리인 문제는 더욱 커진다.

따라서 대칭적 성과수수료 체계가 보너스 성과수수료 체계에 비해 우월하긴 하지만 대리인 문제를 모두 해결할 수 있는 것은 아니다.

3.6.4 주주 행동주의와 기업 지배구조

펀드매니저는 자신이 투자하는 기업이 주주의 최선의 이익을 위해 행동하도록 할 필요가 있다. 이제는 펀드매니저가 투자대상 기업(자신을 연금펀드 매니저로 고용한 회사도 포함)에 적절한 유인을 제공해야 하는 입장이 되었다. Monks(1997)는 과거에는 연금펀드매니저가 투자대상 회사의 경영진이 탐탁지 않으면 해당 주식을 매도하는 전략을 썼었으나 이제 점차 주주 행동주의(shareholder activism)로 옮겨가고 있음을 밝혔다.

이와 동시에 기업들은 자발적으로 기업 지배구조(corporate governance)를 개선하고 있다. 기업 지배구조란 기업이 지휘되고 통제되는 체계를 말한다. 1992년 영국에서는 기업 지배구조에 대한 Cadbury Committee(Sir Adrian Cadbury가 의장)가 모범규준(a code of best practice)을 제시하였다. 여기에는 이사회에 권한이 과도하게 집중되는 것을 막고 중요한 정보를 적절히 공시하도록 함으로써 주주의 이익을 대변하도록 독립적인 비상임 이사(non-executive director)를 임명하는 방안이 포함되어 있다. 1995년에는 최고경영진 보수에 대한 Greenbury Committee(Sir Richard Greenbury가 의장)에서는 이사진 보상(연금급여 보험) 기준과 공시에 대한 행위규준(code of conduct)을 발표하였다. 연금급여는 연간 취득한 발생연금액의 가치로 측정되고, 연금대상 최종급여(final pensionable salary)의 정의에서 실적 보너스(performance bonus)는 제외해야 한다. 1998년 1월, 기업 지배구조에 대한 Hempel Committee(Sir Ronald Hempel이 의장)는 기업상장 요건으로 기업 지배구조에 대한 슈퍼코드(the super code)를 반영하도록 증권거래소(the Stock Exchange)에 권고하였다. 이 기업 지배구조 슈퍼코드는 Cadbury 모범규준과 Greenbury 행위규준을 지지하고, 되도록 이사회 의장과 최고경영자의 역할을 분리할 것을 제안하며, 이사회의 1/3 이상을 독립적인 사외이사(independent director)로 구성할 것을 권고한다. 또한 모든 상임이사(executive director)는 3년마다 재심사를 통해 재임명할 것을 요구하고, 기관투자자에게 자신의 최선의 판단에 따라 주주총회에서 투표권을 행사할 것을 촉구한다. 하지만 투표권 행사 의무화에는 반대하였는데, 의무화로 인해 회사에 적극적인 관심을 가질 의지와 능력이 없는 상황에서 생각 없이 이사회에 동조하는 투표로 이어질 것을 우려한 것이다. 그리고 기업의 행동에 대한 감시를 강화할 것도 제안하였다. 그 목적은 기존에 비해 기업 지배구조 체계를 덜 형식적이고 더 유연하게 만드는 것이었다. 이 기업 지배구조 기준은 회사의 규모에 관계없이 적용된다. 1998년 6월, 증권거래소는 슈퍼코드를 발표하였으며, 상장회사로 하여금 슈퍼코드 준수에 대한 공시를 하도록 요구하였다.

이러한 조치들과 다른 나라의 유사한 조치들은 기업과 관련된 중요한 대리인 문제를 해결하기 위한 것이다. 하지만 여타 대리인 문제들이 여전히 많이 남아 있다. 최근 가장 눈에 띄는 조치로는 미국의 Enron과 Worldcom 사태를 계기로 2002년 기업의 재무 및 회계 공시 강화를 위해 Sarbanes-Oxley 법을 시행한 것을 들 수 있다.

3.6.5 도덕적 해이, 역선택, 그리고 장애연금

기업연금제도에서는 장애로 인한 조기은퇴가 허용되는 경우도 있다. 많은 경우 장애연금(disability pension)은 계리적으로 공정(actuarially fair)한 수준보다 연금급여가 높다. 즉, 순수하게 개인의 나이와 근속기간에 근거하여 산정한 연금급여보다 실제 연금급여가 더 큰 것이다. 그러나 Diamond와 Mirrlees(1978, 1985)가 지적한 것처럼 '장애'가 사적정보(private information)에 해당된다면 도덕적 해이로 인한 문제가 발생한다. 근로자가 정말로 장애를 갖게 되었는지 연금제도가 어떻게 알 수 있을 것인가?

이 문제를 해결하기 위해서는 유인부합적 수혜기준을 수립하여 건강한 근로자라면 정상근무에 비해 장애연금 수급이 유리하지 않도록 연금수급액이 결정되어야 한다. 즉, 도덕적 해이 문제를 피하기 위해서 장애연금은 정상연금보다 적어야 한다는 것이다.

역선택도 사적 정보(비대칭 정보)와 관련되어 있다. 역선택은 보험계약에서 흔하게 나타나는데, 보험금을 청구할 가능성이 높을수록 보험계약에 가입하기를 원한다는 것이다. 자신이 미래 어느 시기에 만성질환이나 장애를 갖게 될 가능성이 높다고 생각하는 개인은 장애급여를 많이 주는 연금제도를 운영하는 직장에 취업하고자 할 가능성이 있다. Whinston(1983)와 Hoy(1989)에 따르면, 역선택의 해결책은 도덕적 해이의 경우와 비슷하게 입사희망자를 주의 깊게 스크리닝하고 리스크 그룹을 사후적으로 분리시키는 등 유인부합적 급여 기준을 수립하는 것이다.

3.7 결론

과거에는 기업이 근로자의 장기간 동안의 성실한 근속에 대한 보상이나 이타적인 행위로 연금을 제공한다고 생각했었다. 근래에는 연금을 이연된 임금으로 인식하게 되었다. 자본시장과 노동시장이 완벽한 경우 근로자는 자본시장에서 차입 등을 통해 자신이 원하는 임금과 연금의 조합을 만들 수 있으므로 보상이 임금으로 지급되든 연금으로 지급되든 무차별하다. 현실에서는 이러한 무차별성이 성립되지 않는다. 그 이유로는 불완전 자본시장, 리스크, 세금감면, 기업특유 인적자본, 선택효과 또는 분류효과 등을 들 수 있다. 이러한 요인들로 인해 근로자는 보상 패키지의 일부로 연금을 원할 수도 있고 원하지 않을 수도 있다.

연금을 조건부 청구권으로 이해할 수도 있는데, 근로자가 더 큰 노력을 기울이도록 유도하는 유인을 제공하기도 하고 투자 리스크 등 리스크를 방어하는 보험이 되기도 한다. 이들 리스크는 회사와 근로자 사이에 분담될 수 있다. 그러나 연금제도의 보상기능과 리스크 분담 기능은 연금 수급권이 즉시 주어지지 않는 경우에만 효과를 갖는다. 이로 인해 훈련비용 회수가 가능해진다. 또한 근로자의 나이가 많아져서 한계생산이 유보임금(reservation wage)을 하회할 때 정년퇴직(mandatory retirement)이 필요하다.

연금부채가 회사의 암묵적 부채인지 명시적 부채인지에 대해서는 여러 견해가 있다. 연금을 근로자가 은퇴할 때까지 고용을 유지하기 위한 회사와 근로자 사이의 암묵적 장기계약의 일부로 보는 시각이 있다. 연금을 단기적인 명시적 계약의 일부로 이해하는 시각도 있다. 전자의 경우 연금은 예측급여 기준(projected benefit basis)으로 평가되고, 후자의 경우 연금은 발생급여 기준(accrued benefit basis)으로 평가된다. 전자의 경우 은퇴연령 이전에 퇴직하는 근로자는 연금재부를 일부 잃는 셈이지만, 후자의 경우 그렇지 않다.

연금제도와 연금펀드에는 여러 가지 본인-대리인 관계가 존재하며, 이로 인해 비용이 발생한다. 예를 들면 연금수탁자가 연금수급자의 이익이 아니라 회사의 이익을 위해 행동할 수도 있고 연금펀드매니저가 자신의 수익을 늘리기 위해 연금자산을 리스크가 큰 곳에 투자할 수도 있다. 일부 경제학자는 세금감면을 극대화하기 위해서 연금펀드가 무위험채권에만 투자하는 것이 타당하다고 주장하기도 한다.

연 / 습 / 문 / 제

01. 선진국에서 기업의 연금제공 역사를 설명하라.

02. EET를 설명하라.

03. 연금에 대한 이타주의 관점을 설명하라.

04. 연금을 이연된 임금으로 보는 관점을 설명하라.

05. 완전 자본시장의 세계에서 왜 연금 중립성이 성립하는가?

06. 연금수급권 부여(vesting)란 무엇인가?

07. 보상급여원리(compensating wage principle)을 설명하라.

08. 경제적 연금부채(economic pension liabilities)를 정의하라.

09. 자본시장이 불완전하면 연금 중립성이 왜 붕괴되는가?

10. 연금에 대한 근로자의 태도에 리스크가 어떻게 영향을 미치는가?

11. 기업은 훈련비용을 어떻게 회수하는가?

12. 최적고용계약(optimal employment contract)에서 언제 한계생산보다 적게 보상하고 언제 한계생산보다 많이 보상하는 것이 최적인가?

13. 선택효과(selection effect) 또는 분류효과(sorting effect)란 무엇인가?

14. 연금을 조건부 청구권으로 보는 시각을 설명하라.

15. 기업 연금부채를 암묵적으로 보는 시각과 명시적으로 보는 시각의 차이를 설명하라.

16. 연금부채를 평가하는 데 있어 예측급여 방법과 발생급여 방법의 차이를 설명하라.

17. 근속비용(service cost)와 재원조달비용(financing cost)의 차이를 설명하라.

18. 퇴사로 인한 연금자본손실이란 무엇이며, 왜 발생하는가?

19. 고용계약에 정년퇴직 조항이 있는 이유는 무엇인가?

20. 연금을 예로 들어 동태적 비일관성 문제(time inconsistency problem)를 설명하라.

21. 어떤 경우 회사는 연금펀드를 완전적립하고 연금펀드를 채권에 투자할 유인을 갖는가?

22. 본인-대리인 문제(principal-agent problem)는 왜 존재하는가?

23. 대리인 비용(agency cost)의 주된 형태는 무엇인가?

24. 연금제도와 연금펀드에 존재하는 대리인 관계의 사례를 몇 가지 제시하라.

25. 유인부합적 계약(incentive-compatible contract)이란 무엇인가?

26. 사후정산(*ex-post* settling up)이란 무엇인가?

27. 내부 수탁자(insider–trustees)에 대한 대리인 가설(agency hypothesis)은 무엇인가?

28. 기업이 종종 연금을 과소적립(underfund)하는 이유는 무엇인가?

29. 확증비용(bonding cost)이란 무엇인지, 그리고 연금제도에서 어떻게 이용될 수 있는지 설명하라.

30. 연금펀드 보험기관(pension fund insurance agency)이 직면하는 문제는 무엇인가?

31. 연금펀드가 직면하는 대리인 비용에 대해 성과연계 펀드관리 수수료(performance–related fund management fee)가 어떤 역할을 하는가?

32. 효과적인 기업 지배구조에 대한 주주 행동주의(shareholder activism)의 역할을 설명하라.

33. 장애연금과 관련된 도덕적 해이와 역선택 이슈를 설명하라.

참 / 고 / 문 / 헌

Arnott, R. and Gersovitz, M. (1980) Corporate financial structure and the funding of private pension plans, *Journal of Public Economics*, **13**, 231 – 247.

Azariadis, C. (1975) Implicit contracts and underemployment equilibria, *Journal of Political Economy*, **83**, 1183 – 1202.

Besley, T. and Pratt, A. (2003) Pension Fund Governance and the Choice between Defined Benefit and Defined Contribution Plans, Discussion Paper 3955, Centre for Economic Policy Research, June.

Bhattacharya, S. and Pfleiderer, P. (1985) Delegated portfolio management, *Journal of Economic Theory*, **36**, 1 – 25.

Black, F. (1980) The tax consequences of long run pension policy, *Financial Analysts Journal*, **36**, 1 – 28.

Blake, D. (1998) Pension schemes as options on pension fund assets : implications for pension fund management, *Insurance : Mathematics & Economics*, **23**, 263 – 286.

Blinder, A. (1981) *Private Pensions and Public Pensions : Theory & Fact*, W.S. Woytinsky Lecture No. 5, Institute of Public Policy Studies, University of Michigan.

Bodie, Z. (1996) What the Pension Benefit Guaranty Corporation can learn from the Federal Savings and Loans Insurance Corporation, *Journal of Financial Services Research*, **10**, 83 – 100.

Bodie, Z., Light, J., Mørck, R. and Taggart, R. (1985) Corporate pension policy : an empirical investigation, *Financial Analysts Journal*, **41**, 10 – 16.

Brealey, R. and Myers, S. (1991) *Principles of Corporate Finance*, McGraw–Hill, New York.

Bulow, J. (1982) What are corporate pension liabilities? *Quarterly Journal of Economics*, **97**, 435 – 452.

Cocco, J. and Volpin, P. (2005) The Corporate Governance of Defined Benefit

Pension Plans : Evidence from the UK, Discussion Paper 4932, Centre for Economic Policy Research, February.

Cooper, R. and Ross, T. (2002) Pensions : theories of underfunding, *Labor Economics*, **8**, 667 – 689.

Diamond, P. and Mirrlees, J. (1978) A model of social insurance with variable retirement, *Journal of Public Economics*, **10**, 295 – 336.

____________________ (1985) Insurance aspects of pensions, in Wise, D. (ed.), *Pensions, Labor and Individual Choice*, University of Chicago Press, Chicago.

Fabel, O. (1994) *The Economics of Pensions and Variable Retirement Schemes*, John Wiley & Sons, Chichester.

Fama, E. (1980) Agency problems and the theory of the firm, *Journal of Political Economy*, **88**, 288 – 307.

Gervais, S., Lynch, A. and Musto, D. (2005) Delegated monitoring of fund managers : an economic rationale, *Review of Financial Studies*, **18**, 1139 – 1169.

Harrison, J. and Sharpe, W. (1983) Optimal funding and asset allocation rules for defined benefit pension plans, in Bodie, Z. and Shoven, J. (eds), *Financial Aspects of the United States Pension System*, University of Chicago Press, Chicago.

Hoy, M. (1989) The value of screening mechanisms under alternative insurance possibilities, *Journal of Public Economics*, **39**, 177 – 206.

Ippolito, R. (1985a) The implicit pension contract and true economic pension liabilities, *American Economic Review*, **75**, 1031.

__________ (1985b) Economic function of underfunded pension plans, *Journal of Law and Economics*, **28**, 611 – 651.

__________ (1986) *Pensions, Economics and Public Policy*, Dow Jones–Irwin, Homewood IL.

__________ (1997) *Pension Plans and Employee Performance : Evidence, Analysis and Policy*, University of Chicago Press, Chicago.

Jensen, M.C. (1998) Self–Interest, altruism, incentives and agency theory, in

Jensen, M.C. (ed.), *Foundations of Organizational Strategy*, Harvard University Press, Cambridge, MA.

Jensen, M.C. and Meckling, W. (1976) Theory of the firm : managerial behavior, agency costs and ownership structure, *Journal of Financial Economics*, **3**, 305 – 360.

Lazear, E. (1979) Why is there mandatory retirement?, *Journal of Political Economy*, **87**, 1261 – 1284.

________ (1983) Pensions as severance pay, in Bodie, Z. and Shoven, J. (eds), *Financial Aspects of the United States Pension System*, University of Chicago Press, Chicago.

________ (1985) Incentive effects of pensions, in Wise, D. (ed.), *Pensions, Labor and Individual Choice*, University of Chicago Press, Chicago.

Logue, D. (1979) A theory of pensions, chapter 3 in *Legislative Influence on Corporate Pension Plans*, American Enterprise Institute, Washington, D.C.

McCarthy, D. and Neuberger, A. (2003) *Pensions Policy : Evidence on Aspects of Savings Behaviour and Capital Markets*, Centre for Economic Policy Research, London.

McGill, D., Brown, K., Haley, J. and Schieber, S. (2005) *Fundamentals of Private Pensions*, Oxford University Press, Oxford.

Merton, R. (1985) Implicit labor contracts viewed as options : a discussion of 'insurance aspects of pensions' in Wise, D. (ed.), *Pensions, Labor and Individual Choice*, University of Chicago Press, Chicago.

Monks, R. (1997) Corporate governance and pension plans, in Gordon, M., Mitchell, O. and Twinney, M. (eds), *Positioning Pensions for the Twenty–First Century*, University of Pennsylvania Press, Philadelphia, 139 – 158.

Montgomery, E., Shaw, K. and Benedict, M. (1992) Pensions and wages, *International Economic Review*, **33**, 111 – 128.

Munnell, A. (1982) *The Economics of Private Pensions*, Brookings Institution, Washington, D.C.

Myers, S. and Majluf, N. (1984) Corporate financing and investment decisions when firms have information that investors do not have, *Journal of Financial Economics*, **13**, 187 – 221.

Petersen, M. (1992) Pension reversions and wealth transfers, *Quarterly Journal of Economics*, 107, 1033 – 1056.

Pontiff, J., Shleifer, A. and Weisbach, M. (1990) Reversions of excess pensions assets on takeovers, *Rand Journal*, **21**, 600 – 613.

Rauh, J. (2006) Investment and financing constraints : evidence from the funding of corporate pension plans, *Journal of Finance*, **61**, 33 – 71.

Sharpe, W. (1976) Corporate pension funding policy, *Journal of Financial Economics*, **3**, 183 – 193.

Squires, L. W. (1912) *Old Age Dependency in the United States*, Macmillan, New York.

Starks, L. (1987) Performance incentive fees : an agency theoretic approach. *Journal of Financial and Quantitative Analysis*, **22**, 17 – 32.

Tepper, I. (1981) Taxation and corporate pension policy, *Journal of Finance*, **36**, 1 – 13.

Tepper, I. and Affleck, A. (1974) Pension plan liabilities and corporate financial strategies, *Journal of Finance*, **29**, 1549 – 1564.

Treynor, J. (1977) The principles of corporate pension policy, *Journal of Finance*, **32**, 627 – 638.

Webb, D. (2004) Sponsoring Company Finance and Investment and Defined Benefit Pension Scheme Deficits, Discussion Paper 487, Financial Markets Group, London School of Economics.

Whinston, M. (1983) Moral hazard, adverse selection, and the optimal provision of social insurance, *Journal of Public Economics*, **22**, 49 – 71.

Wise, D. (ed.) (1985) *Pensions, Labor and Individual Choice*, University of Chicago Press, Chicago.

제4장 | 연금 거시경제학 Ⅰ: Diamond-Samuelson의 확정수명 중첩세대모형을 이용한 연금 분석

04

연금 거시경제학 I

: Diamond–Samuelson의 확정수명 중첩세대모형을 이용한 연금 분석

04

연금 거시경제학 I

: Diamond–Samuelson의 확정수명 중첩세대모형을 이용한 연금 분석

중첩세대모형(overlapping generations model ; OLG model)은 현대 거시경제학의 핵심적인 기초이다. 거시경제학은 개인, 기업, 정부의 총합적 행동(aggregate behaviour)을 다루는 학문이다. 중첩세대모형은 생애주기모형을 일반화하는 동태경제모형(dynamic economic model)으로 각 세대를 대표하는 대표적 개인으로부터 출발하여 동 시기에 생존한 모든 개인을 총합하여 분석을 진행한다.

중첩세대모형에서는 개인, 기업, 정부의 행동이 시간이 경과함에 따라 경제에 동태적으로 영향을 미친다고 가정한다. 주요 통제변수(control variable)는 개인의 저축과 노동공급 의사결정이다. 주요 정책변수(policy variable)는 정부가 정하는 세율이다. 주요 파라미터(parameter)는 한계저축성향(marginal propensity to save), 한계시간선호율(marginal rate of time preference), 위험회피 정도(degree of risk aversion), 자본의 감가상각(depreciation), 인구증가율 등이다. 주요 상태변수(state variable)는 물적자본 총저량(aggregate physical capital stock)으로, 이는 모형의 파라미터와 정책변수에 따라 결정되는 과거로부터 누적된 저축과 노동공급의 결과물이다. 자본저량(capital stock)의 크기는 모형에서 생성되는 임금률(wage rate), 이자율(rate of interest) 등을 결정하는 데 중요한 역할을 한다.

박스 4.1 동태모형

동태모형(dynamic model) 또는 동태시스템(dynamic system)은 통제변수, 정책변수, 상태변수의 세 종류 변수에 대해 시점 간 관계를 정의하는 모형이다. 통제변수(control variable)는 모형에서 설명하고자 하는 경제주체(agent)에 의해 그 값이 선택되는 변수이다. 정책변수(policy variable)는 경제주체의 외부자(정부)가 선택하는 변수로, 경제주체의 행동에 시간에 걸쳐 영향을 미친다. 상태변수(state variable)는 모형이나 시스템에 의해 결정되어 특정 시점의 모형 또는 시스템의 상태를 측정하는 변수이다. 상태변수는 주어진 파라미터에서 통제변수와 정책변수의 시간경로를 반영한다.

이 장에서는 중첩세대모형을 먼저 수립하고, 이어서 중첩세대모형에서 연금을 분석하고자 한다. 노동공급과 은퇴가 외생적(exogenous)인 경우를 분석한 후에 노동공급과 은퇴가 내생적(endogenous)인 경우도 살펴보겠다.[1]

4.1 2기간 Diamond-Samuelson 중첩세대모형

최초의 중첩세대모형은 Samuelson(1958)과 Diamond(1965)에 의해 개발되었다. 개인은 출생시점에 따라 세대(generation)에 배정되는데, 개인의 수명은 미리 정해져 있다고 가정한다. 특정 시점에는 둘 이상의 세대가 함께 살게 된다. 각 세대는 앞선 선배세대 및 후배세대와 거래를 하며, 각 세대는 서로 다른 생애단계(lifecycle stage)에 있게 된다.

이 모형은 개인에 의한 생애주기 저축의 총합적 결과를 분석하는 데 유용하다. 자본저량(capital stock)은 은퇴 후 소비의 재원을 마련하기 위해 근로시기에 저축한 결과물이다. 저축의 축적으로 형성되는 자산은 자본이 유일하다고 가정한다. 자본저량은 다음 세대로 상속(의도되었건 아니건)되는 유산(bequest)에 의해 순증분

1 외생적이라 함은 모형 밖에서 결정된다는 의미이고, 내생적이라 함은 모형 안에서 결정된다는 의미이다.

(net increase)이 발생한다.

가장 단순한 중첩세대모형은 청년기와 노년기 2기간으로 이루어지는 모형으로, 어느 시점에서든지 청년그룹(young cohort)과 노년그룹(old cohort)의 두 세대가 살고 있게 된다([표 4.1] 참고). 세대 간 거래의 결과로 발생하는 균형의 특성을 이해하는 것이 분석의 목표이다. 각 세대에 속한 개인은 생애효용(lifetime utility)을 극대화하는 것이 목표이며, 기업은 이윤을 극대화하는 것이 목표라고 가정한다. 또한 각 세대를 구성하는 개인은 모두 동일(identical)하다고 가정한다.

[표 4.1] 2기간 중첩세대모형

세대	시간						
	0	1	2	3	4	5	…
–1	노년기						
0	청년기	노년기					
1		청년기	노년기				
2			청년기	노년기			
3				청년기	노년기		
4					청년기	노년기	
…							…

4.1.1 개인

개인은 제1기(청년기)에는 근로를 하고 은퇴하여 제2기(노년기)를 보낸다고 가정한다. 그러나 소비는 두 기간 모두에서 일어나야 하므로 청년기에 저축을 통해 자본을 획득하고 노년기에 이를 인출하여 소비한다. 인구는 세대 사이에 n의 비율로 성장한다고 가정하자. 시점 t에 평가한 청년기 개인의 할인된 생애효용은 다음과 같이 시간분리가능 효용(time–separable utility)[2]으로 정의한다.

2 시간분리가능 효용이란 특정 시기의 효용이 해당 시기의 소비에만 의존하고 다른 시기의 소비에는 영향을 받지 않는다는 것을 의미한다. 따라서 이 경우 생애효용은 각 시기별 효용의 할인된 합계가 된다.

식 4.1 $\Lambda_t^Y(C_t^Y, C_{t+1}^O) = U(C_t^Y) + \left(\frac{1}{1+\rho}\right)U(C_{t+1}^O)$

여기서 'Y'는 청년을 의미하고 'O'는 노년을 의미한다. 이 효용함수는 소비로부터 효용이 결정되는 직접효용함수(direct utility function)이다. ρ는 개인의 시간에 대한 선호를 나타내는 파라미터이다. ρ가 클수록 개인은 인내심이 적어서 노년기의 소비에 비해 청년기의 소비가 더욱 가치 있다고 평가한다. 반면에 ρ가 낮으면 인내심이 커서 소비를 노년기로 이연시키고자 하게 된다. 효용함수는 한계효용이 양(+)이고 소비가 증가할 때 한계효용이 감소하는 특성을 만족시킨다([그림 2.1] 참고).

$$U'(x) = \partial U/\partial x > 0,\ U''(x) = \partial^2 U/\partial x^2 < 0$$

개인은 청년기에 1단위의 노동을 공급하고(청년기 동안 상근으로 고용된다고 가정), 임금 W_t를 받아서 소비(C_t^Y)하거나 저축(S_t)한다. 저축은 은퇴 후 소비에 모두 사용된다. 개인은 노년기에는 일을 하지 않으며, 저축원금과 저축에 대한 이자(r_{t+1})를 소비에 사용한다. 우선 임금과 이자율이 외생적이라고 가정하자. 그리하여 개인은 다음과 같이 두 개의 예산제약에 직면하는데 [식 4.2]는 청년기에, [식 4.3]은 노년기에 해당된다.

식 4.2 $C_t^Y + S_t = W_t$

식 4.3 $C_{t+1}^O = (1 + r_{t+1})S_t$

[식 4.3]을 [식 4.2]에 대입하면 단일한 생애 예산제약(lifetime budget constraint)을 다음과 같이 얻을 수 있다.

식 4.4 $W_t = C_t^Y + \frac{C_{t+1}^O}{1 + r_{t+1}}$

개인은 예산제약 [식 4.4] 하에서 효용함수 [식 4.1]을 극대화하는 C_t^Y와 C_{t+1}^O을 선택한다. 이 문제를 라그랑지 함수(Lagrangean function)로 나타내면 다음과 같다. 여기서 λ_t는 라그랑지 승수(Lagrange multiplier)이다.

식 4.5 $$\underset{\{C_t^Y,\ C_{t+1}^O\}}{Max}\ \Psi_t^Y = U(C_t^Y) + \left(\frac{1}{1+\rho}\right)U(C_{t+1}^O) + \lambda_t\left(W_t - C_t^Y - \frac{C_{t+1}^O}{1+r_{t+1}}\right)$$

효용극대화를 위한 1계 조건(first-order conditions ; FOCs)은 다음과 같다.

식 4.6 $$U'(C_t^Y) - \lambda_t = 0$$

식 4.7 $$\left(\frac{1}{1+\rho}\right)U'(C_{t+1}^O) - \lambda_t\left(\frac{1}{1+r_{t+1}}\right) = 0$$

여기서 $U'(C_t^Y)$와 $U'(C_{t+1}^O)$는 각각 소비에 대한 청년기의 한계효용과 노년기의 한계효용을 나타낸다.

이들 1계 조건을 통합하면 다음과 같은 소비 오일러 방정식(consumption Euler equation)[3]이 된다.

식 4.8 $$(1+\rho)\frac{U'(C_t^Y)}{U'(C_{t+1}^O)} = 1 + r_{t+1}$$

[식 4.8]의 좌변을 청년기 소비와 노년기 소비 사이의 시점 간 한계대체율(marginal rate of intertemporal substitution)이라고 부르고 $MRIS(C_{t+1}^O,\ C_t^Y)$로 표현한다. [식 4.8]의 우변은 시점 간 한계변환율(marginal rate of intertemporal transformation ; $MRIT$)이라고 부르는데, 1단위의 저축이 미래로 이전될 때 적용되는 비율(즉, 저축의 이자율)을 나타낸다.

두 기간의 최적소비는 [식 4.4]와 [식 4.8]을 이용해서 암묵적으로 정의될 수 있는데, 두 개의 외생변수 W_t와 r_t에 의존한다. [그림 4.1]에서 이것을 확인할 수 있다.

3 이 방정식에 의해 연속되는 기간 사이에 최적 소비가 어떻게 연관되는지가 결정된다.

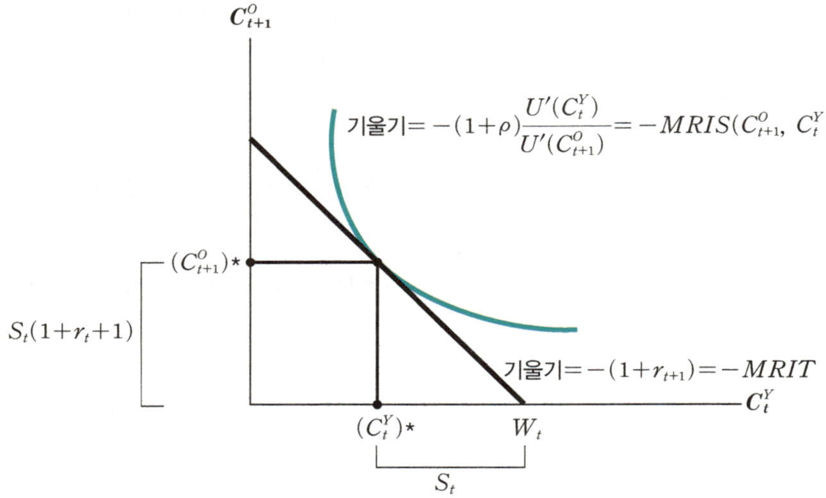

[그림 4.1] 중첩세대모형에서의 최적 소비와 저축

효용함수가 특정한 함수형태를 가질 경우에는 최적 소비를 명시적 방정식(explicit equation)으로 나타낼 수 있는데, 가장 많이 쓰이는 함수형태는 다음과 같은 등탄력적 효용함수(iso−elastic utility function)이다.

식 4.9

$$U(C_t)=\begin{cases}\dfrac{C_t^{1-1/\sigma}}{1-1/\sigma}, & \sigma>0,\ \sigma\neq 1\\ \ln(C_t), & \sigma=1\end{cases}$$

한계효용의 탄력성(elasticity of marginal utility)은 다음과 같이 정의된다.[4]

---

4 일반적인 형태의 한계효용 탄력성은 다음과 같다 ;

$$-\frac{\dfrac{d(U'(C_t)/U'(C_{t+1}))}{U'(C_t)/U'(C_{t+1})}}{\dfrac{d(C_t/C_{t+1})}{C_t/C_{t+1}}}$$

등탄력적 효용함수는 일종의 동조함수(homothetic)이다. 이 경우 C_{t+1}가 일정하면 $U'(C_{t+1})$는 C_t/C_{t+1}의 변화에 영향을 받지 않는다. C_{t+1}를 상수로 유지하면 $d(U'(C_t)/U'(C_{t+1}))=dU'(C_t)/U'(C_{t+1})$이고 $d(C_t/C_{t+1})=dC_t/C_{t+1}$가 되어 다음이 성립한다. 이때 $dC_t=1$이다.

식 4.10 $$\theta[C_t] = -\frac{U''(C_t)C_t}{U'(C_t)}$$ [5]

$\theta(C_t)$의 역수 $\sigma[C_t](=1/\theta[C_t])$를 시점 간 대체 탄력성(intertemporal substitution elasticity ; ISE)이라고 한다. 시점 간 대체 탄력성(ISE)은 시간에 걸쳐 소비를 평활화(smoothing)하려는 의지의 크기를 측정한다. ISE가 낮은 경우(즉, 효용함수의 곡률이 커서 $U''(C_t)$가 크거나 C_t가 커서 ISE가 1보다 작은 경우), 시간에 걸쳐 소비를 평활화하려는 의지가 크다. 이 경우 오늘 임금이 1% 증가하면 오늘의 소비는 1%보다 적게 증가하고 임금 증가분의 나머지는 미래 소비로 사용된다. 효용함수의 곡도(curvature)가 큰 경우에는 곡도가 작은 경우보다 소비증가 시 효용이 적게 증가하고, 이로 인해 미래 소비증가에 비해 오늘 소비증가의 가치가 상대적으로 적어지게 된다. 현재소비 C_t가 큰 경우에도 마찬가지인데, $U'(C_t)$가 작고 추가적인 소비가 높은 가치로 평가되지 않기 때문이다. ISE가 낮은 개인은 시간에 걸쳐 소비가 크게 변동하는 것을 좋아하지 않는다.[6]

ISE가 상수이고 σ와 동일한 효용함수를 등탄력적 효용함수라고 한다. 로그효용함수(logarithmic utility function, $\ln(C_t)$)는 등탄력적 효용함수의 특수한 경우로 ISE가 1이기 때문에 단위탄력적 효용함수(unit−elasticity utility function)이라고 부

$$-\frac{\dfrac{d(U'(C_t)/U'(C_{t+1}))}{U'(C_t)/U'(C_{t+1})}}{\dfrac{d(C_t/C_{t+1})}{C_t/C_{t+1}}} = -\frac{\dfrac{dU'(C_t)/U'(C_{t+1})}{U'(C_t)/U(C_{t+1})}}{\dfrac{dC_t/C_{t+1}}{C_t/C_{t+1}}} = -\frac{\dfrac{dU'(C_t)}{U'(C_t)}}{\dfrac{dC_t}{C_t}} = -\frac{U''(C_t)C_t}{U'(C_t)} = \theta[C_t]$$

5 [식 4.10]은 상대적 위험기피 계수(coefficient of relative risk aversion)를 나타내기도 한다. 위험기피 정도는 특정 시기에 발생 가능한 경제상황을 고려하여 소비를 안정화(즉, 소비가 일시적으로 너무 높아지거나 낮아지는 것을 회피)하려는 욕구를 측정한다. 위험회피 정도가 높은 개인은 안정적인 소비 패턴을 선호한다. 지금 살펴보고 있는 모형에는 두 가지 변동요인이 있는데, 두 외생변수 W_t와 r_{t+1}가 그것이다. 위험회피 정도가 높은 개인은 경제상황이 변화하더라도 임금 W_t이 크게 변하지 않는 직업과 이자율(r_{t+1})이 안정적인 저축상품을 선호한다. 예를 들어 매 기간마다 호황, 보통, 불황의 세 가지 경제 상태가 발생할 수 있다고 가정하자. 위험회피적 개인은 호황 시 소비가 매우 커지고 불황 시 소비가 너무 적어지는 것을 싫어하므로 경제상황이 달라지더라도 임금이 적게 변하는 직업을 선호한다. 저축상품에 대해서도 같은 논리가 적용된다.

6 ISE가 낮은 개인의 경우 위험회피 정도가 높다. 이러한 개인은 소비의 변동성(시간에 걸친 변동성 및 특정 기간에 경제 상태에 따른 변동성)을 반기지 않는다.

른다. 즉, 임금이 1% 증가하면 현재와 미래 모든 기간의 소비가 1%씩 증가하게 된다.

등탄력적 효용함수 하에서 오일러 방정식은 다음과 같이 쓸 수 있다.

식 4.11 $$(1+\rho)\frac{(C_t^Y)^{-1/\sigma}}{(C_{t+1}^O)^{-1/\sigma}}=1+r_{t+1}$$

[식 4.4]에 [식 4.11]를 대입하면 다음과 같이 두 기간의 최적 소비를 도출할 수 있다.

식 4.12 $$(C_t^Y)^*=\Theta^Y(\rho,\ r_{t+1},\ \sigma)W_t$$

식 4.13 $$(C_{t+1}^O)^*=\Theta^O(\rho,\ r_{t+1},\ \sigma)W_t$$

여기서 Θ^Y와 Θ^O는 다음과 같다.

식 4.14 $$\Theta^Y(\rho,\ r_{t+1},\ \sigma)=\left[1-\frac{\Theta^O(\rho,\ r_{t+1},\ \sigma)}{1+r_{t+1}}\right]$$

식 4.15 $$\Theta^O(\rho,\ r_{t+1},\ \sigma)=\left[\left(\frac{1+\rho}{1+r_{t+1}}\right)^\sigma+\frac{1}{1+r_{t+1}}\right]^{-1}$$

[식 4.12]와 [식 4.13]은 다음과 같은 특성을 나타낸다.

- W_t가 증가하면 두 기간 모두의 소비가 증가한다.
- ρ가 증가하면 첫 기간의 소비는 증가하고 둘째 기간의 소비는 감소한다.
- r_{t+1}이 증가하면 둘째 기간의 소비는 증가하나, 첫 기간 소비의 증가여부는 불분명하다(파라미터의 크기에 따라 증가, 감소, 불변할 수 있다).

로그효용함수 하에서는 두 기간의 최적 소비를 다음과 같이 간단하게 표현할 수 있다.

식 4.16 $$(C_t^Y)^* = \left(\frac{1+\rho}{2+\rho}\right)W_t$$

식 4.17 $$(C_{t+1}^O)^* = \left(\frac{1+r_{t+1}}{2+\rho}\right)W_t$$

[식 4.16]과 [식 4.17]은 다음과 같은 특성을 나타낸다.

- W_t가 증가하면 두 기간 모두의 소비가 증가한다.
- ρ가 증가하면 첫 기간의 소비는 증가하고 둘째 기간의 소비는 감소한다.
- r_{t+1}이 증가하면 둘째 기간의 소비는 증가하지만, 첫 기간의 소비는 불변이다.

첫 기간의 소비에 대한 이자율(r_{t+1})의 영향을 일반적으로 분석하기 위해 다음과 같은 저축함수를 도입할 수 있다.

식 4.18 $$W_t - C_t^Y = S(W_t,\ r_{t+1})$$

저축함수의 편미분은 다음과 같다.[7]

식 4.19 $$S_W = \frac{\partial S}{\partial W_t} = \frac{\theta[C_t^Y]/C_t^Y}{\theta[C_{t+1}^O]/S_t + \theta[C_t^Y]/C_t^Y} \in (0,\ 1)$$

식 4.20 $$S_r = \frac{\partial S}{\partial r_{t+1}} = \frac{1-\theta[C_{t+1}^O]}{(1+r_{t+1})\{\theta[C_{t+1}^O]/S_t + \theta[C_t^Y]/C_t^Y\}} \gtreqless 0$$

[식 4.19]는 저축이 정상재(normal good)임을 보여준다[8]. 소득이 증가하면 저축도 증가하는데, 그 비율은 1보다 작다. [식 4.2], [식 4.3], [식 4.16], [식 4.17]을

---

7 Heijdra와 van der Ploeg(2002, p. 591)를 참고하라.

8 소득이 증가할 때 소비가 늘어나는 재화를 정상재라고 한다. 한편 소득이 증가할 때 소비가 감소하는 재화를 열등재(inferior good)라고 한다.

이용하면 로그효용함수 하에서 소비는 두 기간 모두에서 정상재임을 알 수 있다.

식 4.21 $$C_W^Y = \frac{\partial C_t^Y}{\partial W_t} = 1 - S_W > 0$$

식 4.22 $$C_W^O = \frac{\partial C_{t+1}^O}{\partial W_t} = (1 + r_{t+1}) S_W > 0$$

[식 4.20]은 이자율 변화에 대한 저축의 반응이 불확정적임을 보여준다(이자율 변화에 대한 첫 기간 소비의 반응과 유사). 이는 이자율 변화의 대체효과(substitution effect)와 소득효과(income effect)가 반대방향으로 작용하기 때문이다.

대체효과는 소득을 일정하게 유지할 때 이자율(시간의 가격으로 해석가능) 상승 시 개인이 미래소비 대비 현재소비를 어떻게 변화시키는지를 측정한다. 이자율이 상승하면 소득이 증가하는 효과가 있는데, 대체효과를 측정할 때는 이러한 소득 증가를 통제해야 한다. 소득효과는 대체효과를 통제하면서 이자율 상승 시 개인이 미래소득 대비 현재소득을 어떻게 변화시키는지를 측정한다. 총 효과는 이들 두 효과의 합계이다.

이자율 r_{t+1}이 상승하면 미래 소비의 상대적 가격이 하락하고([식 4.4] 참고), 이는 개인으로 하여금 저축을 증가시키고 현재소비를 미래소비로 대체하도록 유도한다. 미래소비는 이제 (현재가치로 평가할 때) 현재소비보다 더 싸지고 따라서 r_{t+1} 상승의 대체효과는 항상 양(+)이다. r_{t+1}의 상승은 개인으로 하여금 두 기간 모두의 소비를 증가시키고 저축을 감소시키도록 한다. 따라서 저축에 대한 소득효과는 대체로 음(−)이다. [식 4.20]은 순 효과가 $\sigma[C_t] = 1/\theta[C_t]$에 의존함을 보여준다.

식 4.23 $$S_r \gtreqless 0 \quad \Leftrightarrow \quad \theta[C_{t+1}^O] \gtreqless 1 \quad \Leftrightarrow \quad \sigma[C_{t+1}^O] \gtreqless 1$$

ISE가 1보다 크면 대체효과가 우세하게 되어 이자율 상승 시 저축이 증가하게 되고, ISE가 1보다 작으면 그 반대가 된다. 로그효용함수의 경우 ISE가 1이라면 소득효과와 대체효과가 서로 정확히 상쇄되어 총 효과는 0이 된다. [그림 4.2]는 ISE가 1보다 큰 경우 이자율이 r_{t+1}에서 r'_{t+1} 로 상승할 때의 효과를, [그림 4.3]은 ISE가 1인 경우 이자율 상승의 효과를 각각 보여준다.

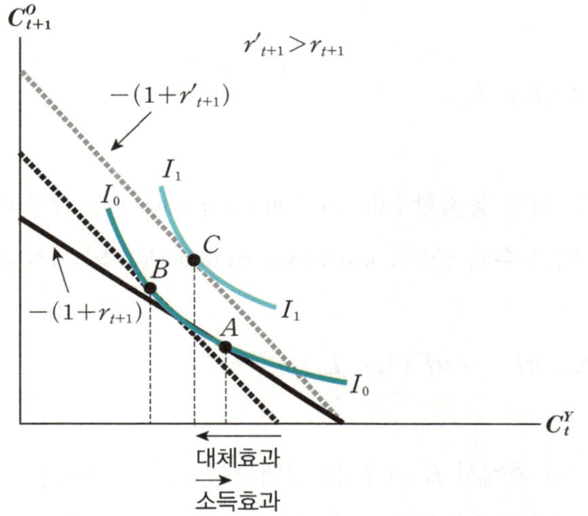

[그림 4.2] 이자율 상승의 총 효과 : 양의 대체효과 AB를 소득효과 BC가 일부 상쇄

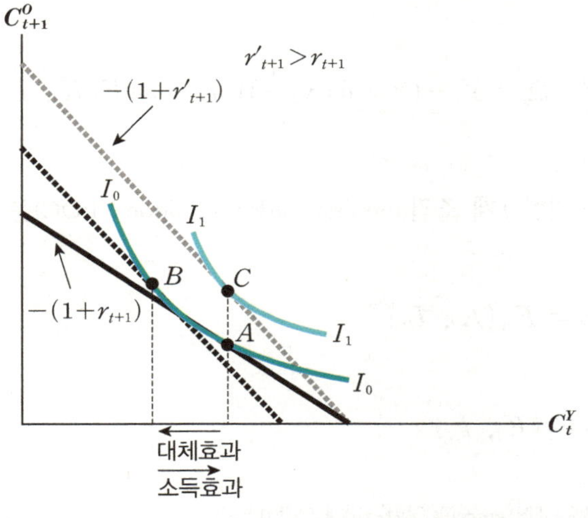

[그림 4.3] 이자율 상승의 총 효과 : 양의 대체효과 AB를 소득효과 BC가 모두 상쇄

4.1.2 기업

기업(firms)은 현재의 노년층으로부터 자본 K_t를 조달하고 현재의 청년층으로부터 노동 L_t를 고용하여 산출물 Y_t를 생산한다고 가정한다. 기업이 참여하는 시장은 완전경쟁시장(perfectly competitive market)[9]이며 생산함수는 다음과 같다[10].

식 4.24 $$Y_t = F(K_t,\ L_t)$$

이 생산함수가 선형 동차함수(linear homogeneous)라고 가정하자. 그러면 다음과 같이 규모에 대한 수익 불변(constant return to scale)[11]의 특성을 갖는다.

식 4.25 $$F(\alpha K_t,\ \alpha L_t) = \alpha F(K_t,\ L_t)$$

기업은 [식 4.24] 하에서 K_t와 L_t를 선택하여 이윤(profit)을 극대화한다고 가정하자. 이윤은 생산량에서 투입요소의 비용을 뺀 값으로 [식 4.26] 우변의 처음 세 개 항과 같다. [식 4.26]에서 λ_t는 라그랑지 승수이다.

식 4.26 $$\underset{\{K_t,\ L_t\}}{Max} \quad \Omega_t = Y_t - (r_t + \delta)K_t - W_t L_t + \lambda_t(F(K_t,\ L_t) - Y_t)$$

이윤극대화를 위한 1계 조건(the first-order condition ; FOC)은 다음과 같다.

식 4.27 $$r_t + \delta = F_K(K_t,\ L_t)$$

식 4.28 $$W_t = F_L(K_t,\ L_t)$$

9 완전경쟁시장에서는 진입(entry)과 탈퇴(exit)에 제한이 없다.

10 생산함수는 주어진 생산요소로부터 생산가능한 최대 산출량을 연결 짓는 기술적 관계를 나타낸다.

11 규모에 대한 수익 불변이란 생산요소 투입을 두 배로 늘리면 생산량도 두 배로 늘어난다는 것을 의미한다.

여기서 F_K와 F_L은 각각 자본과 노동의 한계생산량(marginal product)[12]을, $\delta(0<\delta<1)$는 자본의 감가상각률(depreciation rate of capital)을 나타낸다. [식 4.27]과 [식 4.28]은 이윤이 극대화되는 최적 생산량에서 생산요소는 한계생산물에 해당되는 보수를 받는다는 것을 나타낸다. 즉, $r_t+\delta$는 현재 자본저량에 대한 대여료율(rental rate)이고, W_t는 노동에 대한 임금률(wage rate)이다.

여기서 짚고 넘어갈 것은, 개인의 저축 의사결정은 미래 이자율에 영향을 받으므로 결국 미래 자본저량과 노동력에 영향을 받는다는 것이다.

식 4.29 $r_{t+1}+\delta=F_K(K_{t+1},\ L_{t+1})$

생산함수가 선형 동차함수인 경우를 가정하였으므로 [식 4.24]를 다음과 같이 1인당 생산량의 형태로 표현할 수 있다.

식 4.30 $y_t=F(k_t,\ 1)\equiv f(k_t)$

여기서 $y_t=Y_t/L_t$는 생산량-노동 비율(output-labour ratio) 또는 노동의 평균생산(average product of labour)이라고 하고, $k_t=K_t/L_t$는 자본-노동 비율(capital-labour ratio)라고 한다.

이제 [식 4.28]과 [식 4.29]는 다음과 같이 쓸 수 있다.

식 4.31 $W_t=f(k_t)-k_tf'(k_t)$

식 4.32 $r_{t+1}+\delta=f'(k_{t+1})$

[식 4.31]은 선형 동차함수에서 성립되는 다음과 같은 성질(오일러 정리, Euler's

12 한계생산량이란 다른 생산요소를 일정하게 유지하면서 한 생산요소의 투입량을 1단위 증가시켰을 때 추가적으로 생산되는 산출량을 말한다.

theorem)을 이용한 것이다. 여기서 $f' \equiv F_K$이다.

식 4.33 $$F = F_K K + F_L L \quad \Leftrightarrow \quad f = f'k + F_L$$

결국 생산요소는 한계생산량에 해당되는 보수를 받게 되고 기업의 산출물은 생산요소에 대한 보수로 모두 배분되어 기업의 이윤은 0이다. 즉, 완전경쟁시장에서 순 이윤(pure profit)은 0이 된다.

4.1.3 시장 균형

시장 균형(market equilibrium)은 경제 내의 모든 개인과 기업을 총합한 것으로부터 발생된다. 시장균형에서 결정되는 핵심 변수는 물적자본저량(physical capital stock)이다. 개인의 저축에 대한 의사결정에서 자본의 공급이 형성되고, 기업의 생산활동에서 자본의 수요가 형성된다.

t기에서의 경제의 예산제약은 다음과 같이 표현된다.

식 4.34 $$Y_t + (1-\delta)K_t = C_t + K_{t+1}$$

여기서 C_t는 기간 t에 생존한 청년층과 노년층의 소비 총합을 말하고, Y_t는 경제 내 모든 기업들의 생산량 총합[13]을 말한다. [식 4.34]는 이번 기의 산출물과 감가상각 후 잔여 자본저량이 이번 기의 소비로 쓰이거나 다음 기의 자본저량으로 이용된다는 것을 의미한다.

[식 4.34]는 다음과 같이 쓸 수 있다. 여기서 $\Delta K_{t+1} \equiv K_{t+1} - K_t$이고[14], I_t는 총

13 규모에 대한 수익 불변과 완전경쟁시장 가정을 도입하면 기업의 이윤극대화 1계 조건 [식 4.27]과 [식 4.28]은 모든 기업을 총합한 경제 전체에 대해서도 동일하게 성립한다. 결과적으로 경제 내에 완전경쟁적으로 행동하는 오직 하나의 기업만이 존재하는 것처럼 경제 전체를 다룰 수 있게 된다. 이로 인해 모형 내 기업부문을 상당히 단순화하여 분석할 수 있다.

14 Δ는 변화분을 나타낸다.

투자(gross investment), 즉 감가상각을 고려하기 전의 투자를 말한다.

식 4.35 $$\begin{aligned} Y_t &= C_t + K_{t+1} - (1-\delta)K_t \\ &= C_t + \Delta K_{t+1} + \delta K_t \\ &= C_t + I_t \end{aligned}$$

총소비(aggregate consumption)는 청년층 L_{t-1}과 노년층 L_t에 의한 소비의 합계이다.

식 4.36 $$C_t = L_{t-1}C_t^O + L_t C_t^Y$$

노년층이 자본을 소유하는 데 있어서 상속동기(bequest motive)가 없다고 가정하였으므로, 살아 있는 동안 자산을 모두 소비한다. 따라서 노년층의 소비는 감가상각 후 자본 잔여분과 기업으로부터 받은 자본 대여료의 합계와 같다.

식 4.37 $$\begin{aligned} L_{t-1}C_t^O &= (r_t + \delta)K_t + (1-\delta)K_t \\ &= (1 + r_t)K_t \end{aligned}$$

청년층의 소비 총합은 임금소득 총합에서 저축 총합을 뺀 만큼이다.

식 4.38 $$L_t C_t^Y = L_t W_t - L_t S_t$$

[식 4.37]과 [식 4.38]을 [식 4.36]에 대입하고 완전경쟁시장에서 산출물 모두가 생산요소의 소득으로 소진된다는 점($Y_t = (r_t + \delta)K_t + W_t L_t$)을 고려하면 다음이 얻어진다.

식 4.39 $$\begin{aligned} C_t &= (r_t + \delta)K_t + (1-\delta)K_t + L_t W_t - L_t S_t \\ &= Y_t + (1-\delta)K_t - L_t S_t \end{aligned}$$

이번 기의 저축 총합과 다음 기의 자본저량의 관계는 [식 4.39]를 [식 4.34]에 대입하여 다음과 같이 나타낼 수 있다.

식 4.40 $L_t S_t = K_{t+1}$

인구는 일정한 비율 n으로 성장한다고 가정하자.

식 4.41 $L_t = L_0(1+n)^t$

[식 4.40]의 저축함수는 $S_t = S(W_t,\ r_{t+1})$임을 적용하여 1인당 저축으로 표현하면 다음과 같다.

식 4.42 $S(W_t,\ r_{t+1}) = (1+n)k_{t+1}$

모형의 파라미터(즉, r_{t+1}, L_t, n, δ, ρ, σ)가 주어졌을 때 기업 자본에 대한 수요($r_{t+1} + \delta = f'(k_{t+1})$)와 개인 저축에 의한 자본공급($S(W_t,\ r_{t+1}) = (1+n)k_{t+1}$)의 평형에 의해 자본시장(capital market) 균형이 달성된다.

4.1.4 동태분석, 안정성, 정상 상태

[식 4.31]과 [식 4.32]의 W_t와 r_{t+1}을 자본공급 함수 [식 4.42]에 대입하면 다음이 도출된다.

식 4.43 $(1+n)K_{t+1} = S[f(k_t) - k_t f'(k_t),\ f'(k_{t+1}) - \delta]$

이것을 기본 (비선형) 차분방정식(fundamental (non-linear) difference equation)이라고 하는데, 자본저량이 상태변수(state variable)인 모형으로 미래의 1인당 자본저

량과 오늘의 1인당 자본저량을 연계시킨다.[15]

이 방정식은 경제의 상태를 나타내는 자본저량의 동태적 경로(dynamic path)와 안정성(stability)을 분석하는 데 이용된다. [식 4.43]에 전미분(total differential)을 취하면 다음과 같이 나타낼 수 있다.

식 4.44 $$\frac{dk_{t+1}}{dk_t}=\frac{-S_W k_t f''(k_t)}{1+n-S_r f''(k_{t+1})}$$

여기서 S_W와 S_r은 [식 4.19]와 [식 4.20]에 정리되어 있다.

[식 4.44]는 다음 기의 자본저량이 현재 자본저량에 반응하여 어떻게 변화되는지를 보여준다. 다시 말해, 상태변수의 동태적 움직임을 보여준다.

안정성(stability)[16]이 달성되기 위해서는 정상 상태(steady state)로부터의 이탈(deviation)이 증폭되지 않고 잦아들어야 하는데, 이는 다음을 의미한다.

식 4.45 $$\left|\frac{dk_{t+1}}{dk_t}\right|<1$$

이제 단위 탄력적 Diamond–Samuelson 중첩세대모형(unit–elastic Diamond–Samuelson OLG model)을 이용하여 동태분석과 안정성을 기술하도록 하겠다. 단위 탄력적 모형은 규모 수익 불변 Cobb–Douglas 생산함수(constant–returns–to–scale Cobb–Douglas production function)[17]와 로그효용함수(log utility function)를 가정한다. 규모 수익 불변 Cobb–Douglas 생산함수는 다음과 같이 표현되는데, 여기서 ε_L은 국민소득에서 차지하는 노동의 몫에 해당된다.

---

15 차분방정식은 단속적 시간(discrete time)에서 상태변수의 동태적 행동을 설명하는 모형으로, 통제변수, 정책변수, 상태변수의 과거 값, 파라미터 등의 함수이다. [식 4.43]의 경우처럼 차분방정식이 하나의 과거 상태변수(즉, k_t)만 나타나는 경우, 이를 1계 차분방정식(first–order difference equiation)이라고 한다.

16 동태적 모형에서 외부충격에 의해 균형을 벗어났을 때 유한한 시간 내에 다시 균형으로 돌아오면 안정적(stable)이라고 한다.

17 규모에 대한 수익 불변 Cobb–Douglas 생산함수는 $Y_t=L_t^{\varepsilon_L}K_t^{1-\varepsilon_L}$(extensive form) 형태를 가지며, 노동 단위당 형태(intensive form)로는 [식 4.46]으로 나타내어진다.

식 4.46 $y_t = k_t^{1-\varepsilon_L}$

로그효용함수는 다음과 같이 표현된다.

식 4.47 $U(C_t) = \ln(C_t)$

이때 시점 간 대체 탄력성(intertemporal substitution elasticity ; ISE)은 다음과 같다.

식 4.48 $\sigma[C_t] = 1/\theta[C_t] = 1$

그리하여 저축함수는 다음과 같아진다([식 4.16]과 [식 4.18]을 이용).

식 4.49 $S_t = \dfrac{W_t}{2+\rho}$

임금률(wage rate)은 다음과 같다.

식 4.50 $W_t = \varepsilon_L k_t^{1-\varepsilon_L}$

기본 차분방정식 [식 4.43]은 다음과 같이 나타낼 수 있다([식 4.49]와 [식 4.50]을 결합).

식 4.51 $k_{t+1} = g(k_t) \equiv \left(\dfrac{\varepsilon_L}{(1+n)(2+\rho)}\right) k_t^{1-\varepsilon_L}$

[그림 4.4]는 단위 탄력적 Diamond–Samuelson 중첩세대모형의 상태도(phase diagram)이다. 상태도는 기간이 흘러감에 따른 상태변수의 동태적 변화를 보여준다. 식 $k_{t+1} = g(k_t)$를 상태선(phase line)이라고 부른다.

이 모형에서 정상 상태 균형(steady state equilibrium), 즉 $k_{t+1}=k_t=k^*$인 점은 다음과 같다.

식 4.52 $$k^* = g(k^*)$$

이 정상 상태 균형은 유일하고(unique) 안정적(stable)이다. 경제가 어떤 상태에서 시작되더라도(예를 들어 k_0) 결국 k^*로 수렴하게 된다. 경제가 [그림 4.4]의 E_0에 도달하면 외부적 교란이 없는 한 안정적으로 정상 상태(steady state)에 머물러 있게 된다. 이로 인해 자본-노동 비율(capital-labour ratio)은 계속해서 상수로 유지된다(즉, $k_{t+1} = k_t = k^*$). 이러한 경우 경제가 골든에이지 경로(golden-age path)를 따른다고 말한다(Diamond, 1965).

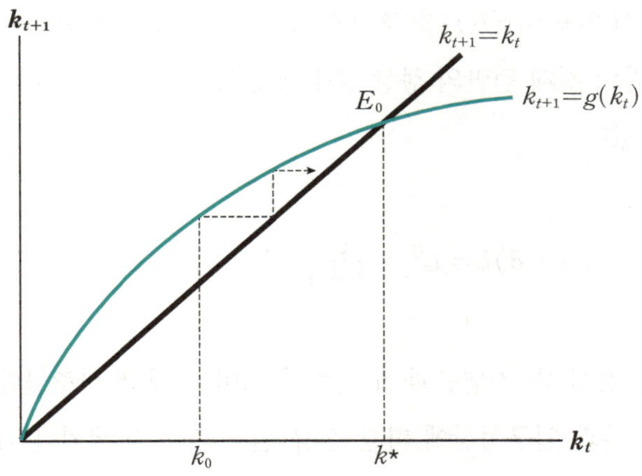

출처: Heijdra와 van der Ploeg, 2002.

[그림 4.4] 단위 탄력적 Diamond–Samuelson 중첩세대모형의 상태도

4.1.5 최적성과 효율성

Diamond–Samuelson 중첩세대모형에는 정상 상태 골든에이지 경로가 존재할 수 있다. 그런데 그 경로가 최적(optimal)이고 효율적(efficient)인가?

만일 이 경로가 각 개인의 생애 효용 극대화 조건과 부합된다면 최적의 경로가 된다. 정상 상태에 있는 대표적 개인을 생각해 보자. 이 개인의 생애 효용은 다음과 같다.

식 4.53 $$\Lambda^Y = U(C^Y) + \left(\frac{1}{1+\rho}\right)U(C^O)$$

대표적 개인을 상정함으로써 경제 전체로 쉽게 확장이 가능하다.

경제 전반의 정상 상태 예산제약은 [식 4.36]을 [식 4.34]에 대입하여 다음과 같이 나타낼 수 있다.

식 4.54 $$Y_t + (1-\delta)K_t - K_{t+1} = L_{t-1}C_t^O + L_tC_t^Y$$

1인당 기술제약($y_t = f(k_t)$)을 적용하고 정상 상태 조건($k_{t+1} = k_t = k^*$)을 적용하여 다음과 같이 경제 전반의 정상 상태 예산제약을 1인당 형태(per capita form)[18]로 나타낼 수 있다.

식 4.55 $$f(k) - (n+\delta)k = C^Y + \frac{C^O}{1+n}$$

[식 4.45]는 경제 내 청년층과 노년층의 소비가 항상 산출물에서 기존 자본의 감가상각 해당분과 인구성장에 따른 신규 필요 자본을 제외한 나머지보다 클 수 없다는 것을 의미한다.

최적 골든에이지 경로(optimal golden-age path)를 따라 정상 상태 예산제약이 충족되고, 다음의 1계 조건도 충족된다.

식 4.56 $$(1+\rho)\frac{U'(C^Y)}{U'(C^O)} = 1+n$$

18 이는 자본저량이 인구와 같이 n의 비율로 성장한다는 것을 의미한다.

식 4.57 $f'(k)=n+\delta$

이것들이 경제가 효율적일 조건이다. Samuelson은 이를 각각 생물학적 이자율 소비 황금률(biological interest rate consumption golden rule)과 생산 황금률(production golden rule)이라고 불렀다. 이것들을 시장균형에서 도출되는 조건과 비교해 보자([식 4.8]과 [식 4.32] 참고).

식 4.58 $$(1+\rho)\frac{U'(C_t^Y)}{U'(C_{t+1}^0)}=1+r_{t+1}$$

식 4.59 $f'(k_{t+1})=r_{t+1}+\delta$

시장이자율과 인구성장률이 같다면 이 두 가지 조건들은 서로 동일하다.

식 4.60 $r=f'(k)-\delta=n$

이 조건은 일반적으로는 성립되지 않으며, 그로 인해 시장경제가 시간에 걸쳐 자원을 효율적으로 분배한다는 보장이 없다. 만일 정상 상태 이자율이 인구성장률 보다 낮다면($r<n$) 경제는 동태적으로 비효율적(dynamically inefficient)이게 된다. 즉, 과도한 저축으로 자본이 과도하게 축적되고, 청년기의 소비는 너무 적어서 대표적 개인의 생애효용을 극대화하는 수준에 못 미치게 된다. 자본저량이 너무 커져서 기존 자본을 유지·관리하고 새로 태어난 근로자에게 기존 근로자 수준으로 자본을 할당하는 데 들어가는 비용으로 인해서 자본생산성이 낮아질 정도가 된다. 이러한 상황은 파레토 최적(Pareto-optimal)이 아니다. 왜냐하면 자본저량을 줄이고 소비를 늘림으로써 모든 세대의 상황이 개설될 수 있기 때문이다.

단위탄력적 모형의 경우, 정상 상태 이자율은 [식 4.51]로 도출한 정상 상태 자본-노동 비율을 [식 4.59]에 대입하여 다음과 같이 구할 수 있다.

식 4.61 $$r=\left(\frac{(1-\varepsilon_L)(1+n)(2+\rho)}{\varepsilon_L}\right)-\delta$$

Blanchard와 Fischer(1989, p. 147)는 개인의 일생을 30년씩 2기간으로 상정하고 이를 기초로 다음과 같이 측정결과를 제시하였다. 국민소득에서 노동의 몫 $\varepsilon_L=0.75$, 인구성장률은 연간 1%로 하여 $n=1.01^{30}-1=0.348$, 자본 감가상각률은 연간 5%로 하여 $\delta=1-0.95^{30}=0.785$로 상정하였다. 만일 개인이 참을성이 크지 않아 순 할인율이 연간 3%라고 하면 $\rho=1.03^{30}-1=1.427$이 된다. [식 4.61]을 이용하면 $r=0.754$가 되어 n보다 훨씬 크게 된다. 반면 개인의 참을성이 상당히 커서 순 할인율이 연간 1%라고 하면 $\rho=1.01^{30}-1=0.348$이고 $r=0.269$가 되어, n보다 작게 된다. 시간 선호율이 연간 1.4% 이상이면 동태적 효율성(dynamic efficient)이 성립된다(즉, $r>n$).

4.2 외생적 노동공급과 은퇴하에서 연금을 반영한 Diamond–Samuelson 중첩세대모형

Diamond–Samuelson 중첩세대모형을 활용하여 연금제도의 거시경제적 영향을 분석할 수 있다. 수명이 정해져 있고 노동공급과 은퇴 의사결정이 외생적이라고 가정하자.

4.2.1. 공적연금제도

먼저 공적연금제도(State Pension Scheme)에 대해 살펴보겠다. 청년층이 정액세(lump–sum tax, T_t)를 부담하고 노년층으로 이전(transfer, P_t)되는 공적연금제도(또는 사회보장제도)를 정부가 도입한다고 하자. 개인의 청년기와 노년기 예산제약은 다음과 같다.

식 4.62 $C_t^Y + S_t = W_t - T_t$

식 4.63 $C_{t+1}^O = (1 + r_{t+1})S_t + P_{t+1}$

이 개인의 생애 예산제약은 다음과 같다.

식 4.64 $$W_t - T_t + \frac{P_{t+1}}{1 + r_{t+1}} = C_t^Y + \frac{C_{t+1}^O}{1 + r_{t+1}}$$

생애 재부는 청년기의 세후 임금(after-tax wage)과 노년기에 받는 연금의 현재가치로 구성된다. 완전적립방식(fully-funded system)과 부과방식의 두 가지 연금제도를 분석해 보자.

완전적립방식 공적연금제도

완전적립방식 제도의 경우 정부는 청년층의 부담금을 투자하고 부담금과 투자수익을 이 청년층이 은퇴했을 때 연금으로 지급한다. 따라서 연금은 다음과 같이 결정된다.

식 4.65 $P_{t+1} = (1 + r_{t+1})T_t$

완전적립방식의 핵심적인 특성 중 하나는 바로 중립성(neutrality)이다. 이는 완전적립방식을 채택한 경제는 연금제도가 없는 경제와 동일하다는 것으로, 다음과 같이 증명될 수 있다. [식 4.65]를 [식 4.64]에 대입하면 다음과 같다.

식 4.66 $$W_t = C_t^Y + \frac{C_{t+1}^O}{1 + r_{t+1}}$$

이 식은 개인의 생애 예산제약에서 세금과 연금 항목이 사라져서 개인의 최적 생애 소비계획에 아무런 영향을 미치지 않는다는 것을 의미한다. 즉, C_t^Y와 C_{t+1}^O이 연금제도가 없는 경우와 정확히 일치한다. 앞서 3.2절에서도 Blinder(1981)에 대해 논의하면서 중립성을 다룬 적이 있었다.

이는 저축과 세금의 합계가 다음과 같이 결정된다는 것을 의미한다.

식 4.67 $$S_t + T_t = S(W_t,\ r_{t+1})$$

정부가 어떤 수준으로 세금을 설정하더라도 개인의 저축은 [식 4.67]을 만족시키도록 결정될 것이다. 정부가 은퇴 후 연금을 많이 지급하기 위해 세금을 높게 설정하면 미래 은퇴에 대비한 민간 저축(private saving)은 적어지고, 세금이 낮아지면 민간 저축은 커지게 되어 세금의 변동을 상쇄하게 된다.

징수된 세금은 어떻게 될 것인가? 중립성이 성립되기 위한 핵심 요건은 정부가 세금을 기업에게 빌려주어 생산적인 자본에 투자되도록 하여 개인의 저축이 활용되는 방법과 동일하게 이용되도록 해야 한다는 것이다. 경제 전체의 자본저량은 다음과 같다.

식 4.68 $$K_t = K_t^H + K_t^G$$

여기서 K_t^H는 개인이 소유한 자본저량을 나타내고, $K_t^G = L_{t-1}T_{t-1}$은 정부가 소유한 자본저량이다.

생산요소의 가격은 다음과 같이 달라진 것이 없다.

식 4.69 $$W_t = f(k_t) - k_t f'(k_t)$$

식 4.70 $$r_{t+1} + \delta = f'(k_{t+1})$$

경제 전체의 예산제약도 변함 없이 다음과 같다.

식 4.71 $Y_t+(1-\delta)K_t=C_t+K_{t+1}$

마지막으로, 총소비공식 또한 달라진 것이 없다.

식 4.72 $C_t=Y_t+(1-\delta)K_t-L_t(S_t+T_t)$

이 결과는 다음과 같이 도출된다. 소비 총계는 청년층의 소비와 노년층의 소비를 합산한 것이다([식 4.33] 참고).

식 4.73
$$\begin{aligned}C_t&=L_{t-1}C_t^O+L_tC_t^Y\\&=\{(r_t+\delta)K_t^H+(1-\delta)K_t^H+L_{t-1}P_t\}+\{L_t(W_t-S_t-T_t)\}\\&=Y_t+(1-\delta)K_t^H-(r_t+\delta)K_t^G+L_{t-1}P_t-L_t(S_t+T_t)\\&=Y_t+(1-\delta)K_t-L_t(S_t+T_t)+[L_{t-1}P_t-(1+r_t)K_t^G]\\&=Y_t+(1-\delta)K_t-L_t(S_t+T_t)\end{aligned}$$

식 4.74 $L_{t-1}P_t-(1+r_t)K_t^G=L_{t-1}[P_t-(1+r_t)T_{t-1}]=0$

따라서 정부가 세금을 생산적인 자본에 투자하는 전액 적립방식 공적연금제도에서는 연금제도가 없는 경제와 동일한 결과가 나온다. 이러한 결과는 직관적으로도 알 수 있다. 개인은 정부가 세금으로 거둔 금액이 어차피 노후에 대비해 저축했을 금액이고 동일한 이자율을 얻도록 투자된다는 것을 알고 있으므로, 이 개인은 S_t+T_t라는 저축 총액에만 관심을 갖고 그 구성은 신경쓰지 않게 된다.

이러한 중립성 결과는 연금을 위한 세금이 연금제도가 없는 경우 개인이 저축했을 금액보다 크지 않을 경우에만 성립된다. 즉, 다음의 조건이 성립되어야 한다.

식 4.75 $T_t<(1+n)k_{t+1}$

만일 [식 4.75]의 부등호가 반대 방향이라면 강제적 과도 저축(forced oversaving)이 발생하고 중립성이 성립하지 않게 된다(3.2절 참고).

부과방식 공적연금제도

부과방식 연금제도에서는 청년층으로부터 거둔 세금을 즉시 노년층에게 연금으로 지급한다.

t기에 L_{t-1}명의 연금수급자가 1인당 P_t만큼의 연금을 받고, L_t명의 청년 근로자가 1인당 T_t만큼의 세금을 낸다고 하면 부과방식 연금제도의 평형조건은 다음과 같다.

식 4.76 $$L_{t-1}P_t = L_t T_t$$

이는 다음 식과 같이 나타낼 수 있다.

식 4.77 $$P_t = \frac{L_t}{L_{t-1}} T_t = (1+n)T_t$$

이는 인구성장률 n이 부과방식 연금제도의 수익률(rate of return)이라는 것을 의미한다.

연금제도에 대한 부담금률이 시간에 걸쳐 일정하게 유지된다고 가정하면, 즉 $T_{t+1} = T_t = T$라고 하면 $P_t = (1+n)T$로 쓸 수 있다.

이제 개인의 생애 예산제약은 다음과 같다([식 4.64]를 이용).

식 4.78 $$\hat{W}_t \equiv W_t - \left(\frac{r_{t+1} - n}{1+r_{t+1}}\right)T = C_t^Y + \frac{C_{t+1}^O}{1+r_{t+1}}$$

이 식은 부과방식 연금제도가 적립방식보다 우월할 조건, 즉 Aaron 조건(Aaron condition)을 나타낸다(Aaron, 1966). 만일 $n > r_{t+1}$이라면 부과방식 연금제도하의 생애 재부가 적립방식하의 생애 재부보다 더 크다($\hat{W}_t > W$). 즉, 청년층 개인의 부담금 T는 부과방식 연금제도에 투자되어 n의 수익률을 얻게 되고, 이는 개별적으로 저축했을 때 얻었을 수익률 r_{t+1}보다 크다. $n < r_{t+1}$인 경우에는 반대가 되며, 부담금은 투자가 아닌 세금으로 인식될 것이다.

개인은 다음의 생애 효용을 [식 4.78] 하에서 극대화한다.

식 4.79 $$\Lambda_t^Y = U(C_t^Y) + \left(\frac{1}{1+\rho}\right)U(C_{t+1}^O)$$

소비 오일러 방정식(consumption Euler equation)은 일반적인 형태로 다음과 같이 표현된다.

식 4.80 $$(1+\rho)\frac{U'(C_t^Y)}{U'(C_{t+1}^O)} = 1 + r_{t+1}$$

로그효용함수(logarithmic utility function)와 규모에 대한 수익 불변(constant return to scale) Cobb−Douglas 생산함수를 적용한 단위탄력적 모형(unit elastic model)에서 최적 소비는 다음과 같다.

식 4.81 $$(C_t^Y)^* = \left(\frac{1+\rho}{2+\rho}\right)\hat{W}_t$$

식 4.82 $$(C_{t+1}^O)^* = \left(\frac{1+r_{t+1}}{2+\rho}\right)\hat{W}_t$$

그리고 저축함수는 다음과 같다.

식 4.83 $$\begin{aligned} S_t &= W_t - T - C_t^Y \\ &= W_t - T - \left(\frac{1+\rho}{2+\rho}\right)\left[W_t - \left(\frac{r_{t+1}-n}{1+r_{t+1}}\right)T\right] \\ &= \left(\frac{1}{2+\rho}\right)W_t - \left[1 - \left(\frac{1+\rho}{2+\rho}\right)\left(\frac{r_{t+1}-n}{1+r_{t+1}}\right)\right]T \end{aligned}$$

$$= S(W_t,\ r_{t+1},\ T)$$

저축함수에 대해 다음이 성립함을 보일 수 있다.

식 4.84
$$S_W \in (0,\ 1)$$
$$S_r > 0$$
$$S_T \in (-1,\ 0) \text{ if } r_{t+1} > n$$
$$S_T < -1 \text{ if } r_{t+1} < n$$

적립방식 제도와 부과방식 제도의 핵심적인 차이는 적립방식 제도하에서는 자본의 축적이 유발되는 반면, 부과방식 제도하에서는 자본의 축적이 유발되지 않고 단순히 청년층으로부터 노년층에게로 이전이 일어날 뿐이라는 점이다.

부과방식에서는 오직 민간 저축(private savings)만이 자본저량에 영향을 미치게 되고 자본시장 균형조건은 다음과 같다.

식 4.85
$$L_t S_t = K_{t+1}$$

이는 다음과 같이 유도된다. 우선 노년층의 소비는 다음과 같다.

식 4.86
$$L_{t-1} C_t^O = (r_t + \delta) K_t + (1 - \delta) K_t + L_{t-1} P_t$$

청년층의 소비는 다음과 같다.

식 4.87
$$L_t C_t^Y = L_t (W_t - S_t - T_t)$$

따라서 소비 총합은 $[L_{t-1} P_t - L_t T_t] = 0$임을 적용하면 다음과 같이 나타낼 수 있다.

식 4.88 $C_t = (r_t + \delta)K_t + (1-\delta)K_t + L_{t-1}P_t + L_t(W_t - S_t - T_t)$
$= Y_t + (1-\delta)K_t + [L_{t-1}P_t - L_tT_t] - L_tS_t$
$= Y_t + (1-\delta)K_t - L_tS_t$

[식 4.89]는 경제 전체에 대한 예산제약이다. [식 4.88]을 [식 4.89]에 대입하면 [식 4.85]가 도출된다.

식 4.89 $Y_t + (1-\delta)K_t = C_t + K_{t+1}$

[식 4.83]을 [식 4.85]에 대입하면 다음이 도출된다.

식 4.90 $S(W_t,\ r_{t+1},\ T) = (1+n)k_{t+1}$

이는 부과방식 연금제도하에서 현재의 저축이 미래의 자본과 어떻게 연계되는지를 보여준다.

Cobb–Douglas 생산함수($y_t = k_t^{1-\varepsilon_L}$)하에서 생산요소의 가격은 다음과 같다.

식 4.91 $W_t = W(k_t) = \varepsilon_L k_t^{1-\varepsilon_L}$

식 4.92 $r_{t+1} = r(k_{t+1}) = (1-\varepsilon_L)k_{t-1}^{-\varepsilon_L} - \delta$

이 식들을 [식 4.91]에 대입하면 부과방식 연금제도하에서 경제의 경로를 나타내는 기본차분방정식(fundamental difference equation)이 도출되는데, 이를 우선 다음과 같이 나타내자.

식 4.93 $k_{t+1} = g(k_t,\ T)$

편미분은 다음과 같다.

식 4.94
$$g_k \equiv \frac{\partial g}{\partial k_t} = \frac{S_W W'(k_t)}{1+n-S_r r'(k_{t+1})} > 0$$

식 4.95
$$g_T \equiv \frac{\partial g}{\partial T} = \frac{S_T}{1+n-S_r r'(k_{t+1})} < 0$$

S_W와 S_r은 [식 4.90]으로부터 도출된다.

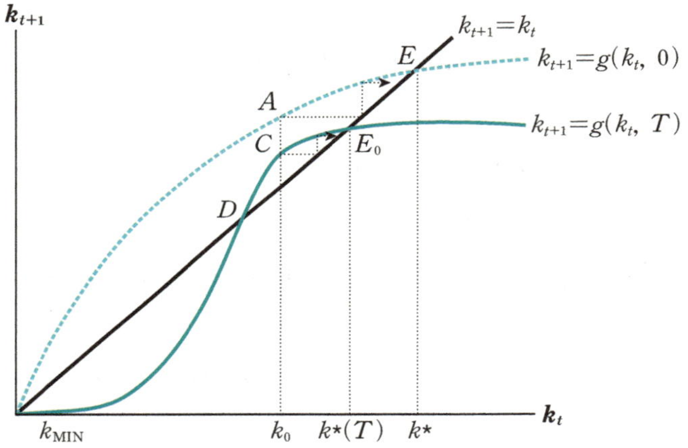

출처 : Heijdra와 van der Ploeg, 2002.

[그림 4.5] 단위탄력적 모형 하에서의 부과방식 연금

[그림 4.5]는 [식 4.93]을 도식화한 것으로, 길게 늘인 S자 모양을 갖는다. 이는 기본차분방정식을 다음과 같이 나타내면 알 수 있다.

식 4.96
$$(1+n)k_{t+1} = \frac{W(k_t)-T}{2+\rho} - \left(\frac{1+\rho}{2+\rho}\right)\left(\frac{(1+n)T}{1+r(k_{t+1})}\right)$$

$k_{t+1} \to 0$이면 $r_{t+1}(k_{t+1}) \to \infty$이므로 [식 4.96] 우변의 두 번째 항이 사라진다. 따라서 $W(k_{MIN})=T$가 된다. 부과방식 연금제도는 $k_t < k_{MIN}$인 경우 임금률이

$W(k_t) < T$로 너무 낮기 때문에 성립될 수 없다.

기본차분방정식을 미분하면 다음과 같다.

식 4.97 $$\frac{dk_{t+1}}{dk_t} = \frac{W'(k_t)}{(1+n)[2+\rho+(1+\rho)T\psi(k_{t+1})]} \geqq 0$$

여기서 $\psi(k_{t+1})$는 다음과 같다.

식 4.98 $$\psi(k_{t+1}) = \frac{-r'(k_{t+1})}{[1+r(k_{t+1})]^2}$$

[식 4.98]은 다음을 만족시킨다.

식 4.99 $$\begin{cases} \psi(k_{t+1}) \rightarrow \infty \;\; as \;\; k_{t+1} \rightarrow 0 \\ \psi(k_{t+1}) \rightarrow 0 \;\; as \;\; k_{t+1} \rightarrow \infty \end{cases}$$

또한 $k_t \rightarrow 0$이면 $W'(k_{t+1}) \rightarrow 0$이 된다.

이러한 요인들을 모두 고려하면 $g(k_t,\ T)$는 다음과 같은 성질을 갖는다 :

- $k_t = k_{MIN}$이면 $g(k_t,\ T)$는 수평이다.
- $k_t > k_{MIN}$이면 $g(k_t,\ T)$는 우상향하는 기울기를 갖는다.
- k_t가 매우 커지면 $g(k_t,\ T)$는 수평에 가까워진다.

이로 인해 $g(k_t,\ T)$는 정상 상태선 $k_{t+1} = k_t$와 두 번 교차한다.

[그림 4.5]의 점선은 부과방식 연금제도가 없는 단위탄력적 모형을 나타내는데, 여기서 경제는 점 E로 수렴해 간다. 예를 들어 초기의 자본-노동 비율이 k_0이라면 경제는 결국 점 A에서 점 E로 이동하게 된다.

이제 0기($t=0$)에 초기 자본-노동 비율이 k_0일 때 부과방식 연금제도가 도입되었다고 하자. 노년층은 연금제도에 부담금을 전혀 납부하지 않았더라도 연금

$P=(1+n)T$를 받게 된다. 이를 우발이득(windfall gain)이라고 하는데, 노년층은 (상속동기가 없다고 가정하였으므로) 이를 모두 소비하여 소비총량을 증가시킨다.

식 4.100 $C_0^O=(1+n)[(1+r(k_0)k_0+T)]$

k_0이 주어져 있으므로 이자율도 주어져 있고 따라서 다음이 성립한다.

식 4.101 $\dfrac{dC_0^O}{dT}=1+n>0$

이는 0기 노년층의 경우 명백히 형편이 좋아진다는 것을 의미한다. 반면 청년층에 대한 영향은 불분명하다. 첫째, 청년층은 세금(부담금) T를 부담해야 하고 은퇴 후 연금 $(1+n)T$를 받게 된다. 이 두 거래의 순 효과는 다음과 같이 생애소득에 영향을 미치는데, $r(k_1)$이 인구성장률 n보다 큰지 작은지에 따라 달라진다.

식 4.102 $\dfrac{\partial\hat{W}_0}{\partial T}=-\left(\dfrac{r(k_1)-n}{1+r(k_1)}\right)\gtreqless 0$

둘째, k_1과 $r(k_1)$는 청년층의 $t=0$기 저축에 영향을 받는다.

그러나 [식 4.90], [식 4.93] 및 [식 4.95]를 종합적으로 고려하면 $t=0$기에 부과방식 연금제도를 도입하므로 청년층의 저축이 감소하여 미래의 자본저량이 감소한다($dS/dT=(1+n)dk_1/dT=(1+n)g_T<0$). 이는 [그림 4.5]에서 AC로 나타난다. 부과방식 연금제도를 도입하면 자본저량이 A에서 C로 하락하고, 그 후 정상 상태 E_0로 수렴한다. 부과방식 연금제도하에서의 자본저량은 전환기(transition)이든 정상 상태이든 부과방식 연금제도가 없는 경우에 비해 언제나 적다.

자본-노동 비율에 대한 장기적 영향은 [식 4.93]에 정상 상태 조건($k_{k+1}=k_t$)을 적용하면 알 수 있다. 여기서 $g_k\in(0,\ 1)$은 정상 상태 조건을 따른다.

식 4.103 $$\frac{dk}{dT}=\frac{g_T}{1-g_k}<0$$

$W'(k_t)>0$이므로 정상 상태 임금률은 더 낮아지고, $r'(k_t)<0$이므로 정상 상태 이자율은 더 높아진다.

완전 적립방식 연금제도와 달리 부과방식 연금제도는 비중립성(non-neutrality)을 갖는다는 것이 주요 특징이다.

부과방식 연금제도하에서 연금을 받는 첫 세대의 후생은 증가하지만, 정상 상태 세대의 후생은 어떻게 변화할 것인가? 이 질문에 답하기 위해서는 간접효용함수(indirect utility function)와 요소-가격 경계(factor-price frontier)를 분석해야 한다.

정상 상태 간접효용함수(steady state indirect utility function)는 다음과 같이 정의된다.

식 4.104 $$\bar{\Lambda}^Y(W,\ r,\ T)=\underset{\{C^Y,\ C^O\}}{Max}\left\{\Lambda^Y(C^Y,\ C^O)\quad subject\ to\ \hat{W}=C^Y+\frac{C^O}{1+r}\right\}$$

여기서 $\bar{\Lambda}^Y(C^Y,\ C^O)$는 정상 상태 직접효용함수를 나타낸다. 부과방식 연금제도하에서의 생애소득은 다음과 같다.

식 4.105 $$\hat{W}\equiv W-\left(\frac{r-n}{1+r}\right)T$$

소비에 따른 효용을 보여주는 직접효용함수(direct utility function)와 달리 간접효용함수는 주어진 소득, 이자율 및 세율 하에서 얻을 수 있는 최대 효용을 보여준다. 간접효용함수는 직접효용함수에 최적 소비를 대입하여 구해진다. $C^Y(W,\ r,\ T)^*$와 $C^O(W,\ r,\ T)^*$를 각각 청년기와 노년기의 최적 소비라고 하면 다음의 항등식이 성립한다.

식 4.106 $$\bar{\Lambda}^Y(W,\ r,\ T) \equiv \Lambda(C^Y(W,\ r,\ T)^*,\ C^O(W,\ r,\ T)^*)$$

로그효용함수하에서 간접효용함수는 다음과 같이 표현된다. 여기서 ω_0는 상수이다.

식 4.107 $$\bar{\Lambda}^Y \equiv \omega_0 + \left(\frac{2+\rho}{1+\rho}\right)\ln\hat{W} + \left(\frac{1}{1+\rho}\right)\ln(1+r)$$

이 간접효용함수는 다음과 같은 특성을 갖는다.

식 4.108 $$\frac{\partial\bar{\Lambda}^Y}{\partial W} = \frac{\partial\Lambda^Y}{\partial C^Y} > 0$$

식 4.109 $$\frac{\partial\bar{\Lambda}^Y}{\partial r} = \left(\frac{S}{1+r}\right)\frac{\partial\Lambda^Y}{\partial C^Y} > 0$$

식 4.110 $$\frac{\partial\bar{\Lambda}^Y}{\partial T} = -\left(\frac{r-n}{1+r}\right)\frac{\partial\Lambda^Y}{\partial C^Y} \gtreqless 0$$

이 특성을 증명하기 위하여 정상 상태에서 직접효용함수를 평가하면 다음과 같다.

식 4.111 $$\Lambda^Y(C^Y,\ C^O) = U(C^Y) + \left(\frac{1}{1+\rho}\right)U(C^O)$$

한편 정상 상태에서의 소비 오일러 방정식은 다음과 같다.

식 4.112 $$(1+\rho)\frac{U'(C^Y)}{U'(C^O)} = 1+r$$

[식. 4.111]을 편미분한 후 소비 오일러 방정식을 대입하여 정리하면 다음과 같다.

식 4.113 $$\frac{\partial\bar{\Lambda}^Y}{\partial W} = \frac{\partial\Lambda^Y}{\partial C^Y}\left[\frac{\partial C^Y}{\partial W} + \left(\frac{1}{1+r}\right)\frac{\partial C^O}{\partial W}\right] = \frac{\partial\Lambda^Y}{\partial C^Y}$$

여기서 생애 예산제약이 다음과 같으므로 [ ] 안의 식이 1이 된다는 점이 이용되었다.

식 4.114 $$\hat{W}=C^Y+\frac{C^O}{1+r}$$

같은 방법으로 다음과 같이 쓸 수 있다.

식 4.115 $$\begin{aligned}\frac{\partial\bar{\Lambda}^Y}{\partial r}&=\frac{\partial\Lambda^Y}{\partial C^Y}\left[\frac{\partial C^Y}{\partial r}+\left(\frac{1}{1+r}\right)\frac{\partial C^O}{\partial r}\right]\\&=\frac{\partial\Lambda^Y}{\partial C^Y}\left[\frac{C^O-(1+n)T}{(1+r)^2}\right]\\&=\frac{\partial\Lambda^Y}{\partial C^Y}\left[\frac{(1+r)S}{(1+r)^2}\right]\end{aligned}$$

유사한 방식으로 다음과 같이 표현할 수 있다.

식 4.116 $$\begin{aligned}\frac{\partial\bar{\Lambda}^Y}{\partial T}&=\frac{\partial\Lambda^Y}{\partial C^Y}\left[\frac{\partial C^Y}{\partial T}+\left(\frac{1}{1+r}\right)\frac{\partial C^O}{\partial T}\right]\\&=-\left(\frac{r-n}{1+r}\right)\frac{\partial\Lambda^Y}{\partial C^Y}\end{aligned}$$

여기서 두 번째 줄은 [식 4.105]를 따른 것이다.

[식 4.108]과 [식 4.109]는 정상 상태 후생이 요소가격에 양(+)의 방향으로 반응한다는 것을 나타낸다. 그러나 요소가격은 장기적으로 세금 변화에 대해 서로 다른 방향으로 반응한다.

식 4.117 $$\frac{dW}{dT}=W'(k)\frac{dk}{dT}<0$$

식 4.118 $$\frac{dr}{dT}=r'(k)\frac{dk}{dT}>0$$

[식 4.118]은 부과방식 연금제도 도입 시 자본이 감소되어 이자율이 상승함을 보여준다. [식 4.117]은 1인당 자본량의 감소로 노동의 한계 생산이 감소하여 임금률이 하락함을 보여준다.

그러나 W와 r은 둘 다 자본-노동 비율에 의존하므로 서로 독립적이지 않다. 즉, 다음과 같다.

식 4.119 $$W = f(k) - kf'(k)$$

식 4.120 $$r + \delta = f'(k)$$

따라서 다음과 같은 요소-가격 경계(factor-price frontier)가 정의되는데, 이는 균형조건 [식 4.119]와 [식 4.120]이 성립하기 위한 W와 r 사이의 관계를 나타낸다.

식 4.121 $$W = f(k) - k(r + \delta) = \phi(r)$$

이는 다음을 의미한다.

식 4.122 $$\frac{dW}{dr} = \phi'(r) = -k$$

식 4.123 $$\frac{d^2W}{dr^2} = \phi''(r) = -\frac{dk}{dr} = -\frac{1}{f''(k)}$$

Cobb-Douglas 생산함수 하에서의 요소-가격 경계는 다음과 같이 표현된다. 이는 $W-r$ 평면에서 원점에 볼록한 형태이다.

식 4.124 $$W = \varepsilon_L \left(\frac{1 - \varepsilon_L}{r + \delta} \right)^{(1-\varepsilon_L)/\varepsilon_L}$$

이제 부과방식 연금제도의 도입으로 인한 후생효과를 분석할 수 있다. 간접효용함수를 T에 대해 미분하면 다음과 같다. 이 때 [식 4.104], [식 4.105], [식 4.108] 및 $S=(1+n)k$가 이용되었다.

식 4.125
$$\begin{aligned}\frac{\partial \bar{\Lambda}^{Y}}{\partial T} &= \frac{\partial \bar{\Lambda}^{Y}}{\partial W}\frac{dW}{dT} + \frac{\partial \bar{\Lambda}^{Y}}{\partial r}\frac{dr}{dT} + \frac{\partial \bar{\Lambda}^{Y}}{\partial T} \\ &= \frac{\partial \Lambda^{Y}}{\partial C^{Y}}\left[\frac{dW}{dT} + \left(\frac{S}{1+r}\right)\frac{dr}{dT} - \left(\frac{r-n}{1+r}\right)\right] \\ &= -\frac{\partial \Lambda^{Y}}{\partial C^{Y}}\left(\frac{r-n}{1+r}\right)\left[1 + k\frac{dr}{dT}\right] \propto \mathrm{sgn}(n-r)\end{aligned}$$

위 식에서 [ ] 안의 식은 부과방식 연금제도 도입의 후생에 대한 두 가지 효과를 보여준다. 하나는 T의 생애소득에 대한 직접 영향이고, 다른 하나는 T의 이자율에 대한 간접효과이다. 두 효과는 같은 방향으로 나타나는데, $n>r$이면 양(+)이고, $n<r$이면 음(−)이다.

초기에 경제에 자본이 너무 많아서, 즉 $n>r$이어서 동태적으로 비효율적인 상태에 있다고 하자. 부과방식 연금제도의 도입은 후생을 증대(Aaron이 1966년에 최초로 증명)시킬 것이다. 이는 청년 세대가 저축을 너무 많이 하고 이로 인해 이자율이 낮아진 상태였기 때문이다. 부과방식 연금제도의 도입은 민간 저축을 일부 대체한다. 연금제도의 수익률(생물학적 이자율 n)은 민간 저축의 수익률(r)을 초과한다. 자본저량의 감소가 임금률을 낮추기는 하지만 동태적으로 비효율적인 경제에서는 이자율 상승의 영향으로 상쇄되고도 남는다. 그러나 경제가 황금률 균형(golden−rule equilibrium) 상태($n=r$)에 있었다면, 부과방식 연금제도의 도입은 정상 상태 후생에 영향을 미치지 않는다.

4.2.2 부과방식 연금제도와 정부부채의 동등성

Auerbach와 Kotlikoff(1987)는 부과방식 연금제도가 일종의 정부부채 정책, 즉

부채재원 재정정책(debt−financed fiscal policy)과 동등(equivalent)하다는 것을 보였다. 부과방식 연금제도의 도입은 자본(capital)에 더하여 추가적인 자산, 즉 정부발행 채권(government bond)으로 귀결된다.

이를 살펴보기 위해 다음과 같은 정부 예산제약(government budget constraint)을 도입하자.

식 4.126 $$\varDelta B_{t+1} \equiv B_{t+1} - B_t = rB_t + L_{t-1}P_t - L_tT_t$$

여기서 B_t는 t기 초의 정부부채 크기(즉, 정부발행 채권의 저량)를 나타내고, B_{t+1}는 t기 말의 정부부채 크기를 나타내며, rB_t는 t기 정부발행 채권에 대한 이자를 나타낸다. 노년층에 대한 연금은 청년층이 납부한 세금과 추가적인 차입 $\varDelta B_{t+1}$로 조달된다.

정부발행 채권에 대한 이자율은 자본에 대한 이자율과 동일하므로, 개인은 이들 사이의 구성비에 무차별하다.

개인은 다음과 같이 주어진 생애효용을 최대화한다.

식 4.127 $$\varLambda_t^Y(C_t^Y,\ C_{t+1}^O) = U(C_t^Y) + \left(\frac{1}{1+\rho}\right)U(C_{t+1}^O)$$

이때 생애 예산제약은 다음과 같다.

식 4.128 $$\hat{W}_t \equiv W_t - T_t + \frac{P_{t+1}}{1+r_{t+1}} = C_t^Y + \frac{C_{t+1}^O}{1+r_{t+1}}$$

최적 저축함수는 다음과 같다.

식 4.129 $$S_t = S(\hat{W}_t,\ r_{t+1})$$

저축은 정부발행 채권이나 자본저량을 보유하는 데 사용되므로 자본시장 균형 조건은 다음과 같다.

식 4.130 $L_tS_t = B_{t+1} + K_{t+1}$

이를 도출하는 과정을 살펴보자. 노년층과 청년층의 소비는 각각 다음과 같다.

식 4.131 $L_{t-1}C_t^O = (r_t + \delta)K_t + (1-\delta)K_t + (1+r_t)B_t + L_{t-1}P_t$

식 4.132 $L_tC_t^Y = L_t(W_t - S_t - T_t)$

따라서 [식 4.33]을 이용하면 $[L_{t-1}P_t - L_tT_t] = 0$이므로 이자지급을 위해 새로운 채권을 발행한다고 가정하면 소비 총합은 다음과 같다.

식 4.133
$$\begin{aligned} C_t &= (r_t + \delta)K_t + (1-\delta)K_t + (1+r_t)B_t + L_{t-1}P_t + L_t(W_t - S_t - T_t) \\ &= Y_t + (1-\delta)K_t + [(1+r_t)B_t + L_{t-1}P_t - L_tT_t] - L_tS_t \\ &= Y_t + (1-\delta)K_t + B_{t+1} - L_tS_t \end{aligned}$$

[식 4.133]을 경제의 예산제약에 대입하면 다음과 같다.

식 4.134 $Y_t + (1-\delta)K_t = C_t + K_{t+1}$

이를 정리하면 [식 4.130]이 얻어진다.

Auerbach와 Kotlikoff의 동등성 주장은 다음과 같다. 특정 수준의 정부부채를 가진 경제가 있다고 할 때, 이에 상응하는 정부부채가 없고 연령에 따라 일정 세액이 징수·이전되면서 소비와 자본저량의 시간경로가 동일한 균형 $\{C_t^Y,\ C_t^O,\ k_t\}_{t=0}^{\infty}$을 이루는 경제가 존재한다는 것이다.

이를 살펴보기 위해 다음의 식이 필요하다.

노년층 개인의 소비함수는 다음과 같다.

식 4.135 $$C_t^O=(1+r(k_t))(1+n)(k_t+b_t)+P_t$$

청년층 개인의 소비 오일러 방정식은 다음과 같다.

식 4.136 $$U'(C_t^Y)=\left(\frac{1+r(k_{t+1})}{1+\rho}\right)U'(C_{t+1}^O)$$

청년층 개인의 예산제약은 다음과 같다.

식 4.137 $$W(k_t)-T_t-C_t^Y=S_t=(1+n)(k_{t+1}+b_{t+1})$$

1인당 정부 예산제약과 요소가격식은 각각 다음과 같다.

식 4.138 $$(1+n)b_{t+1}=(1+r(k_t))b_t+\frac{P_t}{1+n}-T_t$$

식 4.139 $$W(k_t)=f(k_t)-k_tf'(k_t)$$

식 4.140 $$r(k_t)=f'(k_t)-\delta$$

여기서 $b_t=B_t/L_t$는 1인당 정부부채이고, k_0와 b_0는 주어져 있다.

정부정책은 이 모형에 두 가지 경로로 영향을 준다. 첫째, 정부는 이자지급과 연금의 형태로 노년층에게 자원을 이전한다.

식 4.141 $$\Gamma_t^{GO}=(1+r(k_t))(1+n)b_t+P_t$$

둘째, 정부는 정부채권 판매와 세금의 형태로 청년층으로부터 자원을 이전받는다.

식 4.142 $\Gamma_t^{YG} = (1+n)b_{t+1} + T_t$

[식 4.138]에 따라 정부에 대한 자원의 순 이전은 다음과 같다.

식 4.143 $L_t\Gamma_t^{YG} - L_{t-1}\Gamma_t^{GO} = 0$

정부의 소비는 0이라고 가정하였으므로, 정부는 청년층으로부터 받은 것을 모두 노년층에게 전달한다. Γ_t^{YG}가 정해지면 Γ_t^{GO}는 다음과 같다.

식 4.144 $\Gamma_t^{GO} = (1+n)\Gamma_t^{YG}$

동등성 결과를 보이기 위해서는 정부 예산제약의 각 항목(b_{t+1}, b_t, P_t, T_t)이 청년층과 노년층 소비와 자본저량의 최적경로를 결정하는 데 무관함을 보여야 한다.

정부 예산제약 구성항목이 다음과 같이 정해져 있는 두 가지 경우의 정부정책을 고려해 보자.

- **첫 번째 정책으로, 정부부채가 없고 세금으로 부과방식 연금제도를 조달하는 경우** : $b'_t = 0,\ T'_t = T,\ P'_t = (1+n)T$
- **두 번째 정책으로, 연금제도가 없고 청년층에게만 과세하면서 재정정책을 부채로 조달하는 경우** : $b''_t = T/(1+r_t),\ T''_t = T - (1+n)b''_t,\ P''_t = 0$

청년층으로부터 정부로의 자원이전 시간경로와 정부로부터 노년층으로의 자원이전 시간경로 $\{\Gamma_t^{YG},\ \Gamma_t^{GO}\}_{t=0}^{\infty}$가 두 정책하에서 동일하므로, 두 정책은 동일한 소비와 자본저량의 시간경로 $\{C_t^Y,\ C_t^O,\ k_t\}_{t=0}^{\infty}$를 발생시키게 된다.

이는 앞의 조건을 [식 4.142]와 [식 4.141]에 대입하면 알 수 있다. 첫 번째 정책에 대해서 다음이 유도된다.

식 4.145 $(\Gamma_t^{YG})' = (1+n)b'_{t+1} + T'_t = T$

식 4.146 $(\Gamma_t^{GO})' = (1+r(k_t))(1+n)b'_t + P'_t = (1+n)T$

두 번째 정책에 대해서는 다음이 유도된다.

식 4.147 $(\Gamma_t^{YG})'' = (1+n)b''_{t+1} + T''_t = (1+n)b''_{t+1} + T - (1+n)b''_{t+1} = T$

식 4.148 $$(\Gamma_t^{GO})'' = (1+r_t)(1+n)b''_t + P''_t = (1+r_t)(1+n)\frac{T}{(1+r_t)} = (1+n)T$$

결과적으로 두 정책하에서 [식 4.135]~[식 4.138]은 동일하고, 연령기준으로 과세 및 이전을 하는 부채로 조달되는 재정정책하에서의 경제와 부과방식 연금제도하에서의 경제는 동일하게 된다.

4.2.3 전환효과와 후생효과

앞서 부과방식 연금제도가 정상 상태 세대(steady state generations)의 후생에 어떤 영향을 미치는지를 분석하였고, 어떤 조건에서 정상 상태 세대의 후생이 증가하는지를 살펴보았다. 그 조건은 정상 상태 경제가 동태적으로 비효율적인 경우 $(n > r)$였다.

이제 초기 성장경로로부터 황금률 경로로 이동하는 전환비용(transitional cost)을 살펴보면 세대별로 다른 영향을 받게 된다는 것을 알 수 있다.

부과방식 연금제도를 도입하는 시점에 노년층의 후생은 명백히 증가한다. 이들은 부담금을 납부하지 않지만 삶의 후반기에 다음과 같은 이득을 얻는다([식 4.101] 참고).

식 4.149 $$U'(C_0^O)\frac{dC_0^O}{dT}=U'(C_0^O)(1+n)>0$$

동태적으로 비효율적인 경제에서는 정상 상태 세대와 마찬가지로 전환기 세대(transition generation)가 이득을 얻게 된다. 이는 인구가 충분히 빨리 성장($n>r$)한다면 이전 세대의 연금을 위해 부담금을 지불하는 것이 어렵지 않기 때문이다. 전환기의 청년층은 갑자기 노년층의 연금을 위해 세금을 지불하게 되는데, 자신 이후의 세대가 충분히 많아서 약속된 연금을 자신에게 지불하는 데 어려움이 없을 것이라는 것을 알고 있다. 이 경우 모든 세대의 후생이 증가하고 아무도 후생 감소를 경험하지 않으므로, 동태적으로 비효율적인 경제에서 부과방식 연금제도를 도입하는 것은 파레토 개선(Pareto-improving)이고 사회적으로 바람직(socially desirable)하다.

그러나 Abel 외(1989)는 선진국 경제는 동태적으로 비효율적이지 않을 가능성이 높다고 주장했다. 경제가 동태적으로 효율적($n<r$)이라면, 부과방식 연금제도 도입 시 전환기 노령세대의 후생은 증가하지만([식 4.149] 참고) [식 4.125]에 따라 전환기 청년세대와 정상 상태 세대의 후생은 감소한다.

이 경우 오직 한 세대의 후생만 증가하고 다른 모든 세대의 후생은 감소하므로 부과방식 연금제도 도입은 더 이상 파레토 개선이 아니다. 그럼에도 불구하고 부과방식 연금제도 도입이 사회적으로 바람직할 수 있을까? 이는 각국의 정치적 사회적 제도에 기반하는 사회후생함수(social welfare function)의 형태에 따라 달라진다. 사회후생함수는 각 세대의 생애효용을 측정하는 함수로, 다음과 같이 표현된다.

식 4.150 $$SW_t=\omega(\Lambda_{t-1}^Y,\ \Lambda_t^Y,\ \ldots,\ \Lambda_\infty^Y)$$

어떤 정치·사회 체계에서는 청년층의 후생보다 노년층의 후생에 더 큰 가치를 부여할 수도 있다. 반대로 어떤 정치·사회 체계에서는 아직 태어나지 않은 미래 세대의 후생보다 현재 세대의 후생에 더 큰 가치를 부여할 수도 있다.

예를 들어 정책 A가 정책 B에 비해 더 큰 사회후생을 산출한다면, 정책 A로 인해 일부 세대의 후생이 감소하더라도 정책 A가 정책 B보다 사회적으로 선호된다.

4.2.4 부과방식 연금제도에서 적립방식 연금제도로 전환

동태적으로 효율적인 경제가 부과방식 연금제도를 채택했다고 가정하자. 연금을 받는 첫 번째 세대의 후생은 증가하였지만 다른 모든 세대의 후생은 감소하게 된다. 이러한 경제에서 파레토 개선이 되도록 부과방식 연금제도를 적립방식 연금제도로 변경하는 것이 가능할까?

$r > n$일 때 부과방식 연금제도를 없애면 정상 상태 세대는 후생증가를 경험할 것이다([식 4.125]에서 $d\bar{\Lambda}^Y/dT < 0$이므로 T가 증가하면 $\bar{\Lambda}^Y$가 감소한다). 그러나 전환기 세대, 즉 연금제도 변경이 일어나는 시점의 청년층은 손해를 본다. 이들은 부담금을 두 번 지불해야 한다. 이들은 노년층의 연금지급을 위해 부담금을 지불하면서 자신도 연금을 받을 수 있을 것으로 기대했지만 연금을 받을 수 없게 되고, 자신의 연금을 지급받기 위해서 적립방식 연금제도에 부담금을 납부해야 한다. 따라서 전환기 세대는 적립방식 연금제도의 도입으로 인해 명백한 후생감소를 경험하게 된다.

그렇다면 제도변경으로 후생증가를 경험할 미래 정상 상태 세대가 전환기 세대를 보상해 주는 것은 가능할까? 즉, 정상 상태 세대의 후생 이득을 전환기 세대에게 이전하여 제도변경으로 인한 전환기 세대의 후생감소를 충분히 보상할 수 있을까? 요컨대, 파레토 개선이 되도록 제도를 변경하는 메커니즘을 찾을 수 있을 것인가? Breyer(1989)는 이 문제를 연구하였다. 세대 간 후생 이득과 손실을 변경시키는 일반적인 정책은 채권을 이용하여 청년층의 세금(L_tT_t)과 노년층에게 지급되는 연금($L_{t-1}P_t$) 사이의 연결을 끊는 정책이다. Breyer는 노동공급이 외생적인 한, 전환기 세대의 후생을 개선하면서 미래 세대의 후생을 감소시키지 않는 채권 경로는 발견될 수 없다는 것을 밝혔다. 다시 말해 노동공급이 외생적이라면 파레토 개선을 이루면서 적립방식 연금제도로 이행하는 방법은 존재하지 않는다는 것이다.

4.3 노동공급과 은퇴가 내생적인 Diamond-Samuelson 중첩 세대모형에서의 부과방식 연금제도

앞서 살펴본 바와 같이 부과방식 연금제도는 개인의 저축에 영향을 미치고, Feldstein(1974)이 제기한 것처럼 개인의 은퇴시기에도 영향을 미친다. 이를 반영하기 위해서는 청년층의 노동공급 의사결정을 내생화하여 모형 내에서 개인이 얼마나 일할지를 결정할 수 있도록 해야 한다. 지금까지 다룬 모형에서는 노동공급이 고정되어 있다고 가정하였다. 또한 부과방식 연금제도에 대한 부담금이 일정금액(lump-sum)이라고 가정해 왔던 것과 달리, 소득금액의 일정 비율로 설정할 것이다. 마지막으로, 지금까지 모든 은퇴자에게 동일한 금액의 연금을 지급한다고 가정한 것과 달리, 다른 사람들보다 더 열심히 일한 사람은 이에 상응하여 더 많은 연금액을 받도록 하여 연금제도가 계리적으로 공정(actuarially fair)하고 세대 내에서 공정(intragenerationally fair)하다고 가정하자. 이러한 가정들은 지금까지의 가정에 비해 분명히 더 현실적인데, 그 결과로 부과방식 연금제도가 최적 노동공급 의사결정을 왜곡시킬 가능성이 생긴다. 기업의 최적 의사결정은 4.2절과 동일하다고 가정한다.

4.3.1 개인

t기에 태어난 개인(Individuals) i의 생애효용은 다음과 같다.

식 4.151 $$\Lambda_t^{Y,i} = \Lambda^Y(C_t^{Y,i},\ C_{t+1}^{O,i},\ 1-N_t^i)$$

여기서 N_t^i는 노동공급을 나타내고 $(1-N_t^i)$는 여가를 나타내며, $N_t^i=1$일 때

완전고용을 나타낸다.

개인 i의 2기간 예산제약은 다음과 같다.

식 4.152 $$C_t^{Y,i}+S_t^i=W_tN_t^i-T_t^i$$

식 4.153 $$C_{t+1}^{O,i}=(1+r_{t+1})S_t^i+P_{t+1}^i$$

여기서 부담금(T_t^i)와 연금액(P_{t+1}^i)은 다음과 같고 $\tau_L\in(0,\ 1)$은 소득비례 세율을 나타낸다.

식 4.154 $$T_t^i=\tau_LW_tN_t^i$$

식 4.155 $$P_{t+1}^i=\left(\tau_LW_{t+1}\textstyle\sum_{J=1}^{L_{t+1}}N_{t+1}^j\right)\left(\frac{N_t^i}{\sum_{J=1}^{L_{t+1}}N_t^j}\right)$$

[식 4.154]는 부과방식 연금제도에 대한 부담금이 개인 i의 노동소득에 비례한다는 것을 나타낸다. [식 4.155]는 개인 i가 받는 연금액을 나타내는데, 다음 세대로부터 거둔 세금 총액(첫 번째 괄호)에 개인 i의 노동공급 비중(두 번째 괄호 부분)을 적용하여 계산된 개인 i의 몫이다.

개인 i의 생애 예산제약(lifetime budget constraint)은 다음과 같다.

식 4.156 $$W_tN_t^i-\tau_L\left(1-\frac{W_{t+1}\sum_{j=1}^{L_{t+1}}N_{t+1}^j}{W_t(1+r_{t+1})\sum_{j=1}^{L_t}N_t^j}\right)W_tN_t^i=C_t^{Y,i}+\frac{C_{t+1}^{O,i}}{1+r_{t+1}}$$

이는 다음 세대가 버는 임금과 다음 세대가 공급하는 노동의 총량에 의존한다. 부과방식 연금제도에서 연금은 다음 세대가 지불하는 것이기 때문에 다음 세대의 크기와 노동량에 의존한다. [식 4.156]에서 [식 4.151]을 최대화하는 소비와 노동공급에 대한 1계 조건은 다음과 같다.

식 4.157
$$\frac{\partial \Lambda^{Y}}{\partial C_{t+1}^{O,i}}=\left(\frac{1}{1+r_{t+1}}\right)\left(\frac{\partial \Lambda^{Y}}{\partial C_{t}^{Y,i}}\right)$$

식 4.158
$$\left(-\frac{\partial \Lambda^{Y}}{\partial N_{t}^{i}}\right)=\frac{\partial \Lambda^{Y}}{\partial (1-N_{t}^{i})}=(1-\tau_{L,t}^{E})W_{t}\left(\frac{\partial \Lambda^{Y}}{\partial C_{t}^{Y,i}}\right)$$

식 4.159
$$\tau_{L,t}^{E}\equiv \tau_{L}\left[1-\left(\frac{W_{t+1}}{W_{t}}\right)\left(\frac{\sum_{j=1}^{L_{t+1}}N_{t+1}^{j}}{\sum_{j=1}^{L_{t}}N_{t}^{j}}\right)\left(\frac{1}{1+r_{t+1}}\right)\right]$$

[식 4.157]은 두 기간의 최적 소비를 연결하는 소비 오일러 방정식이다. [식 4.158]은 청년기에 소비와 노동 사이(그리고 소비와 여가 사이)의 한계 대체율이 세후 임금률과 같아지는 수준에서 노동공급이 결정되는 것을 나타낸다. 다시 말해, 추가적인 1시간 노동의 한계 비용(추가적인 1시간의 여가를 포기함으로써 감소하는 효용)이 추가적인 1시간 노동의 한계 효익(추가적으로 증가한 임금으로 증대된 소비로 인한 효용과 세후 임금률의 곱)과 같아질 때까지 노동을 한다.

[식 4.159]는 노동공급에 영향을 주는 것은 공식적인 세율 τ_L이 아니라 실효세율(effective tax rate) $\tau_{L,t}^{E}$라는 것을 보여준다(Breyer와 Straub, 1993). 분석을 단순화하기 위해 모든 개인이 동질적(homogeneous)이라고 가정(구분자 i 없이 $N_t^i=N_t$)하고 인구성장률이 상수 n으로 일정(따라서 $L_{t+1}=L_t(1+n)$)하다고 가정하자. 이 경우 [식 4.159]는 다음과 같이 정리된다.

식 4.160
$$\tau_{L,t}^{E}\equiv \tau_{L}\left[1-\left(\frac{W_{t+1}}{W_{t}}\right)\left(\frac{(1+n)N_{t+1}}{N_{t}}\right)\left(\frac{1}{1+r_{t+1}}\right)\right]$$

만일 노동공급이 시간에 걸쳐 일정($N_{t+1}=N_t$)하고 Aaron 조건이 충족(인구성장률과 임금증가율이 이자율을 초과)된다면 $\tau_{L,t}^{E}<0$이 되어 부과방식 연금제도가 세금이라기보다는 고용보조금처럼 작동하게 된다. 이 또한 Breyer와 Straub(1993)에 의해 처음으로 제기되었다.

대표적 개인의 청년기 최적소비, 노년기 최적소비, 그리고 최적노동공급은 다음과 같다.

식 4.161 $(C_t^Y)^* = C^Y(W_t^N,\ r_{t+1})$

식 4.162 $(C_{t+1}^O)^* = C^O(W_t^N,\ r_{t+1})$

식 4.163 $(N_t)^* = N(W_t^N,\ r_{t+1})$

여기서 W_t^N는 실효세율 적용 후 임금률로 다음과 같다.

식 4.164 $W_t^N = W_t(1-\tau_{L,t}^E)$

공식적 세율 변화가 개인의 노동공급 의사결정에 미치는 영향을 탄력성 형태로 나타내면 다음과 같다.

식 4.165 $$\frac{\tau_L}{N_t}\frac{\partial N_t}{\partial \tau_L} = -\varepsilon_{W^N}^N\left(\frac{\tau_{L,t}^E}{1-\tau_{L,t}^E}\right)$$

여기서 $\varepsilon_{W^N}^N$은 노동공급의 순임금률에 대한 탄력성으로 다음과 같다.

식 4.166 $$\varepsilon_{W^N}^N = \frac{W^N}{N}\frac{\delta N}{\delta W^N}$$

공식적 세율, 즉 부담금률이 노동공급에 미치는 영향은 다음에 따라 달라진다.

- Aaron 조건이 충족되는지($\tau_{L,t}^E < 0$), 또는 충족되지 않는지($\tau_{L,t}^E > 0$) 여부
- 노동공급 대체효과가 소득효과를 압도하는지($\varepsilon_{W^N}^N < 0$), 또는 그 반대인지($\varepsilon_{W^N}^N > 0$) 여부

만일 노동공급곡선이 우상향($\varepsilon_{W^N}^N > 0$)이고 Aaron 조건이 충족($\tau_{L,t}^E < 0$)된다면, 공식적 세율이 상승하면 노동공급이 감소한다.

4.3.2 시장균형

이제 모든 개인을 총합하여 경제 전체적인 관계를 유도해 보자. 먼저 유념할 사항은 노동공급이 내생적인 경우 경제 내 근로자 총수(L_t)는 생산에 투입된 유효 노동량(L_tN_t)과 꼭 일치해야 하는 것은 아니라는 점이다. 하지만 자본-노동 비율을 새롭게 $k_t \equiv K_t/(L_tN_t)$로 정의함으로써 기존의 요소가격방정식을 그대로 사용할 수 있다.

식 4.167 $W(k_t) = f(k_t) - k_t f'(k_t)$

식 4.168 $r(k_t) = f'(k_t) - \delta$

미래의 자본은 현재의 저축총액에 의존한다.

식 4.169 $(1+n)N_{t+1}k_{t+1} = S_t$

노동공급과 저축을 일반적으로 표현하면 다음과 같다.

식 4.170 $N_t = N(W_t(1-\tau_{L,t}^E),\ r_{t+1})$

식 4.171 $S_t \equiv \dfrac{C^O(W_t(1-\tau_{L,t}^E),\ r_{t+1}) - (1+n)\tau_L W_{t+1}N_{t+1}}{1+r_{t+1}}$

[식 4.169]에 [식 4.170]과 [식 4.171]을 대입하면 다음과 같다.

식 4.172
$$(1+n)N(W_{t+1}(1-\tau_{L,t+1}^E),\ r_{t+2})k_{t+1} = \frac{C^O(W_t(1-\tau_{L,t}^E),\ r_{t+1}) - (1+n)\tau_L W_{t+1}N_{t+1}}{1+r_{t+1}}$$

이것이 시간에 걸쳐 자본저량을 결정하는 기본차분방정식이다. 일반적으로 이 방정식은 단일해(unique solution)를 갖지 않는다. 왜냐하면 [식 4.160]에서 $\tau_{L,t+1}^{E}$가 N_{t+2}에 의존하는데, [식 4.170]에서 N_{t+2}는 k_{t+2}, k_{t+1} 및 $\tau_{L,t+2}^{E}$에 의존하고, 이러한 관계가 계속 이어지기 때문이다($r_{t+2}=r(k_{t+2})$이므로 N_{t+2}가 k_{t+2}에 의존하고 $W_{t+1}=W(k_{t+1})$이므로 N_{t+2}가 k_{t+1}에 의존한다). 현재의 자본-노동 비율은 미래의 모든 자본-노동 비율 값에 의존하고, 미래의 자본-노동 비율이 달라지면 현재의 자본-노동 비율도 달라지게 된다. 따라서 [식 4.172]는 복수해(multiple solution)를 갖는 것이 일반적이다.

하지만 단위탄력적 모형에서는 유일해가 존재한다. 이를 보이기에 앞서 내생적 노동공급 하에서의 정상 상태를 분석해 보자.

4.3.3 정상 상태

부과방식 연금제도의 후생에 대한 영향을 알아보기 위해 간접효용함수를 살펴보자.

식 4.173
$$\bar{\Lambda}^{Y}(W,\ r,\ \tau_L)=\underset{\{C^Y,\ C^O,\ N\}}{Max}\left\{\Lambda^{Y}(C^{Y},\ C^{O},\ 1-N)\quad subject\ to\ \hat{W}N=C^{Y}+\frac{C^{O}}{1+r}\right\}$$

여기서 $\Lambda^{Y}(C^{Y},\ C^{O},\ 1-N)$은 직접효용함수이다. 내생적 노동공급 하에서 소득비례 부담금(proportional contribution)을 적용하는 부과방식 연금제도를 채택한 경우 세후 순 생애소득(net after-tax lifetime income)은 다음과 같다.

식 4.174
$$\hat{W}N=W\left[1-\tau_L\left(\frac{r-n}{1+r}\right)\right]N$$

이 간접효용함수는 다음과 같은 특성을 갖는다.

식 4.175 $$\frac{\partial \bar{\Lambda}^Y}{\partial W}=\frac{\partial \Lambda^Y}{\partial C^Y}\left[1-\tau_L\left(\frac{r-n}{1+r}\right)\right]N>0$$

식 4.176 $$\frac{\partial \bar{\Lambda}^Y}{\partial r}=\left(\frac{S}{1+r}\right)\frac{\partial \Lambda^Y}{\partial C^Y}>0$$

식 4.177 $$\frac{\partial \bar{\Lambda}^Y}{\partial \tau_L}=-WN\left(\frac{r-n}{1+r}\right)\frac{\partial \Lambda^Y}{\partial C^Y}\gtreqless 0$$

공식적 세율(즉, 부담금률)의 변화가 정상 상태 후생에 미치는 영향은 다음과 같다.

식 4.178 $$\begin{aligned}\frac{d\bar{\Lambda}^Y}{d\tau_L}&=\frac{\partial \bar{\Lambda}^Y}{\partial W}\frac{dW}{d\tau_L}+\frac{\partial \bar{\Lambda}^Y}{\partial r}\frac{dr}{d\tau_L}+\frac{\partial \bar{\Lambda}^Y}{\partial \tau_L}\\&=\frac{\partial \Lambda^Y}{\partial C^Y}\left\{\left[1-\tau_L\left(\frac{r-n}{1+r}\right)\right]N\frac{dW}{d\tau_L}+\left(\frac{S}{1+r}\right)\frac{dr}{d\tau_L}-\left(\frac{r-n}{1+r}\right)WN\right\}\\&=-\left(\frac{r-n}{1+r}\right)N\frac{\partial \Lambda^Y}{\partial C^Y}\left[W+(1-\tau_L)k\frac{dr}{d\tau_L}\right]\end{aligned}$$

여기에 [식 4.175]~[식 4.177]과 다음의 관계가 이용되었다.

식 4.179 $$\frac{dW}{dr}=\phi'(r)=-k$$

식 4.180 $$S_t=(1+n)N_{t+1}k_{t+1}$$

[식 4.178]에는 두 가지 중요한 특성이 있다. 첫째, 만일 최초에 경제가 황금률 균형($r=n$)에 있었다면, 공식적 세율의 한계적 변화가 정상 상태 세대의 후생에 영향을 미치지 않는다. 이 경우 실효세율은 0이 되고, 최적 노동공급에 대한 왜곡은 발생하지 않는다.

식 4.181 $$\tau_L^E=\tau_L\left(\frac{r-n}{1+r}\right)=0$$

둘째, 만일 경제가 황금률 균형에 있지 않다면($r \neq n$), 후생효과의 부호는 [식 4.178] 마지막 줄의 [•] 부분의 부호와 동일하게 된다. 즉, 부과방식 연금제도는 생애 자원(첫 번째 항)과 자본-노동 비율의 변화(두 번째 항)를 통해서 후생에 영향을 준다. 그러나 일반적인 경우에는 $dr/d\tau_L$와 $d\overline{\Lambda}^Y/d\tau_L$의 부호는 확정되지 않는다.

단위탄력적 모형에서는 다음의 결과를 얻을 수 있다. 여기서 ρ는 시간선호율(rate of time preference)을 나타내고, λ_N은 노동공급 효과의 강도(intensity)를 나타낸다.

식 4.182 $$\Lambda_t^Y = \ln C_t^Y + \lambda_N \ln(1 - N_t) + \left(\frac{1}{1+\rho}\right)\ln C_t^O$$

이때 예산제약은 다음과 같다.

식 4.183 $$W_t N_t^i - \tau_L\left(1 - \frac{W_{t+1}\sum_{j=1}^{L_{t+1}} N_{t+1}^j}{W_t(1+r_{t+1})\sum_{j=1}^{L_t} N_t^j}\right)W_t N_t^i = C_t^{Y,i} + \frac{C_{t+1}^{O,i}}{1+r_{t+1}}$$

[식 4.182]를 [식 4.183]하에서 극대화하면 다음이 도출된다.

식 4.184 $$(C_t^Y)^* = \left(\frac{1+\rho}{2+\rho+\lambda_N(1+\rho)}\right)W_t^N$$

식 4.185 $$(C_{t+1}^O)^* = \left(\frac{1+r_{t+1}}{2+\rho+\lambda_N(1+\rho)}\right)W_t^N$$

식 4.186 $$(N_t)^* = \left(\frac{2+\rho}{2+\rho+\lambda_N(1+\rho)}\right)$$

여기서 W_t^N는 다음과 같이 실효 세후임금률을 나타낸다.

식 4.187 $$W_t^N = W_t(1 - \tau_{L,t}^E)$$

단위탄력적 모형의 경우, 청년기와 노년기의 소비는 둘 다 정상재로 세후임금률이 상승하면 소비가 증가한다. 또한 소득효과와 대체효과가 서로 상쇄되기 때문에 노동공급은 $N_{t+1}=N_t=N$으로 항상 일정하다. 실효 세후임금률은 다음과 같다.

식 4.188 $$W_t^N \equiv W_t(1-\tau_{L,t}^E) \equiv W_t\left[1-\tau_L\left(1-\left(\frac{W_{t+1}}{W_t}\right)\left(\frac{1+n}{1+r_{t+1}}\right)\right)\right]$$

실효 세후임금률은 세율 및 이자율과 반대방향으로 변동한다. 결과적으로 [식 4.184]는 청년기 소비가 이자율에 음(−)의 방향으로 영향을 받는다는 것을 의미한다. [식 4.185]는 노년기 소비는 Aaron 조건이 충족될 때($\tau_{L,t}^E<0$) 세율과 이자율에 양(+)의 방향으로 영향을 받는다는 것을 의미한다. [식 4.186]은 $\lambda_N=0$이면 노동공급이 외생적이고 1이 된다는 것을 보여준다.

단위탄력적 모형에서는 기본차분방정식 [식 4.93]을 명시적 형태로 다음과 같이 쓸 수 있다.

식 4.189 $$(1+n)k_{t+1}=\frac{(1-\tau_L)W_t(k_t)}{2+\rho}-\left(\frac{1+\rho}{2+\rho}\right)\left(\frac{\tau_L(1+n)W_{t+1}(k_{t+1})}{1+r_{t+1}(k_{t+1})}\right)$$

이는 $k_{t+1}=g(k_t,\ \tau_L)$ 형태의 자본−노동 비율에 대한 1계 차분방정식이다. 이 기본 차분방정식은 자본−노동 비율의 시간경로에 대한 유일한 해를 생성한다. 단위탄력적 모형에서는 노동공급 탄력성이 0이 되어 최적 선택된 노동공급이 상수이므로 일반적인 모형 [식 4.94]에서 있었던 비확정성(indeterminacy) 문제가 사라진다.

부과방식 연금제도의 자본−노동 비율에 대한 장기효과는 $k_{t+1}=g(k_t,\ \tau_L)$의 편미분을 정상 상태에서 평가함으로써 알 수 있다.

식 4.190 $$g_k \equiv \frac{\partial k_{t+1}}{\partial k_t} = \frac{(1-\tau_L)W'}{(1+n)(2+\rho)\left[1+\tau_L\left(\frac{1+\rho}{2+\rho}\right)\frac{(1+r)W'-Wr'}{(1+r)^2}\right]} > 0$$

식 4.191 $$g_{t_L} \equiv \frac{\partial k_{t+1}}{\partial \tau_L} = \frac{[1+r+(1+n)(1+\rho)]W}{(1+r)(1+n)(2+\rho)\left[1+\tau_L\left(\frac{1+\rho}{2+\rho}\right)\frac{(1+r)W'-Wr'}{(1+r)^2}\right]} < 0$$

여기서 W'와 r'는 다음과 같다.

식 4.192 $$W' = \frac{dW(k)}{dk} > 0$$

식 4.193 $$r' = \frac{dr(k)}{dk} < 0$$

안정성을 위해서는 $g_k \in (0,\ 1)$이어야 하고, 결과적으로 다음과 같게 된다.

식 4.194 $$\frac{dk}{d\tau_L} = g_{t_L} \equiv \frac{g_{t_L}}{1-g_k} < 0$$

즉, 부과방식 연금제도의 장기 자본－노동 비율에 대한 영향은 음(－)이다.

4.3.4 후생효과

지금까지 살펴본 두 모형, 즉 노동공급이 외생적이고 정액세(lump-sum tax)가 부과되는 모형과 노동공급이 내생적이고 비례세(proportional tax)가 부과되는 모형 모두에서 부과방식 연금제도 도입은 자본－노동 비율을 하락시키고([식 4.103]과 [식 4.194] 참고) 동태적으로 효율적인 경제에서 후생을 감소시키는 것으로 나타났다([식 4.125]와 [식 4.178] 참고).

그러나 두 모형 사이에는 중요한 차이점이 있다. 정액 부담금(T) 형태의 부과방식 연금제도는 왜곡을 발생시키지 않으나, 비례 부담금(τ_L) 형태는 왜곡을 발생시킨다. 왜곡적 세금(distortionary tax)은 경제에 자중손실(deadweight loss ; DWL)을 유발한다. 이 자중손실은 과세로 인한 청년층의 효용감소를 보상해주는 데 필요한 소득과 과세 수익의 차이로 측정된다.

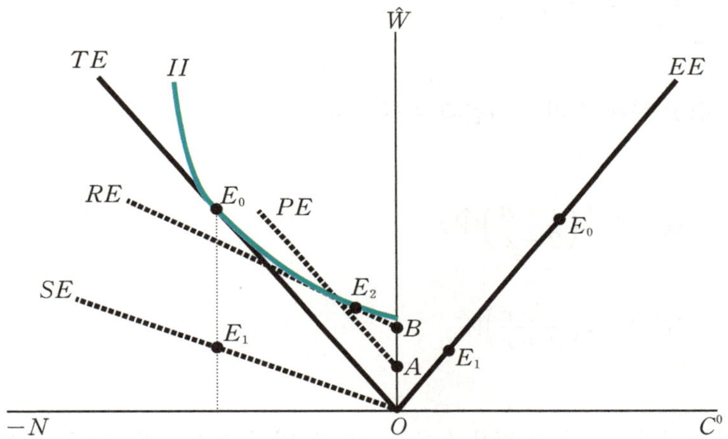

출처 : Heijdra와 van der Ploeg, 2002.

[그림 4.6] 과세로 인한 자중손실

[그림 4.6]은 요소가격이 상수이고 동태적으로 효율적인($r>n$)인 경제에서 단위탄력적 모형인 경우 정상 상태 세대에 대해 연금 부담금이 유발하는 자중손실(DWL)을 보여준다(Belan과 Pestieau, 1999). 이를 도출하기 위해서는 모형을 두 단계로 나누어 풀어야 한다.

첫 번째 단계로, 정상 상태 생애 소득은 다음과 같이 정의된다.

식 4.195
$$\hat{W} \equiv W\left(1-\tau_L\left(\frac{r-n}{1+r}\right)\right)N = W(1-\tau_L^E)N$$

청년층은 다음과 같은 정상 상태 생애효용을 극대화한다.

식 4.196 $$\Lambda^Y = \ln C^Y + \left(\frac{1}{1+\rho}\right)\ln C^O$$

이때 적용되는 예산제약은 다음과 같다.

식 4.197 $$\hat{W} = C^Y + \frac{C^O}{1+r}$$

최적 정상 상태 소비는 다음과 같다.

식 4.198 $$(C^Y)^* = \left(\frac{1+\rho}{2+\rho}\right)\hat{W}$$

식 4.199 $$(C^O)^* = \left(\frac{1+r}{2+r}\right)\hat{W}$$

[그림 4.6]의 오른쪽 평면은 EE를 따라 노년기 소비가 생애소득과 어떻게 연계되는지를 보여준다.

[식 4.198]과 [식 4.199]를 효용함수 [식 4.182]와 예산제약 [식 4.183]에 대입하면 다음이 유도된다.

식 4.200 $$\Lambda^Y = \left(\frac{2+\rho}{1+\rho}\right)\ln\hat{W} + \lambda_N \ln(1-N) + \ln\left[\left(\frac{1+\rho}{2+\rho}\right)\left(\frac{1+r}{2+\rho}\right)^{1/(1+\rho)}\right]$$

식 4.201 $$\hat{W} \equiv W\left(1-\tau_L\left(\frac{r-n}{1+r}\right)\right)N = W(1-\tau_L^E)N$$

두 번째 단계로, 개인은 [식 4.201]의 제약하에서 [식 4.200]을 최대화하기 위해 노동공급을 결정한다.

식 4.202 $N=\left(\frac{2+\rho}{2+\rho+\lambda_N(1+\rho)}\right)$

이 두 번째 단계는 [그림 4.6]의 왼쪽 평면에 나타나 있다. TE는 세전 예산제약, 즉 $\tau_L^E=0$인 경우를 나타낸다. 여기서 가로축은 $-N$을 나타낸다. 초기 균형은 무차별곡선 II와 접하는 E_0에서 달성된다. 노년세대 소비에 대한 동일한 초기 균형은 오른쪽 패널의 E_0로 나타난다.

이제 양(+)의 실효세율($\tau_L^E>0$)이 부과된다면 왼쪽 패널의 예산제약이 왼쪽으로 회전하여 SE가 된다. 단위탄력적 모형에서 소득효과와 대체효과는 서로 상쇄되므로 노동공급에는 변동이 없다([식 4.202] 참고). 왼쪽 패널과 오른쪽 패널 모두에서 새로운 균형은 E_1이 된다.

세율변경의 대체효과를 분석하기 위해서는 새로운 예산제약을 상방이동시켰을 때 원래의 무차별곡선 II와 접하게 되는 E_2를 찾아야 한다. E_0에서 E_2로의 변화는 대체효과를 나타내고 E_2에서 E_1로의 변화는 소득효과를 나타낸다. 따라서 OB는 청년세대가 세전 효용수준을 달성하기 위해 필요한 소득보상(Z_0으로 표기)을 나타낸다. 이 선을 나타내는 식은 다음과 같다.

식 4.203 $\hat{W}=Z_0+W(-N)(1-\tau_L^E)$

세수(tax revenue)는 원래의 예산제약 TE와 평행하면서 E_2를 지나는 PE가 되며, 이를 나타내는 식은 다음과 같다. 여기서 T는 AB의 수직거리를 나타낸다.

식 4.204 $\hat{W}=Z_0-T+W(-N)$

이 두 식이 같은 값을 갖는 E_2에서 평가하면 다음이 도출된다.

식 4.205 $T=\tau_L^E WN$

그러므로 AB는 개인으로부터 징수한 세수를 나타낸다.

따라서 세금부과로 인한 자중손실(DWL)은 OA가 되는데, 이는 개인에 대한 왜곡적 세금부과로 유발되는 효용 감소를 보상해주기 위해 필요한 소득(OB)과 징수된 세수(AB)의 차이이다. 다시 말해, 소득비례 세금으로 조달되는 부과방식 연금제도는 그로 인한 비용이 편익보다 더 커서 자중손실을 발생시킨다.

4.3.5 부과방식에서 적립방식으로의 전환

노동공급과 은퇴가 외생적인 모형에서는 부과방식 연금제도에서 적립방식 연금제도로 전환할 때 파레토 개선을 이룰 수 없었는데, 이는 미래 세대의 후생을 감소시키지 않으면서 제도변화 당시의 노년세대를 보상해줄 자원을 마련할 수 없기 때문이었다(4.2.4절 참고).

반면 노동공급이 내생적이고 부과방식 연금제도에 대한 부담금이 소득에 비례할 경우 부과방식 연금제도는 왜곡적(distortionary)이기 때문에, 전환기간 동안 비왜곡적인 정액세(non-distortionary lump-sum tax)를 이용하여 적립방식으로 점진적으로 이동하면 파레토 개선을 이룰 수 있다. 이는 Homburg(1990), Breyer와 Straub(1993) 및 Belan와 Pestieau(1999)가 주장하였다. 즉, 전환기 세대는 부과방식 연금제도에 대한 부담금을 납부하지만 혜택을 받지 못하고 자신을 위해서 적립방식 연금제도에 또다시 부담금을 납부해야 하는데, 왜곡적인 제도에서 비왜곡적인 제도로 이동해 가면서 발생하는 자중손실 회복분을 전환기 세대의 손해를 보상하는 데 사용할 수 있는 것이다.

4.4 결론

중첩세대모형(overlapping generations model)에서는 각 세대가 전세대 및 후세대와 거래하므로 연금제도를 분석하는 데 강력한 도구가 된다. Diamond-

Samuelson의 중첩세대모형에서 핵심 상태변수는 물적자본저량(physical capital stock)이며, 이는 경제 전체의 동태적 경로를 나타낸다.

노동공급과 은퇴가 외생적인 Diamond-Samuelson 중첩세대모형에서 완전 적립방식 공적연금제도(fully-funded state pension scheme)를 도입할 경우 자금을 자본에 투자하여 민간 저축과 같은 수익률을 얻는다면 동태적 경로에는 변화가 없다. 한편 부과방식 공적연금제도를 도입할 경우에는 결과가 중립적이지 않다. Aaron 조건이 충족된다면, 즉 인구성장률(부과방식 연금제도의 수익률)이 자본에 대한 투자수익률(적립방식 연금제도의 수익률)을 초과한다면 부과방식 연금제도가 적립방식 연금제도보다 우월하다. 그러나 이러한 조건은 경제가 동태적으로 비효율적이라는 것을 의미하는데, 이는 경제에 자본이 너무 많아 자본을 감축하고 소비를 늘림으로써 후생이 개선될 수 있다는 뜻이다. 현실에서 선진국 경제(developed economies)는 동태적으로 비효율적이지 않아서 일반적으로 적립방식 연금제도가 부과방식 연금제도보다 우월하다. 그러나 노동공급이 외생적인 경우 부과방식에서 적립방식 연금제도로 이행하면 전환기 세대(앞 세대의 연금을 위해 부과방식 연금제도 부담금을 납부하는 동시에 자신을 위해 적립방식 연금제도 부담금을 납부해야 하는 세대)의 후생이 감소할 수밖에 없다.

노동공급과 은퇴가 내생적이고 세제에 따라 달라지는 경우에는 전환기간 동안 비왜곡적인 정액세(non-distortionary lump-sum tax)를 이용하여 점진적으로 적립방식으로 이동하면 파레토 개선을 이룰 수 있다.

연 / 습 / 문 / 제

01. 2기간 중첩세대모형을 설명하라.

02. 동태적 모형의 구조를 설명하라.

03. Diamond–Samuelson 중첩세대모형에서 자본저량(capital stock)의 중요성을 설명하라.

04. 시간분리가능 생애효용함수(time–separable lifetime utility function)란 무엇인가?

05. 생애 예산제약을 2기간 중첩세대모형에서 정의하라.

06. 소비 오일러 방정식(consumption Euler equation)을 설명하라.

07. 시점 간 한계 대체율(marginal rate of intertemporal substitution)이란 무엇인가?

08. 시점 간 한계 전환율(marginal rate of intertemporal transformation)이란 무엇인가?

09. 시점 간 대체 탄력성(intertemporal substitution elasticity)을 정의하고 해석하라.

10. 청년기 소비에 대한 이자율 변화의 대체효과와 소득효과를 설명하라.

11. 청년기 소비에 대한 이자율 변화의 종효과에 시점 간 대체 탄력성이 어

떻게 영향을 미치는지 설명하라.

12. 선형 동차 생산함수(linear homogeneous production function)란 무엇인가?

13. 오일러 정리(Euler's theorem)란 무엇인가?

14. Diamond–Samuelson 중첩세대모형에서 기본 차분방정식(fundamental difference equation)을 설명하라.

15. 단위탄력적 Diamond–Samuelson 중첩세대모형을 설명하고 동태적 특성과 안정성을 분석하라.

16. 생물학적 이자율(biological interest rate)이란 무엇인가?

17. Diamond–Samuelson 중첩세대모형의 최적성(optimality)와 효율성(efficiency)을 설명하라.

18. 황금률 균형(golden–rule equilibrium)이란 무엇인가?

19. 소비의 황금률(consumption golden rule)이란 무엇인가?

20. 생산의 황금률(production golden rule)이란 무엇인가?

21. 동태적으로 비효율적인(dynamically inefficient) 경제를 정의하라. 어떤 경우 그러한 경제가 출현하는가?

22. 노동공급과 은퇴가 외생적인 Diamond–Samuelson 중첩세대모형에서 완전적립방식 공적연금제도가 어떻게 중립적이 될 수 있는지 설명하라.

23. Aaron 조건이란 무엇인가?

24. 노동공급과 은퇴가 외생적인 Diamond–Samuelson 중첩세대모형에서 부과방식 연금제도가 도입되면 저축, 자본저량, 임금 및 이자율에 어떤 영향이 있는가?

25. 직접 효용함수(direct 0utility function)와 간접 효용함수(indirect utility function)의 차이를 비교하라.

26. 동태적으로 비효율적인 경제에 부과방식 연금제도가 도입될 경우 세대별로 후생에 어떤 영향이 있는지 설명하라.

27. 부과방식 연금제도와 부채재원 재정정책(debt–financed fiscal policy)가 어떻게 동등한지 설명하라.

28. 동태적으로 효율적인 경제에 부과방식 연금제도가 도입될 경우 세대별로 후생에 어떤 영향이 있는지 설명하라. 사회후생함수가 어떻게 이 문제를 해결하는가?

29. 노동공급과 은퇴가 외생적인 Diamond–Samuelson 중첩세대모형에서 동태적으로 효율적인 경우 파레토 개선을 달성하면서 부과방식 연금제도로부터 적립방식 연금제도로 이행하는 것이 가능한가? 설명하라.

30. 노동공급과 은퇴가 내생적인 Diamond–Samuelson 중첩세대모형 하에서 동태적으로 효율적인 경우 파레토 개선을 달성하면서 부과방식 연금제도로부터 적립방식 연금제도로 이행하는 것이 가능한가? 설명하라.

참 / 고 / 문 / 헌

많은 책들이 중첩세대모형을 설명하고 있는데, 이 책에서는 다음 책의 설명을 주로 따르고 있다.

Heijdra, B. and van der Ploeg, F. (2002) *Foundations of Modern Macroeconomics*, Oxford University Press, Oxford (ch. 17 : Intergenerational Economics II).

다음 책들도 참고하라.

Blanchard, O. and Fischer, S. (1989) *Lectures on Macroeconomics*, MIT Press, Cambridge, MA(ch. 2 : Consumption and Investment : Basic Infinite Horizon Models, ch. 3 : The Overlapping Generations Model).

McCandless, G. and Wallace, N. (1991) *Introduction to Dynamic Macroeconomic Theory : An Overlapping Generations Approach*, Harvard University Press, Cambridge, MA.

Romer, D. (2000) *Advanced Macroeconomics*, McGraw−Hill, New York (ch 2 : Infinite Horizon and Overlapping Generation Models).

기타 참고문헌

Aaron, H. (1966) The social insurance paradox, *Canadian Journal of Economics and Political Science*, **32**, 371 − 374.

Abel, A., Mankiw, N., Summers, L. and Zeckhauser, R. (1989) Assessing dynamic efficiency : theory and evidence, *Review of Economic Studies*, **56**, 1 − 19.

Auerbach, A. and Kotlikoff, L. (1987) *Dynamic Fiscal Policy*, Cambridge University Press, Cambridge.

Belan, P. and Pestieau, P. (1999) Privatising social security : a critical assessment, *General Papers on Risk and Insurance Theory*, **24**, 114 − 130.

Blinder, A. (1981) *Private Pensions and Public Pensions : Theory & Fact*, W.S. Woytinsky Lecture No. 5, Institute of Public Policy Studies, University of Michigan.

Breyer, F. (1989) On the intergenerational Pareto efficiency of pay as you go financed pension systems, *Journal of Institutional and Theoretical Economics*, **145**, 643 – 658.

Breyer, F. and Straub, M. (1993) Welfare effects of unfunded pension systems when labour supply is endogenous, *Journal of Public Economics*, **50**, 77 – 91.

Diamond, P. (1965) National debt in a neoclassical growth model, *American Economic Review*, **55**, 1126 – 1150.

Feldstein, M. (1974) Social security, induced retirement, and aggregate capital accumulation, *Journal of Political Economy*, **82**, 905 – 926.

Homburg, S. (1990) The efficiency of unfunded pension systems, *Journal of Institutional and Theoretical Economics*, **146**, 640 – 647.

Samuelson, P. (1958) An exact consumption—loan model of interest with or without the social contrivance of money, *Journal of Political Economy*, **66**, 467 – 482.

MEMO

제5장 | 연금 거시경제학 II : Blanchard-Yaari의 불확실 수명 중첩세대모형을 이용한 연금 분석

05

연금 거시경제학 Ⅱ : Blanchard-Yaari의 불확실 수명 중첩세대모형을 이용한 연금 분석

05

연금 거시경제학 II

: Blanchard–Yaari의 불확실 수명 중첩세대모형을 이용한 연금 분석

앞서 살펴본 Diamond–Samuelson 중첩세대모형에서는 개인이 정확히 청년기와 노년기 2기간 동안 생존한다고 가정하는데, 이는 수명의 불확실성을 고려하지 않은 것이다. Yaari(1965)는 생애 저축 모형에 수명의 불확실성을 도입했다. 그 후 Blanchard(1985)는 Yaari의 체계를 이용하여 새로운 세대가 연속적으로 태어나는 연속시간 중첩세대모형(continuous–time OLG model)을 개발하였다[1]. 따라서 Blanchard–Yaari 중첩세대모형은 Diamond–Samuelson 중첩세대모형보다 현실에 가깝다. Blanchard–Yaari 중첩세대모형은 노동공급이 내생적이고 정년퇴직(mandatory retirement)이 있는 경우 부과방식 연금제도의 도입 효과를 분석하는 데 유용하게 이용될 수 있다.

5.1 Blanchard–Yaari의 불확실 수명 중첩세대모형

5.1.1 Yaari의 기여

Yaari는 수명이 불확실할 때 고려해야 할 두 가지 사항을 지적하였다. 첫째, 사망시점 D가 확률적이므로 개인의 생애효용 역시 확률적이다. 따라서 개인은 기

1 여기서 설명하는 모형은 Heijdra와 van der Ploeg(2002, ch. 16 : Intergenerational Economics I)에 기초한 것이다.

대효용(expected utility)을 극대화해야 한다. 이를 기대효용 가설(expected utility hypothesis)이라고 한다. 둘째, 사망 시 개인의 재부가 음(−)일 수 없다는 제약 역시 이제 확률적이어야 한다. $A(t)$가 t시점의 실질 자산(real assets)을 나타낸다고 할 때, $A(D)$는 확률적이 되는데 $A(D) \geq 0$이 확실히 성립되도록 보장되어야 한다.

사망시점 D의 확률밀도함수(density function)를 $f(D)$라고 하고, 개인이 최대한 살 수 있는 수명상한을 $\overline{D}$라고 하자. 그러면 D가 $[0, \overline{D}]$ 구간 내에 놓일 확률은 1이다.

식 5.1 $$\int_0^{\overline{D}} f(D)dD = 1,\ f(D) \geq 0$$

개인의 생애효용은 다음과 같다고 하자.

식 5.2 $$\Lambda(D) = \int_0^{D} U(C(s))e^{-\rho s}ds$$

여기서 $U(C(s))$는 시점 s에서의 소비의 순간효용(instantaneous utility of consumption)이고 ρ는 순 시간선호율(pure rate of time preference)이다. 노동은 비탄력적으로 공급된다고 가정되어 효용함수에 나타나지 않는다.

기대생애효용은 다음과 같이 표현된다.

식 5.3 $$\begin{aligned} E\Lambda(D) &= \int_0^{\overline{D}} f(D)\Lambda(D)dD \\ &= \int_0^{\overline{D}} \left[\int_s^{\overline{D}} f(D)dD\right] U(C(s))e^{-\rho s}ds \\ &= \int_0^{\overline{D}} [1-F(s)]U(C(s))e^{-\rho s}ds \end{aligned}$$

여기서 개인이 시점 s에 생존해 있을 확률은 다음과 같다.

식 5.4 $$[1-F(s)]=\int_{s}^{\overline{D}}f(D)dD$$

개인 재부의 동태적 움직임은 다음과 같이 표현된다.

식 5.5 $$\dot{A}(s)=r(s)A(s)+W(s)-C(s)$$

여기서 $\dot{A}(s)$는 실질자산의 순간적 변화를 나타낸다.

식 5.6 $$\dot{A}(s)=\frac{dA(s)}{ds}$$

또한 $r(s)$는 시점 s의 이자율을 나타내고, $W(s)$는 시점 s의 임금수입을 나타낸다. 우리는 $r(s)$와 $W(s)$가 모두 알려져 있고 불확실성의 유일한 원천은 수명이라고 가정한다.

최종재부 제약(terminal wealth constraint) $\Pr[A(D)\geqq 0]=1$을 위해서 다음 조건이 충족되어야 한다.

식 5.7 $$\begin{cases}\dot{A}(s)=W(s)-C(s)\geqq 0 \text{ if } A(s)=0\\ A(\overline{D})=0\end{cases}$$

개인은 초기재부 $A(0)$과 [식 5.5] 및 [식 5.7]의 제약하에서 기대 생애효용 [식 5.3]을 극대화한다. 1계 조건은 다음과 같다.

식 5.8 $$[1-F(s)]U'(C(s))=\lambda(s)$$

식 5.9 $$\frac{\dot{\lambda}(s)}{\lambda(s)}=\rho-r(s)$$

여기서 $\lambda(s)$는 공동상태변수(co-state variable)[2]로, 재부 제약조건 [식 5.5]와 관련되어 있고 재부의 기대 한계효용을 측정한다. $\dot{\lambda}(s)$는 $d\lambda(s)/ds$를 나타낸다. [식 5.8]은 현재소비의 기대 한계효용과 재부(즉, 미래 소비)의 기대 한계효용을 일치시키는 표준적인 1계 조건이다. [식 5.9]는 공동상태변수의 동태적 최적 움직임을 보여주는데, 시간선호율(rate of time preference)이 이자율을 초과하면 재부의 기대 한계효용이 시간에 따라 증가한다는 것을 나타낸다. 여기서 시간선호율은 미래소비 대비 현재소비에 대한 욕구의 크기를 나타낸다. 즉, 시간선호율이 클수록 현재소비가 커지고 재부축적이 적어지게 되어 재부의 기대 한계효용을 증가시킨다(이는 시간선호율이 증가하면 현재소비가 증가하고 재부축적은 감소함에 따라 재부에 대한 기대 한계효용이 증가한다는 것을 고려한다면 타당한 것이다).

[식 5.8]을 s에 대해 미분하면 다음이 도출된다.

식 5.10 $$-f(s)U'(C(s))+[1-F(s)]U''(C(s))\dot{C}(s)=\dot{\lambda}(s)$$

여기서 $f(s)$와 $\dot{C}(s)$는 다음과 같다.

식 5.11 $$f(s)=\frac{dF(s)}{ds}$$

식 5.12 $$\dot{C}(s)=\frac{dC(s)}{ds}$$

[식 5.10]을 [식 5.8]로 나누고 [식 5.9]를 이용해 $\dot{\lambda}(s)/\lambda(s)$에 대입하면 다음과 같이 수명의 불확실성이 존재할 때 개인의 소비 오일러 방정식이 도출된다.

식 5.13 $$\frac{\dot{C}(s)}{C(s)}=\sigma(C(s))[r(s)-\rho-\beta(s)]$$

2 이는 이산시간 모형에서의 라그랑지 승수에 상응한다.

여기서 $\sigma(C(s))$는 시점 간 대체 탄력성(intertemporal substitution elasticity)을 나타내며 다음과 같다.

식 5.14 $$\sigma(C(s)) = -\frac{U'(C(s))}{C(s)U''(C(s))} > 0$$

또한 $\beta(s)$는 시점 s에 사망할 확률로 사망력(force of mortality) 또는 위험률(hazard rate)이라고도 불리며, 다음과 같이 표현된다.

식 5.15 $$\beta(s) = \frac{f(s)}{[1-F(s)]}$$

[식 5.13]을 살펴보면 소비 오일러 방정식에서 사망력이 음(−)의 부호를 가지고 있는데, 이로 인해 소비의 최적 성장률이 시간에 따라 감소한다. 이는 Yarri 모형의 첫 번째 결과로 사망시점의 불확설성으로 인해 개인이 미래 소비의 효용에 더 높은 할인율을 적용한다는 것을 의미한다. 주관적 할인율(subjective discount rate)은 수명이 확정적인 경우 ρ이었으나, 여기서는 $\rho+\beta(s)$가 된다. [식 5.13]은 시점 간 대체 탄력성이 작거나 이자율 갭(interest gap), $r(s)-\rho-\beta(s)$가 작은 경우 소비의 최적 성장률이 낮아짐을 보여준다. 이때 $r(s)$는 소비를 지연시킬 때 발생하는 이자로 인한 한계편익(marginal benefit)을 나타내고, $\rho+\beta(s)$는 한계비용(marginal cost)을 나타낸다.

Yaari는 수명의 불확실성을 보험회사로부터 생명연금(life annuity)을 구입하여 헤지(hedge)할 수 있음을 지적하였다. 생명연금은 계약자가 살아 있는 동안 일정한 금액을 지급하고 사망하면 지급을 중단하는 보험계약이다.

Yaari 모형에서 생명연금은 거래가 가능하여 구입하고 판매될 수 있다고 가정한다. 생명연금에는 불확설성이 존재하므로 생명연금의 수익률 $r^A(s)$는 무위험이자율 $r(s)$를 초과해야 한다. 만일 어떤 개인이 생명연금을 판매한다면 그는 생명보험 결합 대출(life-insured loan)을 받는 것과 같다. 즉, 이 개인은 시장이자율보다 높은 비율로 이자를 부담하지만 자신이 사망할 경우 지급의무가 사라진다.

생명연금의 수익률 $r^A(s)$는 계리적 공정성의 원칙(principle of actuarial fairness)을 적용하여 결정된다. 시점 s에 생명연금 1단위를 구입하여 $s+ds$까지 보유한 경우를 가정해 보자. $s+ds$까지 생존한다면(그 확률은 $1-F(s+ds)$이다) $r^A(s)$의 이자를 받지만 시점 s와 $s+ds$ 사이에 사망한다면 이자를 받지 못하게 된다.

계리적 공정성(actuarial fairness)은 다음을 의미한다.

식 5.16

$$\lim_{ds\to 0}(1+r^A(s)ds)\left[\frac{1-F(s+ds)}{1-F(s)}\right]=\lim_{ds\to 0}(1+r(s)ds)$$

좌변은 생명연금에 대한 기대 수익을 나타내는데 차익거래(arbitrage)가 없는 경우 이는 다른 투자대안의 수익률, 즉 시장 이자율과 같아져야 한다. 좌변의 [ ] 부분은 1보다 작은데, 생명연금 구입자가 시점 s와 $s+ds$ 사이에 사망할 수 있다는 것을 의미한다.

[식 5.16]은 다음과 같이 정리할 수 있다.

식 5.17

$$\begin{aligned}r^A(s)&=\lim_{ds\to 0}\left[\frac{1-F(s)}{1-F(s+ds)}\right]r(s)+\lim_{ds\to 0}\left[\frac{(F(s+ds)-F(s))/ds}{1-F(s+ds)}\right]\\&=r(s)+\beta(s)\end{aligned}$$

이는 생명연금의 수익률이 무위험이자율에 비해 사망력만큼 더 크다는 것을 나타낸다. 생명연금 수급자가 사망할 경우 생명연금 제공자에게 사망이익(mortality profit)이 발생하고 이는 다른 생존자에게 돌아간다. 시점 s의 사망이익은 위험률 $\beta(s)$와 동일하다.

연령이 수명상한에 가까워지면($s\to\overline{D}$) 사망력이 무한대에 가까워지므로($\beta(s)\to\infty$) 생명연금의 수익률 또한 무한대에 가까워진다($r^A(s)\to\infty$). 즉, 개인의 연령이 수명상한에 가까워짐에 따라 사망할 확률과 생명연금에 대한 요구 수익률이 높아진다.

Yaari는 상속동기가 없는 경우 개인의 모든 금융자산을 생명연금으로 보유하여 사망시점의 불확실성에 완전히 대비하는 것이 최적이라는 것을 보였다. 이는 사망에 이르기 전에 자산이 바닥나게 되면 효용이 매우 크게 감소하기 때문이며, 투자가능한 자산 중에서 생명연금의 수익률이 가장 높기 때문이다. 이제 개인 재부의 동태적 움직임은 다음과 같다.

식 5.18 $$\dot{A}(s) = r^A(s)A(s) + W(s) - C(s)$$

개인은 생존하는 동안 자산이 부족하지도 않고 유산을 남기지도 않으므로 [식 5.7]의 재부에 대한 제약조건은 자동적으로 충족된다.

개인의 생애 지급능력 조건(lifetime solvency condition)은 다음과 같다.

식 5.19 $$A(0) + \int_0^D e^{-\int_0^s r^A(u)du}(W(s) - C(s))ds = 0$$

이 식은 생애 소비의 현재가치(연속 할인으로 산출)는 금융자산의 초기 가치와 생애 노동소득의 현재가치(즉, 인적자본)를 초과할 수 없다는 것을 나타낸다.

개인은 지급능력 조건 [식 5.19]의 제약하에서 기대 생애효용 [식 5.3]을 극대화한다. 이에 대한 1계 조건(FOC)은 모든 재부가 생명연금화되었을 때 [식 5.17]을 이용하여 소비 오일러 방정식을 다음과 같이 나타낼 수 있다.

식 5.20 $$\begin{aligned}\frac{\dot{C}(s)}{C(s)} &= \sigma(C(s))[r^A(s) - \rho - \beta(s)] \\ &= \sigma(C(s))[r(s) - \rho]\end{aligned}$$

이는 Yaari의 두 번째 결과를 보여준다. 즉, 사망시점의 불확실성이 완전히 보험으로 커버되는 경우의 오일러 방정식(식 [5.20]의 첫째 줄)은 사망시점의 불확실성이 없는 경우의 오일러 방정식과 동일하다(식 [5.20]의 둘째 줄).

5.1.2 Blanchard의 기여

앞의 결과에 기초하여 Blanchard(1985)는 연속시간 중첩세대모형(continuous-time overlapping generations model)을 개발하였다. 그는 다음과 같이 사망확률이 지수적(exponential)이라고 가정하였다.

식 5.21 $$f(D)=\begin{cases}\beta e^{-\beta D} & \text{for } D \geqq 0 \\ 0 & \text{for } D<0\end{cases}$$

이는 다음을 의미한다.

식 5.22 $$[1-F(s)]=\int_{s}^{\infty} f(D)dD=\frac{f(s)}{\beta}$$

식 5.23 $$\beta(s)=\frac{f(s)}{[1-F(s)]}=\beta$$

Blanchard 모형에서 위험률은 상수이고 개인의 연령과 독립적이며, 기대 잔여 수명(expected remaining lifetime)은 개인의 연령과 상관없이 언제나 $1/\beta$이다(Blanchard 모형을 영구청년모형(model of perpetual youth)라고 부르기도 한다). 반면 Yaari의 모형에서는 보다 현실적으로 위험률이 연령에 의존한다고 가정한다. 이러한 단순한 가정으로 Blanchard 모형에서는 여러 개인을 총합하여 분석하기 편리하다는 장점이 있다.

5.1.3 개인

로그효용함수(시점 간 대체 탄력성 = 1)를 갖는 개인이 시점 v에 태어나 시점 t에 생존해 있다고 하자. 이 개인의 잔여생애 기대효용(expected remaining lifetime utility)은 다음과 같다.

식 5.24 $$E\Lambda(v,\ t)=\int_t^{\infty}[1-F(s-t)]\ln C(v,\ s)e^{-\rho(s-t)}ds$$
$$=\int_t^{\infty}\ln C(v,\ s)e^{-(\rho+\beta)(s-t)}ds$$

여기서 $C(v,\ s)$는 시점 v에 태어난 개인이 시점 s에 소비하기로 계획한 소비량을 말한다.

Yaari 모형에서와 마찬가지로 노동공급은 비탄력적이라고 가정한다.

개인 재부의 동태적 움직임은 다음과 같다.

식 5.25 $$\dot{A}(v,\ s)=[r(s)+\beta]A(v,\ s)+W(s)-T(s)-C(v,\ s)$$

여기서 $T(s)$는 정부가 징수하는 정액세를 말한다. 개인의 재부는 모두 보험회사로부터 구매한 생명연금으로 구성된다. 개인은 생존하는 동안 보험회사로부터 $[r(s)+\beta]A(v,\ s)$를 수취하고, 사망 시 잔여자산 $A(v,\ D)$는 보험회사로 귀속된다.

개인의 지급능력 제약조건은 다음과 같이 된다.

식 5.26 $$\lim_{s\to\infty}e^{-R^A(t,\ s)}A(v,\ s)=0$$

여기서 시점 t와 s 사이의 할인할증 요소는 다음과 같다.

식 5.27 $$R^A(t,\ s)=\int_t^s[r(u)+\beta]du$$

[식 5.25]와 [식 5.26]을 결합하면 개인의 생애 예산제약이 다음과 같이 도출된다.

식 5.28 $$A(v,\ t)+\overline{W}(t)=\int_t^{\infty}C(v,\ s)e^{-R^A(t,\ s)}ds$$

여기서 $\overline{W}(t)$는 인적자본을 나타내는데, 이는 세후 노동소득을 생명연금 요소로 할인한 현재가치로 정의된다.

식 5.29 $$\overline{W}(t)=\int_t^{\infty}[W(s)-T(s)]e^{-R^A(t,\ s)}ds$$

Yaari 생애 예산제약 [식 5.19]의 Blanchard 버전이 [식 5.28]이다. 이는 할인된 생애소비가 개인의 인적자본과 금융자본 합계를 초과할 수 없다는 것을 나타낸다.

개인은 생애 예산제약 [식 5.28] 하에서 생애 기대효용 [식 5.24]를 극대화한다. 1계 조건(FOC)은 [식 5.28]과 다음이 된다.

식 5.30 $$\left(\frac{1}{C(v,\ s)}\right)e^{-(\rho+\beta)(s-t)}=\lambda(t)e^{-R^A(t,\ s)} \qquad \forall s\in[t,\ \infty)$$

여기서 $1/C(v,\ s)$는 로그효용함수인 경우 시점 s 소비의 한계효용을 나타내고, $\lambda(t)$는 생애 예산제약 [식 5.28]에 대한 공동상태변수로 생애 재부의 한계효용을 측정한다. [식 5.30]을 s에 대해 미분하면 다음과 같이 개인의 소비 오일러 방정식이 도출된다. 이때 로그효용함수의 경우 $\sigma(C(s))=1$임이 적용되었다.

식 5.31 $$\frac{\dot{C}(v,\ s)}{C(v,\ s)}=r(s)-\rho$$

[식 5.30]은 할인된 소비의 한계효용과 생애 재부의 한계효용이 같아지도록 소비 의사결정이 이루어진다는 것을 보여준다. $s=t$인 경우에는 다음과 같다.

식 5.32 $$C(v,\ t)=\frac{1}{\lambda(t)}$$

[식 5.32]와 [식 5.28]을 [식 5.30]에 대입하여 최적 소비가 총 재부에 비례한다는 것을 보일 수 있다.

식 5.33 $$\int_t^{\infty} C(v,\ t)e^{-(\rho+\beta)(s-t)}ds = \int_t^{\infty} C(v,\ s)e^{-R^A(t,\ s)}ds$$

양변을 적분하고 [식 5.28]을 적용하면 다음과 같다.

식 5.34 $$\left(\frac{C(v,\ t)}{\rho+\beta}\right)\left[-e^{-(\rho+\beta)(s-t)}\right]_t^{\infty} = A(v,\ t) + \overline{W}(t)$$

이는 다음을 의미한다.

식 5.35 $$C(v,\ t) = (\rho+\beta)[A(v,\ t) + \overline{W}(t)]$$

$s=t$일 때 최적소비는 총 재부에 비례한다. 총 재부로부터의 한계소비성향(marginal propensity to consumption)은 수명이 불확실한 경우의 유효 시간선호율(effective rate of time preference) $\rho+\beta$와 같다.

5.1.4 총소비

총소비는 생존한 모든 개인의 소비를 총합하여 구할 수 있다. Blanchard 모형은 새로운 세대가 매 순간 $H(s,\ s)=\beta H(s)$의 크기로 태어난다고 가정한다. 여기서 $H(s)$는 시점 s의 총인구를 나타낸다. 이 모형에서는 상속이 존재하지 않으므로 신생세대는 금융 재부가 0인 상태 $A(s,\ s)=0$에서 출발한다. 또한 매 순간 인구의 일정비율이 β의 확률로 사망하여 총 $\beta H(s)$가 사망한다. 매 순간 출생과 사망이 정확히 일치하여 총인구가 항상 일정하다고 가정하고, 분석을 단순하게 하기 위해 인구 크기를 1로 정규화하자(즉, $H(s)=1$). 시점 v에 태어난 집단은 시점 $t(>v)$에 $\beta e^{\beta(v-t)}$가 된다. 이는 시간구간 $[v,\ t]$ 동안에 이 집단에서 $\beta(1-e^{\beta(v-t)})$에 해당되는 구성원이 사망하기 때문이다. 후에 Buiter(1998)는 출산율과 사망률이 달라질 수 있도록 하여 인구가 증가하거나 감소할 수 있도록 모형을 일반화하였다.

시점 t에 각 세대의 크기를 알고 있으므로, [식 5.35]를 이용하여 모든 세대를 총합한 총소비를 다음과 같이 도출할 수 있다.

식 5.36
$$\begin{aligned} C(t) &= \beta \int_{-\infty}^{t} e^{\beta(v-t)} C(v,\ t)dv \\ &= \beta \int_{-\infty}^{t} e^{\beta(v-t)} (\rho+\beta)[A(v,\ t)+\overline{W}(t)]dv \\ &= (\rho+\beta)\left[\beta \int_{-\infty}^{t} e^{\beta(v-t)} A(v,\ t)dv + \beta \int_{-\infty}^{t} e^{\beta(v-t)} \overline{W}(t)dv\right] \\ &= (\rho+\beta)[A(t)+\overline{W}(t)] \end{aligned}$$

여기서 $A(t)$와 $\overline{W}(t)$는 이제 각각 총 금융자본과 총 인적자본을 나타낸다. 이 경우 총소비가 개인 소비함수와 정확히 동일한 모양을 갖는데, 이는 각 개인이 연령에 상관없이 매 순간 동일한 위험률에 직면하기 때문이며, 이로 인해 총 재부로부터의 한계 소비성향이 세대에 의존하지 않게 된다.

총 금융자산(aggregate financial assets)은 다음과 같다.

식 5.37
$$A(t) = \beta \int_{-\infty}^{t} e^{\beta(v-t)} A(v,\ t)dv$$

금융자산이 축적되는 동태적 움직임은 다음과 같다(Leibnitz의 법칙 적용).

식 5.38
$$\dot{A}(t) = \beta A(t,\ t) - \beta A(t) + \beta \int_{-\infty}^{t} e^{\beta(v-t)} \dot{A}(v,\ t)dv$$

여기서 우변의 첫 번째 항은 새로 태어난 세대의 자산 $A(t,\ t)=0$을 나타내고, 두 번째 항은 사망자의 자산을 나타내며, 세 번째 항은 기존 생존 개인의 자산가치 변화를 나타낸다.

박스 5.1 적분기호가 있는 경우 미분에 대한 Leibnitz의 법칙

$x \in [a, b]$이고 $y \in [l, u]$일 때 다음과 같다고 하자.

$$f(x) = \int_{l(x)}^{u(x)} g(x, y) dy$$

이를 미분하면 다음과 같다.

$$\frac{df(x)}{dx} = \int_{l(x)}^{u(x)} \frac{\delta g(x, y)}{dx} dy + g(x, u(x)) \frac{du(x)}{dx} - g(x, l(x)) \frac{dl(x)}{dx}$$

[식 5.25]를 [식 5.38]에 대입하면 다음과 같이 경제의 총 재부 축적 방정식(aggregate wealth accumulation equation)이 도출된다.

식 5.39
$$\begin{aligned}\dot{A}(t) &= -\beta A(t) + \beta \int_{-\infty}^{t} e^{\beta(v-t)} \Big[[r(t) + \beta] A(v, t) + W(t) \\ &\qquad - T(t) - C(v, t) \Big] dv \\ &= -\beta A(t) + [r(t) + \beta] A(t) + W(t) - T(t) - C(t) \\ &= r(t) A(t) + W(t) - T(t) - C(t)\end{aligned}$$

[식 5.25]는 개인의 재부는 계리적 이자율(actuarial rate of interest) $r(t) + \beta$로 성장한다는 것을 보여주지만, [식 5.39]는 경제 전체로서는 경제 전반 이자율 $r(t)$로 총 재부가 성장한다는 것을 보여준다. 이는 $\beta A(t)$가 사망한 개인으로부터 생존한 개인으로 이전될 뿐 경제 전체적으로는 재부의 축적으로 볼 수 없기 때문이다.

[식 5.36]의 첫줄을 미분하면 총소비의 동태적 움직임이 다음과 같이 표현된다.

식 5.40
$$\dot{C}(t) = \beta C(t, t) - \beta C(t) + \beta \int_{-\infty}^{t} e^{\beta(v-t)} \dot{C}(v, t) dv$$

이를 이용하여 다음과 같은 Blanchard 모형의 총소비 오일러 방정식이 도출된다.

식 5.41
$$\frac{\dot{C}(t)}{C(t)} = r(t) - \rho - \beta(\rho + \beta)\frac{A(t)}{C(t)} = \frac{\dot{C}(v,\ t)}{C(v,\ t)} - \beta\frac{C(t) - C(t,\ t)}{C(t)}$$

이는 다음 항목들을 [식 5.40]에 대입하고 [식 5.36]의 첫줄을 이용하여 적분항을 대체하면 도출된다.

- 새로 태어난 개인들은 출생 시 자신의 인적자본의 일정비율을 소비한다([식 5.35] 참고).

  $$C(t,\ t) = (\rho + \beta)\overline{W}(t)$$

- 총소비는 총 재부의 일정비율이다([식 5.36] 참고).

  $$C(t) = (\rho + \beta)[A(t) + \overline{W}(t)]$$

- 개인 소비 증가율은 모든 $s(\in[t,\ \infty])$에 대해 다음을 만족한다([식 5.31] 참고)

  $$\dot{C}(v,\ s) = (r(s) - \rho)C(v,\ s)$$

[식 5.41]은 총소비 오일러 방정식이 개인의 소비 오일러 방정식과 세대전환을 반영한 조정분의 합산이라는 것을 보여준다. 부유한 노년 세대는 젊은 세대보다 더 많이 소비하지만 모든 세대가 같은 이자율에 직면하기 때문에 최적 소비의 증가율은 동일하다. 총소비 증가는 개인 소비 증가를 하회하는데, 이는 기존 세대를 대체하는 새로 태어난 세대가 재부를 보유하고 있지 않아 그들의 소비 $C(t,\ \ t)$가 [식 5.41]의 평균 소비 $C(t)$보다 적기 때문이다.

5.1.5 기업

기업(firms)은 완전경쟁시장에서 다음의 생산함수 하에서 동일한 상품(identical goods)을 생산한다.

식 5.42 $Y(t)=F(K(t),\ L(t))$

대표적 기업의 시장가치는 미래 이윤의 현재가치와 같다.

식 5.43 $V(t)=\int_{t}^{\infty}[Y(s)-W(s)L(s)-I(s)]e^{-R(t,\ s)}ds$

여기서 $I(s)$는 총투자를 나타내고 $R(t,\ s)$는 다음과 같다.

식 5.44 $R(t,\ s)=\int_{t}^{s}r(u)du$

기업의 대체가치(replacement value)는 기업의 자본저량과 동일하다.

식 5.45 $V(t)=K(t)$

기업은 [식 5.42]의 제약하에서 [식 5.43]를 극대화하도록 노동과 자본을 선택하는데, 자본 축적에 대한 제약은 다음과 같다.

식 5.46 $\dot{K}(t)=I(t)-\delta K(t)$

이윤극대화를 위한 1계 조건은 각 요소가 한계생산만큼 보수를 받는 것으로 다음과 같다.

식 5.47 $r(t)+\delta=F_K(K(t),\ L(t))$

식 5.48 $W(t)=F_L(K(t),\ L(t))$

여기서 F_K는 자본의 한계생산을, F_L은 노동의 한계생산을 나타낸다.

5.1.6 정부와 시장균형

정부의 예산 항등식(budget identity)은 다음과 같다.

식 5.49 $\dot{B}(t) = r(t)B(t) + G(t) - T(t)$

이는 정부가 재화와 서비스에 $G(t)$를 사용하고 개인으로부터 정액세, $T(t)$를 징수한다는 것을 보여준다. 여기서 $r(t)B(t)$는 정부부채 $B(t)$에 대한 이자이다.

정부의 장기적 지급능력(solvency) 조건은 다음과 같다.

식 5.50 $\lim_{s \to \infty} e^{-R^A(t,\, s)} B(s) = 0$

이는 장기적으로 정부부채가 이자율보다 빠르게 증가할 수 없다는 것을 나타낸다.

[식 5.49]와 [식 5.50]을 이용하면 정부의 예산제약을 다음과 같이 도출할 수 있다.

식 5.51 $B(t) = \int_t^{\infty} [T(s) - G(s)] e^{-R(t,\, s)} ds$

이는 현재 정부부채가 미래 기초재정 흑자(primary surplus)를 통해 상환되어야 함을 의미한다. 즉, 정부는 정부부채 상환을 위해 재화와 서비스에 대한 지출보다 더 많은 세금을 징수해야 한다.

Blanchard 모형에서 재화시장과 요소시장은 즉시 청산된다. 재화시장 균형을 위해 재화의 공급은 총수요(민간소비 정부소비 및 투자의 합계)와 일치해야 한다.

식 5.52 $Y(t) = C(t) + I(t) + G(t)$

금융시장 균형을 위해서는 금융자산은 자본이나 정부채권으로 남김없이 배분되어야 한다.

식 5.53 $A(t)=K(t)+B(t)$

노동시장에서는 임금 유연성이 개인 노동공급의 총합과 노동수요를 일치시키는 역할을 한다.

식 5.54 $L(t)=1$

Blanchard – Yaari 모형은 다음 미분방정식[3]과 균형조건으로 구성되어 있다.

식 5.55 $\dot{C}(t)=[r(t)-\rho]C(t)-\beta(\rho+\beta)[K(t)+B(t)]$

식 5.56 $\dot{K}(t)=F(K(t),\ L(t))-C(t)-G(t)-\delta K(t)$

식 5.57 $\dot{B}(t)=r(t)B(t)+G(t)-T(t)$

식 5.58 $r(t)+\delta=F_K(K(t),\ L(t))$

식 5.59 $W(t)=F_L(K(t),\ L(t))$

식 5.60 $L(t)=1$

---

3 미분방정식(differential equation)이란 연속적 시간에서 변수의 동태적 움직임을 설명하기 위한 동태모형으로 통제변수(control variable), 정책변수(policy variable), 상태변수의 과거역사, 파라미터 값 등의 함수이다.

5.1.7 상태도

[그림 5.1]은 $B(t)=G(t)=T(t)=0$의 단순화 가정하에서 Blanchard-Yaari 모형을 $[C(t), K(t)]$ 평면에 나타낸 상태도(phase diagram)[4]다.

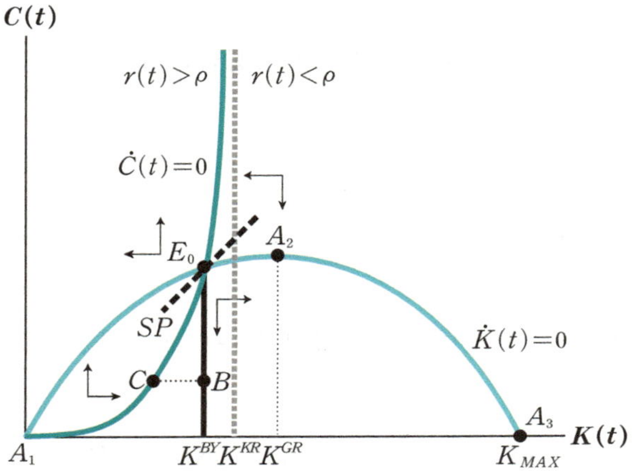

출처 : Heijdra와 van der Ploeg, 2002.

[그림 5.1] Blanchard-Yaari 모형의 상태도

$\dot{K}(t)=0$ 궤적은 $[C(t), K(t)]$ 평면상에서 자본저량이 균형([식 5.56] 참고)을 이루고 순투자가 0인 점들에 해당된다. $K(t)=0$이면 $Y(t)=0$이며, 따라서 $C(t)=0$이다. 그러므로 $\dot{K}(t)=0$ 궤적은 원점을 통과한다. 이때 $K(t)\rightarrow 0$이면 $F_K(K(t), L(t))\rightarrow\infty$이므로 $\dot{K}(t)=0$ 궤적은 수직이다. 소비가 최대화되는 황금률 소비(golden rule consumption)는 $\dot{K}(t)=0$ 궤적이 정점에 이르는 A_2에서 달성된다.

식 5.61 $$\left.\frac{dC(t)}{dK(t)}\right|_{\dot{K}(t)=0}=0 \quad\Rightarrow\quad F_K(K^{GR}, 1)=\delta$$

4 동태모형에 대한 상태도는 통제변수와 상태변수의 균형 위치를 보여주는 도표이다.

모든 산출물이 대체투자에 사용되고 소비가 0이면 A_3에서 도달가능 최대 자본저량이 달성된다.

식 5.62 $$\frac{F(K_{\text{MAX}},\ 1)}{K_{\text{MAX}}}=\delta$$

$\dot{K}(t)=0$ 궤적의 윗 부분에서는 자본저량이 일정할 때 소비가 너무 커서 음(−)의 투자가 일어나고 자본저량이 감소하게 된다. 이러한 힘이 왼쪽을 향하는 수평 화살표로 표시되어 있다. $\dot{K}(t)=0$ 궤적의 아래에서는 반대의 힘이 작용하는데, 이는 오른쪽을 향하는 수평화살표로 표시되어 있다.

$\dot{C}(t)=0$ 궤적은 $[C(t),\ K(t)]$ 평면상에서 총소비가 시간에 걸쳐 일정([식 5.55] 참고)한 점들에 해당된다. $\beta>0$이고 $(r(t)-\rho)>0$이라면, 이 궤적은 원점을 통과하는 우상향의 모양을 갖는다. 이는 [식 5.41] 첫 번째 줄에서 확인할 수 있는데, $B(t)=0$이므로 $A(t)=K(t)$를 적용한 것이다.

식 5.63 $$C(t)=\frac{\beta(\rho+\beta)}{r(t)-\rho}K(t)$$

$K(t)$가 증가함에 따라 $r(t)$가 감소하고 $\dot{C}(t)=0$ 궤적은 이자율과 시간선호율이 같아지는 자본저량 수준에서 수직이 된다.

식 5.64 $$\left.\frac{dC(t)}{dK(t)}\right|_{\dot{K}(t)=0}=\infty\ \Rightarrow\ r^{KR}=F_K(K^{KR},\ 1)-\delta=\rho$$

이에 해당되는 자본저량 수준을 Keynes – Ramsey 자본저량(K^{KR})이라고 하며 [식 5.34]를 수정 황금률(modified golden rule)이라고 한다.

$F_K(K^{KR},\ 1)=\rho+\delta>\delta=F_K(K^{GR},\ 1)$이고 자본의 한계수확이 체감($F_{KK}<0$)하므로 $K^{KR}<K^{GR}$이 된다. [그림 5.1]의 수직 점선의 오른쪽에서는 자본이 상대적으로 풍부하고 이자율이 시간선호율보다 낮다. 수직 점선의 왼쪽에서는 자본이 상대적으로 희소하고 이자율이 시간선호율보다 높다.

$\dot{C}(t)=0$ 궤적의 위 영역과 아래 영역에서의 동태적 움직임은 세대 간 재분배 효과(intergenerational-redistributional effect)와 자본의 희소성 효과(capital scarcity effect)에 의해 달라진다. $\dot{C}(t)=0$ 궤적이 K^{BY}점에서 출발하는 수직선과 만나는 점인 E_0에서 $\dot{C}(t)=0$이 된다. 점 E_0와 점 B에서는 자본저량 수준이 같으므로 이자율도 동일하다. [식 5.41]의 둘째 줄에서 두 점에서의 개인 소비 증가율(새로 태어난 세대 포함)은 $\dot{C}(v,\ t)/C(v,\ t)=r(t)-\rho$로 동일하다. 그러나 소비 $C(t)$는 B에서 E_0에 비해 더 낮다. 이로 인해 평균 소비와 새로 태어난 세대의 소비 사이의 차이의 비율 $[C(t)-C(t,\ t)]/C(t)$는 더 높아지는데, 이는 총소비의 변화가 더 낮아진다는 것을 의미한다([식 5.41] 둘째 줄 참고).

식 5.65
$$\dot{C}(t)|_B=([\dot{C}(v,\ t)C(t)/C(v,\ t)]-\beta[C(t)-C(t,\ t)])$$
$$<\dot{C}(t)|_{E_0}=0$$

$\dot{C}(t)=0$이 달성되기 위해서는 자본저량이 점 C까지 하락해야 한다. 자본저량이 적어지면 두 가지 영향이 있다. 첫째, 이자율을 높여서 개인의 소비 증가율을 높인다([식 5.41]의 둘째 줄 참고). 둘째, 평균 재부(사망하는 세대의 재부)와 새로 태어난 세대의 재부 사이의 차이를 줄여준다. 따라서 자본 희소성 효과는 소비 증가율이 확대되도록 하고 $\dot{C}(t)=0$ 궤적의 아래 영역에서는 [식 5.65]의 세대 간 재분배 효과가 자본 희소성 효과를 지배하여 시간의 흐름에 따라 소비가 감소한다. 이는 아래쪽 방향 화살표로 표시되어 있다. $C(t)=0$ 궤적의 위쪽 영역에서는 반대상황이 되는데, 이는 위쪽 방향 화살표로 표시되어 있다.

정상 상태 균형은 [그림 5.1]에서 $\dot{K}(t)=0$ 궤적과 $\dot{C}(t)=0$ 궤적이 교차하는 점 E_0에서 달성된다. 이 점은 유일한 균형으로 안장점(saddle-point)[5]이다. 안장경로(saddle path)[6]는 선 SP로 나타나 있다. 이는 경제가 균형이 아닌 점에서 출발하

5 안장점은 말안장처럼 한쪽 방향에서는 극대점([그림 5.1]에서 북서-남동 방향)이면서 직각 방향에서는 극소점([그림 5.1]에서 북동-남서 방향)이 되는 특성을 갖는다.

6 안장경로는 균형이 아닌 지점에서 경제가 출발할 때 균형에 도달할 수 있는 경로를 보여준다.

여 균형에 이를 수 있는 두 가지 경로를 나타내는데, 그 경로는 각각 ↑→와 ←↓로 표시된 영역에 존재한다. 만일 경제가 다른 지점에서 출발한다면, 시간이 흐름에 따라 균형에서 점점 더 멀어지게 된다. 수명의 불확실성으로 인해 정상 상태에서의 자본저량 수준과 총소비 수준이 황금률 수준에 비해 낮아진다는 점에 주목하라(E_0과 A_2 비교). 결국 Yaari의 두 번째 결과에 따라 모든 재부가 생명연금화 된다면 수명에 불확실성이 있든 없든 소비의 최적 증가율은 동일하지만 자본저량과 총소비는 황금률 수준에 비해 낮아지는 것이다.

5.2 내생적 노동공급과 정년퇴직하에서의 Blanchard-Yaari 중첩세대모형과 부과방식 연금제도

경제가 최초에 정상 상태 균형 E_0에 있고 정부부채, 정부지출, 그리고 세금이 모두 없다고 하자($\dot{B}(t)=B(t)=G(t)=T(t)=0$). 덧붙여 정부가 정년퇴직 제도와 부과방식 연금제도를 도입한다고 하자. 부과방식 연금제도는 근로자에게 정액세 $T(t)$를 부과하여 은퇴자에게 $P(t)$를 지급하는 구조이다. 이 연금제도하에서 정부의 예산제약은 다음과 같다.

식 5.66 $$\dot{B}(t)=P(t)-T(t)=0$$

개인은 생후 κ년 후에 은퇴한다고 하자. 그러면 자산 축적식 [식 5.25]는 다음과 같이 주어진다.

식 5.67

$$\dot{A}(v,\ s)=[r(s)+\beta]A(v,\ s)+W(s)-T(s)-C(v,\ s) \quad \text{if } (s-v)\leqq\kappa$$
$$\dot{A}(v,\ s)=[r(s)+\beta]A(v,\ s)+P(s)-C(v,\ s) \quad \text{if } (s-v)>\kappa$$

[식 5.29]의 인적자본은 세대에 따라 달라지도록 다음과 같이 변형되어야 한다.

식 5.68

$$\overline{W}(v,\ t)=\begin{cases}\displaystyle\int_t^{v+\kappa}[W(s)-T(s)]e^{-R^A(t,\ s)}ds & \text{if } t<v+\kappa \\ \displaystyle\int_t^{\infty}P(s)e^{-R^A(t,\ s)}ds & \text{if } t\geqq v+\kappa\end{cases}$$

[식 5.34], [식 5.35], 그리고 [식 5.36]의 둘째 줄도 $\overline{W}(t)$ 대신 [식 5.68]을 반영하여 수정되어야 한다. [식 5.68]에서 부과방식 연금은 과거 세금으로부터 조달되는 이연된 임금으로 취급되어 인적자본의 일부분으로 포함되었다.

이 정책은 궁극적으로 세대 간 재분배 효과를 갖는데, 효과의 크기는 부과방식 연금제도가 임금대비 얼마나 연금을 후하게 지급하는지에 따라 달라진다.

만일 $P(t)=W(t)$라면, 제도 시행으로 갑자기 은퇴하는 세대의 경우 인적자본에 변화가 없으나 세금부과로 인해 청년세대의 인적자본은 감소한다([식 5.29] 참고). 로그효용함수를 가정할 때, 은퇴자의 소비 패턴에는 변화가 없겠지만 청년세대의 소비는 감소할 것이라는 것을 [식 5.35]로부터 알 수 있다. 따라서 총소비는 하락할 것이다.

[식 5.55]와 [식 5.56]을 살펴보면, $\dot{C}(t)=0$ 궤적과 $\dot{K}(t)=0$ 궤적 모두 하방으로 이동하여 같은 자본저량 수준에 대응되는 소비가 감소하게 된다. 이러한 변화가 [그림 5.2]에 나타나 있다. 자본저량의 조정에는 시간이 걸리므로 경제는 $(\dot{C}(t)=0)_0$과 $(\dot{K}(t)=0)_0$이 교차하는 최초의 균형 E_0 궤적으로부터 새로운 안장경로 SP_1 상의 점 A로 점프하게 된다. 그 후 경제는 서서히 조정되어 $(\dot{C}(t)=0)_1$과 $(\dot{K}(t)=0)_1$이 교차하는 새로운 균형 E_1로 움직인다.

이 경우 총소비와 물적자본저량은 과거보다 작아진다. 그러나 $\dot{C}(t)=0$ 궤적이 $\dot{K}(t)=0$ 궤적보다 더 많이 하방으로 이동한다면 새로운 균형에서 자본저량이 더 커질 수 있다.

어떤 경우든 소비는 분명히 감소한다. 부과방식 연금제도를 도입하는 즉시 E_0에서 A로 하락하고, 그 후 A에서 E_1으로 점진적으로 하락한다. 이는 점점 더 많

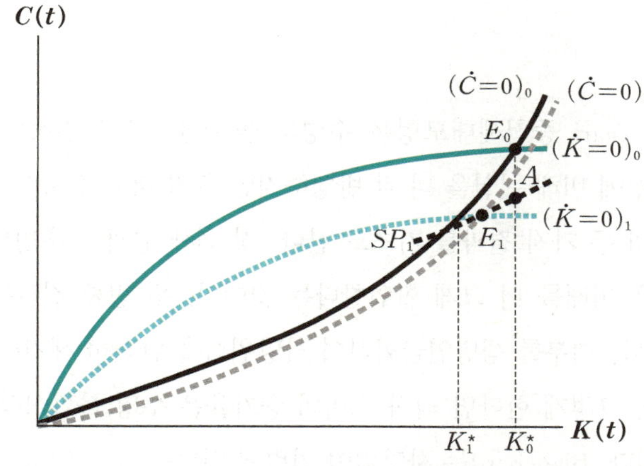

[그림 5.2] Blanchard–Yaari 중첩세대모형에서의 정년퇴직과 부과방식 연금제도

은 은퇴자가 사망함에 따라 총소비 중 더 많은 부분이 인적자본 수준이 낮은 청년세대에 귀속되기 때문이다. 더욱이 근로세대는 현재와 미래 세금부담을 시장이자율 $r(t)$가 아니라 생명연금율(annuity rate) $r(t)+\beta$로 할인한다. 이는 이들 근로자는 세금 부담을 온전하게 모두 체감하지 않기 때문에 소비를 충분히 감축시키기 않는다는 것을 의미한다. 이는 A에서 민간투자 구축(crowd out)과 자본저량 감소로 이어진다($\dot{K}(t)<0$). 결국 노동의 한계생산이 감소하고 자본의 한계생산이 증가하며, 세전 임금이 하락하고 이자율이 상승한다. 이로 인해 경제가 A에서 E_1으로 이동함에 따라 인적자본은 더욱 감소하게 된다.

만일 부과방식 연금제도에서 지급되는 연금이 덜 후하여 $P(t)<W(t)$가 된다면, 모든 세대의 인적자본이 감소하게 되어 앞의 경우와 유사하게 총소비가 감소한다(자본저량에 대한 영향은 여전이 불명확). 이 모형에서 연금제도가 매우 후하여 $P(t)>W(t)$가 되더라도 유사한 결과가 도출된다. 이는 정년퇴직 적용으로 인해 총인적자본이 삭감되고 모든 세대의 총재부에 대한 한계소비성향이 동일하므로 부과방식 연금제도로 인해 청년세대로부터 노년세대로의 소득이전이 있더라도 총소비를 증가시키지 않기 때문이다.

5.3 결론

Blanchard－Yaari 중첩세대모형은 수명의 불확실성을 도입하여 Diamond－Samuelson 모형에 비해 현실을 더 잘 반영하지만 훨씬 더 복잡하다. 이 모형은 원래 Yaari 모형의 두 가지 결과를 기초로 한다. 첫 번째 결과는 수명의 불확실성이 있을 때 개인은 미래를 더 크게 할인한다는 것이다. 두 번째 결과는 상속동기가 없는 개인은 모든 재부를 생명연금화하여 사망위험을 완전히 헤지하는 것이 최적이라는 것이다. 그렇게 한다면 최적 소비의 증가율은 수명 불확실성이 없는 경우와 동일하게 된다. Blanchard는 사망력이 연령에 영향을 받지 않고 일정하다고 가정하여 수명의 불확실성을 모형에 반영하였다. 모형의 결과물로 최적 총소비와 자본저량의 동태적 움직임을 설명하는 한 쌍의 미분방정식이 도출된다. 모형의 균형은 유일하고 안장점의 안정성을 갖는다.

Blanchard－Yaari 모형을 이용하여 청년세대에 대한 정액세로 조달되는 부과방식 연금제도와 정년퇴직의 도입 영향을 분석할 수 있다. 부과방식 연금제도의 연금지급액이 크든 작든 정액세 부과와 정년퇴직 실시는 청년세대의 인적자본을 감소시키고 총소비를 감소시킨다.

연 / 습 / 문 / 제

01 기대효용가설을 설명하라.

02 수명이 불확실하면 어떤 요인이 추가적으로 고려되어야 하는가?

03 수명이 불확실하면 소비 오일러 방정식이 어떻게 달라지는가?

04 사망력(force of mortality)이란 무엇인가?

05 Yaari의 첫 번째 결과는 무엇인가?

06 생명연금이란 무엇인가?

07 사망이익(mortality profit)이란 무엇인가?

08 상속동기가 없는 경우 왜 모든 재부를 생명연금화하는 것이 최적인가?

09 Yaari의 두 번째 결과는 무엇인가?

10 영속청춘 모형(model of perpetual youth)을 설명하라.

11 Blanchard-Yaari 모형에서 각 세대는 어떻게 최적 소비를 결정하는가?

12 Blanchard-Yaari 모형에서 유효 시간선호율(effective rate of time preference)은 무엇인가?

13 Blanchard-Yaari 모형에서 최적 총소비는 어떻게 결정되는가?

14 Blanchard–Yaari 모형의 상태도에서 $\dot{K}(t)=0$ 궤적의 모양을 설명하라.

15 Blanchard–Yaari 모형의 상태도에서 $\dot{C}(t)=0$ 궤적의 모양을 설명하라.

16 Blanchard–Yaari 모형의 균형이 어떻게 유일성과 안장점 안정성을 갖는지 설명하라.

17 정부가 정년퇴직 제도와 정액세로 조달되는 부과방식 연금제도를 도입하면 Blanchard–Yaari 모형이 어떻게 되는가?

18 연금제도의 후한 정도에 따라 위 질문에 대한 답이 어떻게 달라지는가?

참 / 고 / 문 / 헌

Blanchard, O. (1985) Debts, deficits and finite horizons, *Journal of Political Economy*, **93**, 223 – 247.

Buiter, W. (1988) Death, productivity growth and debt neutrality, *Economic Journal*, **98**, 279 – 293.

Heijdra, B. and van der Ploeg, F. (2002) *Foundations of Modern Macroeconomics*, Oxford, University Press Oxford (ch. 16 : Intergenerational Economics I).

Yaari, M. (1965) Uncertain lifetime, life insurance and the theory of the consumer, *Review of Economic Studies*, **32**, 137 – 150.

제6장 | 연금 거시경제학 Ⅲ : 고령화의 경제학과 세대회계

06

연금 거시경제학 Ⅲ
: 고령화의 경제학과 세대회계

06

연금 거시경제학 Ⅲ

: 고령화의 경제학과 세대회계

이번 장에서는 다음의 두 가지 이슈를 다룬다. 하나는 거시경제학적 관점으로 보는 고령화의 경제학(economics of ageing)이고, 다른 하나는 각 세대별 세금부담과 연금혜택의 현재가치 차이를 분석하는 세대회계(generational accounting)이다. 이를 위해 Heijdra와 van der Ploeg(2002, ch. 17)의 접근방법을 따라 앞서 제4장에서 살펴본 Diamond-Samuelson 중첩세대모형을 이용할 것이다(Bosworth와 Burtless(1998), Disney(1996), Robinson과 Srinivasan(1997), Thompson(1998), Weil(1997) 등 참고).

6.1 고령화의 거시경제학적 효과 : 인구증가율 하락 및 부양률 증가

부양률(dependency ratio)은 한 사회 내 근로자 수에 대한 연금생활자의 비율로 정의된다. Diamond-Samuelson 중첩세대모형에서 인구성장률은 n으로 고정되어 있다고 가정했다. 시점 t에 은퇴자 수는 L_{t-1}이고 근로자 수는 $L_t=(1+n)L_{t-1}$이며, 따라서 부양률은 $1/(1+n)$이다.

[표 6.1]은 전 세계적으로, 특히 선진국에서 부양률이 상승하고 있음을 보여준다. 고령층이 차지하는 비중이 높아짐에 따라 인구의 고령화가 빠르게 진행되고

있는 것이다.

[표 6.1] 연령별 인구 비중

	1950년	1990년	2025년
글로벌			
0～19세	44.1%	41.7%	32.8%
20～65세	50.8%	52.1%	57.5%
65세 초과	5.1%	6.2%	9.7%
OECD			
0～19세	35.0%	27.2%	24.8%
20～65세	56.7%	59.9%	56.6%
65세 초과	8.3%	12.8%	18.6%
미국			
0～19세	33.9%	28.9%	26.8%
20～65세	57.9%	58.9%	56.0%
65세 초과	8.1%	12.2%	17.2%

출처 : Weil, 1997.

인구의 고령화는 출산율 하락이나 수명증가, 또는 둘 다로 인한 결과이다. 선진국에서는 이민이 없는 경우 여성 1인당 2.1명을 출산해야 인구가 안정적으로 유지된다. 출산율이 이보다 낮아지면 고령화가 시작되어 인구의 평균연령이 증가한다. 한편 수명이 증가한다면 인구는 한동안 증가하겠지만 결국 감소하게 되고 부양률이 빠르게 증가하게 된다.

수명이 계속해서 증가할 것인가, 그렇지 않을 것인가에 대해 상반되는 견해가 있는데, 이 견해들은 장수 리스크, 즉 미래 수명의 불확실성과 관련되어 있다.

Oeppen과 Vaupel(2002)는 1840년대부터 수명이 1년마다 3개월씩 직선형(linear)으로 증가해 왔으며 증가속도가 줄어들지 않고 있다고 보고하였다([그림 6.1] 참고). 다른 연구에서는 오래 산 사람들이 건강하지 못한 기간을 더 오래 보내지는 않았다는 것이 밝혀졌다. 2002년 영국 고령화에 대한 종단연구(English Longitudinal Study of Ageing ; ELSA)에서는 초고령층이 신체적 및 정신적으로 놀라울 정도로 건강하

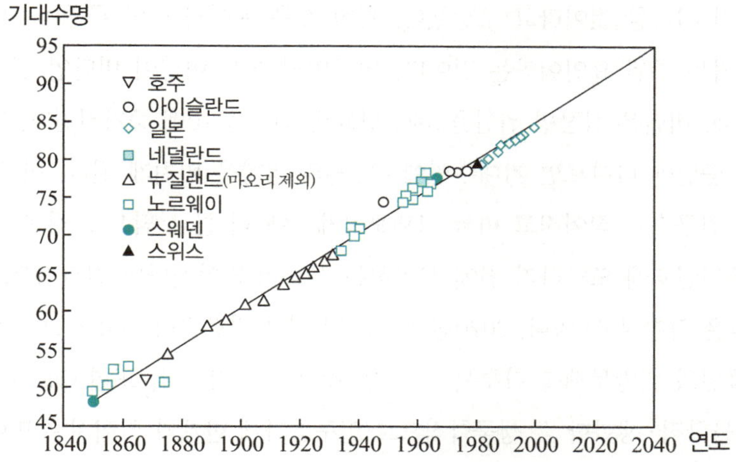

출처 : Oeppen과 Vaupel, 2002.

[그림 6.1] 1840년대 이후 수명의 선형적 개선

다는 것이 밝혀졌다. 예를 들어 80대 남성의 30%는 자신이 상당히 또는 매우 건강하다고 답했고, 80~84세 남성의 84%와 여성의 72%가 시속 1.61km 속도로 걷는 데 어려움이 없는 것으로 나타났다.

수명증가의 원인으로 태아기 및 유소년기 건강개선, 흡연율 하락, 육체적으로 힘들고 위험한 직업 감소, 교육향상, 의학발전 등을 들 수 있다. 미국에서는 1980년 이후 심장 관상동맥 질환으로 인한 사망이 40% 감소하였다. Aaron과 Schwartz (2003)는 분자생물학의 발전이 대단히 혁명적인 수명증가를 이룰 수 있을 것이라고 주장한다. 그러나 사회계층별로 수명증가 양상에 큰 차이가 있다. ELSA에서는 최상위 계층 구성원의 수명이 최하위 계층 구성원보다 5년 더 긴 것으로 나타났다. 교육을 많이 받고 소득이 많은 사람들은 교육을 적게 받고 소득이 적은 사람에 비해 신체적·정신적 장애를 15년 늦게 경험하는 것으로 나타났다. 이러한 차이는 흡연과 식생활로 일부 설명되지만 자신의 삶에 대해 통제력을 갖는다는 감정과 자신의 가치에 대한 감정도 이러한 차이의 요인이다.

Olshansky 외(1990, 2001, 2005)는 반대되는 견해를 피력하였다. 이들은 비만이 모든 연령대에서 크게 유행하여(obesity epidemic) 향후 50년 내에 미국인의 수명이 줄어들기 시작할 것이라고 주장했다. 특히 젊은 세대의 비만 급증이 기대수명을 하락시키는 주된 요인이라는 것이다. 미국인의 30% 이상이 비만인 것으로 추정되었는데, 비만은 심장병 위험을 3배, 당뇨병 위험을 10배 증가시킨다. 비만인 미국인이 중년에 다다르면 기대수명에 부(−)의 영향을 미치게 된다. 이로 인해 근로가능 인구수가 적어지고 미국 사회보장제도에 더 큰 부담으로 작용하게 된다. 한편 은퇴연령에 도달하기 전에 사망하는 사람이 많아진다면 결과적으로 연금지출 부담은 적어질 수 있다. 2020년에 이르면 미국 건강관리 지출의 20%가 50~69세 미국인의 비만문제를 다루는 데 쓰일 것으로 추정된다. 또한 Olshansky 외는 인구생물학적 · 생화학적 · 생물학적으로 인구증가에 한계가 있어서 수명이 무한정 늘어날 수는 없다고 주장한다.

청년층의 약물남용도 심각한 문제이기는 하지만 2005년 세계보건기구(World Health Organization)의 보고서에 따르면 동남아시아에서 시작된 조류독감 등과 같은 감염질환의 세계적 전파 역시 심각한 위험요인이다. 조류독감 바이러스는 현재로서는 사람 사이에 전염되기는 어려운 것으로 알려져 있으나, 사람 사이에 전염될 수 있는 바이러스로 변이된다면 빠르게 전파될 수 있다. 조류에 의해 발생하는 유행성 독감은 1세기에 3~4회 발생하는데, 이는 사람 사이에 전염되기 쉬운 변종 바이러스의 출현에 따른 것이다. 20세기에 들어 1918~1919년 유행병으로 약 5천만 명이 사망하였으며, 1957~1958년과 1968~1969년에도 피해가 덜 심각한 유행병이 발생했다. 1997년 홍콩에서 닭 150만 마리를 살처분한 것은 20세기 마지막 유행성 독감 발생을 막은 것으로 생각된다.

다양한 증거를 종합해 보면 늘어난 수명이 다시 감소하기는 어려울 것으로 보인다. 경제개발협력기구(OECD)에서 발간된 보고서에서 Martins 외(2005)는 '현재로서는 수명증가 속도가 줄어든다는 증거는 발견되지 않고 있다'고 주장하였다. 이 보고서는 여성의 수명이 최근 150년간 10년당 2.4년씩 거의 선형으로 증가하였으며 고령층 기대 여명의 증가속도가 최근 가속화되었다고 밝히고 있다([그림 6.2] 및 Economist, 2004 참고). OECD가 실시한 시뮬레이션은 단편적인 개선책으로는 고령화로 인한 성장 둔화를 효과적으로 막기 어렵다는 것을 시사한다. 그보

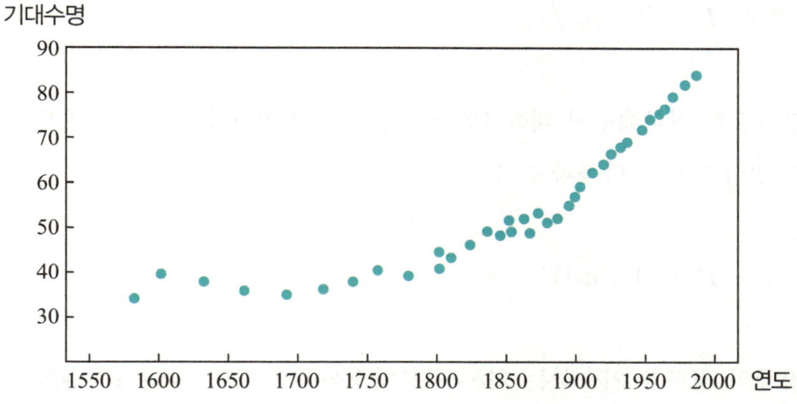

출처 : Oeppen와 Vaupel, 2002.

[그림 6.2] 1550년 이후 여성의 기대수명 추이

다는 연금개혁과 노동시장 개혁을 결합함으로써 OECD 회원국 간의 인구변화 차이 증가로 인해 소득격차가 심화되는 경향을 줄이고 성장둔화를 해결할 수 있다는 것을 시사한다.[1]

결과적으로 Oeppen와 Vaupel의 견해와 Olshansky의 견해 중 어느 것이 우세하든 인구가 고령화됨에 따라 보건비용과 장기요양 비용은 증가할 것으로 보인다 (Folland 외, 2004 ; Phelps, 2003).

6.2 인구증가율이 변동하는 Diamond-Samuelson 중첩세대 모형과 연금제도

중첩세대모형에서 인구증가율을 다음과 같이 변수로 도입하면 부양률이 상승하는 상황을 반영할 수 있다.

1 Blake와 Mayhew(2006)는 영국 연금제도가 직면하는 인구통계적 문제와 관련하여 연금제도와 노동시장 개혁방안을 검토하였다.

식 6.1 $L_t = (1+n_t)L_{t-1}$

부과방식 연금제도에 대한 1인당 부담금이 일정하다고 가정하면($T_t = T$), t시점의 연금액 P_t는 다음과 같다.

식 6.2 $P_t = (1+n_t)T$

경제의 경로를 기술하는 기본 차분방정식은 다음과 같이 표현된다([식 4.90] 참고).

식 6.3 $S(W_t,\ r_{t+1},\ n_{t+1},\ T) = (1+n_{t+1})k_{t+1}$

여기서 S는 저축, W는 세전 총생애소득, r은 이자율, k는 자본-노동 비율을 나타낸다.

인구성장률 n_{t+1}이 높으면 청년층은 장래에 연금을 많이 받게 되므로 ($P_{t+1} = (1+n_{t+1})T$) 은퇴 후에 대비하여 저축을 많이 하지 않아도 되고, 따라서 청년층의 저축은 인구성장률 n_{t+1}과 부(−)의 관계를 갖는다. 반대로 미래에 출산율이 하락할 것으로 예상되면 미래 예상 연금액과 생애소득이 줄어들게 되므로 청년층은 현재와 미래의 소비를 줄이고 저축을 늘린다.

식 6.4 $S_n \equiv \dfrac{\partial S}{\partial n_{t+1}} < 0$

[식 6.3]을 살펴보면, 좌변의 1인당 저축이 일정할 때 우변에서 n_{t+1}이 하락하면 k_{t+1}이 상승함을 알 수 있다.

요소가격을 함수형태([식 4.91] 및 [식 4.92] 참고)인 $W_t = W(k_t)$ 및 $r_{t+1} = r(k_{t+1})$로 대입하면 다음과 같이 음함수 형태의 자본저량에 대한 기본 차분방정식을 도출할 수 있다([식 4.93] 참고).

식 6.5 $k_{t+1} = g(k_t,\ n_{t+1})$

이에 대한 편미분은 다음과 같다.

식 6.6 $$g_k \equiv \frac{\partial g}{\partial k_t} = \frac{S_W W'(k_t)}{1+n_{t+1}-S_r r'(k_{t+1})} > 0$$

식 6.7 $$g_n \equiv \frac{\partial g}{\partial n_{t+1}} = \frac{S_n - k_{t+1}}{1+n_{t+1}-S_r r'(k_{t+1})} < 0$$

여기서 S_W와 S_r은 [식 6.3]의 편미분을 나타낸다.

인구증가율이 n_o에서 n_1으로 영구히 감소하면 장기적인 자본저량이 증가하는데, 이는 다음이 성립하기 때문이다.

식 6.8 $$\frac{dk}{dn} = \frac{g_n}{(1-g_k)} < 0$$

[그림 6.3]은 경제가 새로운 정상 상태로 이행하는 경로를 보여준다. 경제가 최

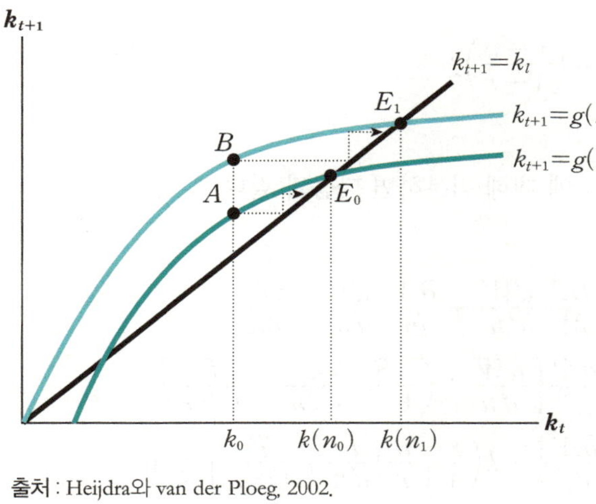

출처 : Heijdra와 van der Ploeg, 2002.

[그림 6.3] 고령화의 영향

초의 자본저량 k_0에서 시작된다고 가정하자. 인구증가율이 하락하기 전에는 경제의 이행경로(transition path)가 A에서 E_0으로 이어지는 선을 따를 것이다. 출산율이 하락하면 저축이 증가하여 자본저량이 B로 도약하고, 이에 따라 E_1로 가는 새로운 이행경로를 따르게 된다. 이제 은퇴에 대비해 많은 자본을 소유한 노년층이 상대적으로 더 많아지고 청년층은 상대적으로 더 적어지게 되므로, 장기적인 자본-노동 비율은 높아지게 된다. 출산율이 하락하면 자본-노동 비율이 높아지므로 이자율이 하락하고 임금이 상승한다. 이는 이전보다 노동력이 더 희소해지고 노동자 1인당 자본이 더 많아지기 때문이다.

출산율이 영구적으로 하락하면 정상 상태에서의 후생에 어떤 영향이 있는지를 알기 위해서는 다음의 간접효용함수([식 4.104] 참고)를 미분하면 된다.

식 6.9

$$\bar{\Lambda}^Y(W,\ r,\ T)=\underset{\{C^Y,\ C^O\}}{Max}\left\{\Lambda^Y(C^Y,\ C^O)\qquad subject\ to\ \hat{W}=C^Y+\frac{C^O}{1+r}\right\}$$

여기서 $\Lambda^Y(C^Y,\ C^O)$는 직접효용함수를 나타내고, 부과방식 연금제도하에서의 생애 소득 W는 다음과 같다.

식 6.10

$$\hat{W}\equiv W-\left(\frac{r-n}{1+r}\right)T$$

간접효용함수를 n에 대해 미분하면 다음과 같다.

식 6.11

$$\begin{aligned}\frac{\partial\bar{\Lambda}^Y}{\partial n}&=\frac{\partial\bar{\Lambda}^Y}{\partial W}\frac{dW}{dn}+\frac{\partial\bar{\Lambda}^Y}{\partial r}\frac{dr}{dn}+\frac{\partial\bar{\Lambda}^Y}{\partial n}\\&=\frac{\partial\Lambda^Y}{\partial C^Y}\left[\frac{dW}{dn}+\left(\frac{S}{1+r}\right)\frac{dr}{dn}+\frac{T}{1+r}\right]\\&=\frac{\partial\Lambda^Y}{\partial C^Y}\left[-k\left(\frac{r-n}{1+r}\right)\frac{dr}{dn}+\frac{T}{1+r}\right]\gtreqless 0\end{aligned}$$

여기서 다음의 관계가 이용되었다.

식 6.12 $$\frac{\partial \overline{\Lambda}^Y}{\partial n}=\frac{T}{1+r}\frac{\partial \Lambda^Y}{\partial C^Y}$$

식 6.13 $$\frac{dr}{dn}=r'\frac{dk}{dn}>0$$

[식 6.11] 우변 마지막 줄 [ ]안의 첫 번째 항은 이자율에 대한 출산율 변화의 장기적 영향을 나타내는데, 경제가 동태적으로 효율적인 경우($r>n$) 음(−)의 값을 갖는다([식 6.13] 참고). 이로 인해 출산율 하락은 장기 후생을 향상시키는 효과를 갖는다. [ ]안의 두 번째 항은 부과방식 연금제도의 수익률에 대한 영향을 나타내는데, 출산율이 하락하면 이 또한 낮아져서 후생을 감소시킨다. 따라서 출산율 하락의 후생에 대한 순 효과(net effect)는 불명확(ambiguous)하다. 만일 부과방식 연금제도에 대한 부담금이 적고 자본−노동 비율이 상대적으로 낮아 r이 n에 비해 높으면 출산율 하락이 후생을 증대시킬 것이다. 반면 부과방식 연금제도의 연금 지급액이 후하고 T가 높으면 출산율 하락이 후생을 감소시킬 것이다.

6.3 세대회계

세대회계(generational accounting)라는 개념은 Auerbach 외(1991, 1994)에 의해 도입되었다. 세대회계는 각 세대별 세금부담과 연금혜택의 현재가치 차이로 정의된다. 정의에 의해 모든 현재 세대와 미래 세대에 걸쳐 세대회계를 합산하면 0이 되어야 한다. 즉, 어떤 세대가 순 혜택(net benefits)을 받는다면 다른 세대는 이를 부담해야 하는 것이다.

세대회계는 정부의 예산제약과 밀접하게 연관되어 있다. 정부가 현재 세대 및 미래 세대로부터 받을 순 수취액(net receipts)의 현재가치가 바로 세대회계의 합계인데, 정부 예산제약은 정부의 현재 순 자산과 세대회계의 합이 현재와 미래 정부

소비의 현재가치를 지불하기에 충분해야 한다(Auerbach 외 1991, p.58). Buiter (1997)는 인구가 일정한 경우($L_t = L_{t-1} = 1$)를 가정한 중첩세대모형을 이용하여 세대회계를 분석하였다. 정부의 예산제약은 다음과 같다.

식 6.14 $$B_{t+1} = (1 + r_t)B_t + G_t^O + G_t^Y - T_t^O - T_t^Y$$

여기서 B_t는 t기의 정부발행 채권 가액, r_t는 t기의 정부발행 채권에 지급된 이자, G_t^O와 G_t^Y는 각각 t기에 노년세대와 청년세대에게 무상으로 공급되는 재화와 서비스, T_t^O와 T_t^Y는 각각 노년세대와 청년세대로부터 징수한 세금을 나타낸다.

[식 6.14]를 T기간에 걸쳐 반복하면 다음이 도출된다.

식 6.15 $$B_t = R_{t-1,T}^{-1} B_{t+T+1} + \sum_{s=0}^{T} R_{t-1,s}^{-1}(T_{t+s}^O + T_{t+s}^Y - G_{t+s}^O - G_{t+s}^Y)$$

여기서 $R_{t-1,s}^{-1}$는 할인요소(discount factor)로 다음을 나타낸다.

식 6.16 $$R_{t-1,s}^{-1} = \prod_{i=0}^{S} \left(\frac{1}{1 + r_{t+i}} \right)$$

정부의 지급능력 조건(solvency condition)은 장기적으로 정부부채가 이자율보다 빠르게 증가하지 않아야 한다는 것이다.

식 6.17 $$\lim_{T \to \infty} R_{t-1,T}^{-1} B_{t+T+1} = 0$$

따라서 정부의 예산제약은 다음과 같다.

식 6.18 $$B_t = \sum_{s=0}^{\infty} R_{t-1,s}^{-1}(T_{t+s}^O + T_{t+s}^Y - G_{t+s}^O - G_{t+s}^Y)$$

[식 6.18]은 정부부채가 양($B_t > 0$)인 시기가 있으면 정부는 훗날 재화와 서비스에 대한 지출보다 세금을 더 많이 거두어 기초재정 흑자(primary surplus)를 시현해야 지급능력을 유지할 수 있다는 것이다.

개인은 청년기에 소득을 벌어서 소비, 저축, 납세 등에 쓴다고 가정한다. 이들은 어린 시절 정부로부터 보육혜택, 교육 등을 통해 재화와 서비스를 이전받기도 하는데, 여기서는 총 납세액에서 이러한 이전액을 차감한 나머지를 납세액으로 간주한다. 저축은 정부발행 채권이나 실물자본에 투자된다고 가정한다. 노년기에 개인은 저축원금과 이자를 받고 정부로부터 받는 이전(공적연금 등)을 차감한 순세액을 납부한다. 노년기에는 건강관리 등과 관련된 재화와 서비스를 정부로부터 이전받기도 한다.

개인이 청년기와 노년기에 정부로부터 받는 재화와 서비스 G_t^Y 및 G_t^O를 별도로 하면 매 기에 대해 개인의 예산제약은 다음과 같다.

식 6.19 $$C_t^Y + S_t = W_t - T_t^Y$$

식 6.20 $$C_{t+1}^O = (1 + r_{t+1})S_t - T_{t+1}^O$$

여기서 S_t는 다음과 같다.

식 6.21 $$S_t = B_{t+1} + K_{t+1}$$

[식 6.19]와 [식 6.20]을 결합하면 개인의 생애 예산제약이 다음과 같이 도출된다.

식 6.22 $$W_t - T_{t,t} = C_t^Y + \frac{C_{t+1}^O}{1 + r_{t+1}}$$

여기서 $T_{t,t}$는 t기에 태어난 개인이 납부하는 세금(정부이전 차감 후)을 t기에 평가한 현재가치를 나타낸다. 첫 번째 하첨자 t는 출생시기를 나타내고, 두 번째 하첨자 t는 현재가치 평가시기를 나타낸다.

식 6.23 $$T_{t,t}=T_t^Y+\frac{T_{t+1}^O}{1+r_{t+1}}$$

위 [식 6.23]을 이용하여 정부의 예산제약 [식 6.18]을 다음과 같이 바꿀 수 있다.

식 6.24 $$B_t+\sum_{s=0}^{\infty}R_{t-1,s}^{-1}(G_{t+s}^O+G_{t+s}^Y)=\sum_{s=t-1}^{\infty}T_{t-1,s}$$

여기서 $T_{t-1,s}$를 세대별로 각각 정의하면, 현재의 노년세대에 대해서는 다음과 같다.

식 6.25 $$T_{t-1,t-1}\equiv\left(\frac{1}{1+r_t}\right)T_t^O$$

또한 현재의 청년세대에 대해서는 다음과 같다.

식 6.26 $$T_{t-1,t}\equiv\left(\frac{1}{1+r_t}\right)T_{t,t}=\left(\frac{1}{1+r_t}\right)\left[T_t^Y+\frac{T_{t+1}^O}{1+r_{t+1}}\right]$$

그리고 미래 세대에 대해서는 다음과 같다. 이 때 $s=t+1, t+2, \cdots$ 이다.

식 6.27 $$T_{t-1,s}\equiv R_{t-1,s-t}^{-1}T_{s,s}=R_{t-1,s-t}^{-1}\left[T_s^Y+\frac{T_{s+1}^O}{1+r_{s+1}}\right]$$

[식 6.24]는 현재의 정부부채 가치와 정부소비의 현재가치를 합산한 것이 현재와 미래 세대의 납세액 현재가치와 일치해야 한다는 것을 의미한다.

[표 6.2]는 Auerbach 외(1994, p.80)에 제시된 세대회계 예시로 1991년 미국 남

성 10개 연령그룹(세대)에 대한 세대회계 분석결과이다. 첫 번째 열은 각 세대의 1991년 나이이고, 두 번째 열은 각 세대별 세대회계 수치이다. 세 번째와 네 번째 열은 세대회계 구성항목으로, 각각 납세액의 현재가치와 이전 수취액의 현재가치이다. 이 표를 살펴보면 1991에 생존해 있는 세대들 중에서 가장 큰 혜택을 보는 세대는 70대로 개인당 납세액보다 $80,700를 더 수취하는 것으로 나타났다. 가장 불리한 세대는 30대로 개인당 납세액이 정부이전 수취액보다 $205,500 더 많은 것으로 나타났다. 요컨대, 고령인 미국 남성에 대한 사회보장 혜택이 너무 커서 미래 세대가 이를 벌충하기 위해 개인당 $166,500를 지불해야 한다는 것이다(마지막 줄). 영국과 여타 선진국에서도 유사한 결과가 도출되었다(Cardarelli 외, 2000 ; Auerbach 외, 1999).

[표 6.2] 세대회계 예시(남성)

세대 나이 (1991년 기준)	세금납부액 (단위 : US$ 1,000)	이전 수취액 (단위 : US$ 1,000)	순 지불액 (단위 : US$ 1,000)
0	99.3	20.4	78.9
10	155.3	30.3	125.0
20	229.6	42.5	187.1
30	258.5	53.0	205.5
40	250.0	69.9	180.1
50	193.8	96.6	97.2
60	112.1	135.1	−23.0
70	56.3	137.0	−80.7
80	30.2	91.3	−61.1
90	8.8	12.3	−3.5
미래 세대			166.5

출처 : Auerbach 외, 1994, p. 80.

6.4 결론

인구 고령화는 수명증가와 출산율 하락이 결합하여 발생한다. 지난 150여 년간 수명이 매년 3개월씩 증가하는 추세인데, 이러한 추세가 지속될지에 대해서는 견해가 엇갈린다. Oeppen와 Vaupel은 이 추세가 계속될 것이라고 본다. Olshansky는 반대의 견해를 보이는데 비만, 독감 유행, 생물학적 한계 등으로 수명이 무한정 늘어나지 못한다고 주장한다.

Diamond - Samuelson 중첩세대모형에서 인구증가율을 변수로 취급하면 부양률이 상승하는 상황에서 부과방식 연금제도의 영향을 분석할 수 있다. 인구증가율이 하락하면 청년층이 미래에 받을 연금액이 감소하므로 청년층의 저축은 증가한다. 이로 인해 자본저량과 자본-노동 비율이 상승하게 된다. 경제가 동태적으로 효율적이고 부과방식 연금제도의 연금액이 크지 않다면 출산율이 하락하더라도 미래 세대의 후생을 증대시키는 것이 가능하다는 것을 보일 수 있다.

세대회계는 각 세대별로 부담한 세금과 받은 혜택의 현재가치 차이로 정의된다. 만일 어떤 세대가 순 혜택을 본다면 이는 미래 세대에 의해 보충될 수밖에 없다. 미국, 영국, 여타 선진국에 대해 세대회계를 계산해본 결과 1920년대에 태어난 세대가 사회보장제도의 도입으로 순 효익을 얻는 것으로 나타났다. 세대회계 측면에서 이들이 역사상 가장 많은 혜택을 누리는 세대가 될 것으로 보인다.

연 / 습 / 문 / 제

01 부양률(dependency ratio)이란 무엇인가?

02 인구 고령화 원인들은 무엇인가?

03 장수 리스크(longevity risk)란 무엇인가?

04 수명의 미래 추세에 대한 Oeppen와 Vaupel의 견해와 Olshansky의 견해를 비교하라.

05 영구적인 인구증가율 하락이 저축, 자본-노동 비율, 임금, 이자율 등 경제에 미치는 영향을 분석하라.

06 세대회계(generational accounting)란 무엇인가?

07 양(+)의 정부부채에 대한 정부 지급능력(government solvency)의 함의는 무엇인가?

08 선진국에서 현재 생존하고 있는 세대들의 세대회계 패턴은 어떠한가?

참 / 고 / 문 / 헌

Aaron, H. and Schwartz, W. (eds) (2003) *Coping With Methuselah : The Impact of Molecular Biology on Medicine and Society*, Brookings Institution, Washington, D.C.

Auerbach, A., Gokhale, J. and Kotlikoff, L. (1991) Generational accounts : a meaningful alternative to deficit accounting, in Bradford, D. (ed.), *Tax Policy and the Economy*, Vol. 5, MIT Press, Cambridge, MA, pp. 55 – 110.

______________________________(1994) *Generational Accounting Around the World*, University of Chicago Press, Chicago.

Auerbach, A., Kotlikoff, L. and Leibfritz,W. (1999) Generational accounting : a meaningful way to evaluate fiscal policy, *Journal of Economic Perspectives*, **8**, 73 – 94.

Blake, D. and Mayhew, L. (2006) On the sustainability of the UK state pension system in the light of population ageing and declining fertility, *Economic Journal*, **116**, F286 – F305.

Bosworth, B. and Burtless, G. (eds) (1998) *Aging Societies : The Global Dimension*, Brookings Institution Press, Washington, D.C.

Buiter, W. (1997) Generational accounts, aggregate saving, and intergenerational distribution, *Economica*, **64**, 605 – 626.

Cardarelli, R., Sefton, J. and Kotlikoff, L. (2000) Generational accounting in the UK, *Economic Journal*, **110**, F547 – F574.

Disney, R. (1996) A burden of dependency? Social security programs & inter-generational redistribution, ch. 2 in *Can We Afford to Grow Older? A Perspective on the Economics of Ageing*, MIT Press, Cambridge, MA.

Economist (2004) A Long, Long Life, 25 May.

Folland, S., Goodman, A. and Stano, M. (2004) *The Economics of Health and Health Care*, Prentice Hall, Englewood Cliffs, NJ.

Heijdra, B. and van der Ploeg, F. (2002) *Foundations of Modern Macroeconomics*, Oxford University Press, Oxford(ch. 17 : Intergenerational Economics II).

Martins, J., Gonand, F., Antolin, P., de la Maisonneuve, C. and Yoo, K.–Y. (2005) The Impact of Ageing on Demand, Factor Markets and Growth, Economics Working Papers 420, Organisation for Economic Co–operation and Development, Paris.

Oeppen, J. and Vaupel, J.W. (2002) Broken limits of life expectancy, *Science*, **296**, (5570), 1029 – 1031.

Olshansky, S.J., Carnes, B.A. and Cassel, C. (1990) In search of Methuselah : estimating the upper limits to human longevity, *Science*, **250**, 634 – 640.

Olshansky, S.J., Carnes, B.A. and Désesquelles, A. (2001) Prospects for human longevity, *Science*, **291** (5508), 1491 – 1492.

Olshansky, S.J., Passaro, D., Hershow, R., Layden, J., Carnes, B.A., Brody, J., Hayflick, L., Butler, R.N., Allison, D.B. and Ludwig, D.S. (2005) A possible decline in life expectancy in the United States in the 21st century, *New England Journal of Medicine*, **352**, 1103 – 1110.

Phelps, C. (2003) *Health Economics*, Addison–Wesley, Boston.

Thompson, L. (1998) *Older and Wiser—The Economics of Public Pensions*, Urban Institute Press, Washington, D.C.

Weil, D. (1997) The Economics of Population Ageing, in Rosenzweig, M. and Stark, O. (eds), *Handbook of Population and Family Economics*, North–Holland, Amsterdam.

제7장 | 연금 후생경제학 : 연금제도에서의 리스크 분담과 재분배

7.1 사적연금제도의 리스크

7.2 개인연금제도에서의 리스크 분담

7.3 직장 퇴직연금제도의 리스크 분담

7.4 사적연금제도에서의 재분배

7.5 사적연금의 시장실패와 공적연금제도의 보완기능

7.6 공적연금제도의 리스크

7.7 공적연금제도에서의 리스크 분담

7.8 공적연금제도의 재분배 기능

7.9 부과방식 공적연금제도의 지속 가능성과 적립방식으로의 전환비용

7.10 결론

07

연금 후생경제학 : 연금제도에서의 리스크 분담과 재분배

07
연금 후생경제학
: 연금제도에서의 리스크 분담과 재분배

후생경제학(welfare economics)은 여러 사회 구성원의 경제적 복지를 다루는 경제학 분야이다. 사회 구성원의 경제적 복지는 각 구성원에게 자원(즉, 소득과 재부)이 어떻게 배분되고 이후 구성원 사이에 어떻게 재분배되는지에 따라 결정되며, 사회 구성원 사이에 리스크를 분담하는 사회적 능력에도 의존한다. 후생경제학에서는 공평성(equity)에 초점을 두어 경제정책이 공평성과 리스크 분담에 미치는 영향을 주로 다룬다. 또한 후생경제학은 시장실패(market failure)의 영향도 다룬다. 시장실패란 시장 메커니즘이 최적의 결과를 도출하지 못하는 상황을 말하는데, 이로 인해 정부가 국민의 후생을 개선하기 위해 개입한다[1].

여러 가지 다양한 연금제도는 서로 다른 재분배 효과를 갖는다. 공적연금제도는 부유한 사회 구성원으로부터 가난한 사회 구성원에게 은퇴 후 소득을 재분배하는 기능을 할 수 있으며, 대체로 그런 방향으로 운영된다. 이는 저소득층에게는 고소득층에 비해 낮은 부담금(소득대비)과 높은 급여(부담금 대비)를 적용함으로써 달성된다. 이는 대부분의 공적연금제도가 공개적으로 지향하는 것이다. 반면 사적연금제도에서는 계획된 방식으로 소득을 재분배하는 정책을 밝히지는 않는다. 하지만 사적연금제도에서도 가입자 대부분이 인지하지 못하는 방식으로 가입자 그룹에 따라 의도적 · 체계적으로 소득을 재분배할 수 있다.

또한 여러 가지 연금제도는 서로 다른 사전적 리스크에 노출되고, 이러한 리스

1 앞에서도 후생에 대한 분석이 있었지만 이 장에서는 이를 좀 더 체계적으로 다룰 것이다.

크를 서로 다른 방식으로 분담한다. 미래가 어떻게 펼쳐질지, 불확실성이 어떻게 해소될지에 따라 가입자 그룹 사이에서 소득이 사후적으로 재분배되는 방법이 달라진다. 모든 보험계약은 불확실성이 존재할 때 사전적으로 리스크를 분담하며, 사후에 다른 가입자로부터 피해를 본 가입자에게 소득을 재분배하는 효과를 갖는다. 연금제도도 넓은 의미에서 보험계약의 한 형태로 볼 수 있다.[2] 이러한 재분배 구조로 인해 특정 가입자가 재분배로 혜택을 누릴지 어떨지를 선험적(a priori)으로 알 수는 없다.

리스크 분담(risk sharing)은 어느 수준이 최적일까? Gordon과 Varian(1988)은 개인 간의 효율적인 리스크 분담을 위해서는 각 개인이 추가적인 리스크에 대해 동일한 리스크 프리미엄(risk premium)[3]을 지불해야 한다고 주장했다. 효율적인 리스크 분담을 위해서는 총 리스크(aggregate risk)에 직면할 때 모든 개인이 소비의 한계효용 변화를 동일하게 경험해야 한다. 예를 들어 모든 개인이 로그효용함수(단위 탄력적)를 갖는다면 효율적 리스크 분담 하에서는 총생산 1% 감소 시 모든 개인이 소비를 1% 감소시키게 된다. 만일 어떤 개인이 다른 사람에 비해 더 리스크 회피적(risk averse)이라면 이 사람들은 리스크 감내자(the risk tolerant)에게 리스크 프리미엄을 지불하고 보험을 구매하고자 할 것이다. 리스크 감내자가 이 거래를 받아들인다면 리스크 회피적 사회 구성원은 총생산이 1% 하락할 때 소비를 1%보다 적게 감소시키게 된다.

모든 개인은 살아가는 동안 여러 가지 리스크에 직면하는데, 실직할 리스크도 그중 하나이다. 실직을 하면 소비가 감소하고 은퇴에 대비한 저축을 충분히 할 수 없게 된다. 후생경제학은 사회 전체의 후생을 개선할 수 있는 리스크 분담방식(risk-sharing device)에 대해서 다룬다. 이러한 장치의 예로 직업을 가진 노동자들로부터 거둔 세금으로 실업자에게 실업급여를, 가난한 고령 사회 구성원에게는

---

2 Bodie(1990)는 연금제도의 첫 번째 기능이 은퇴 후 소득에 대한 보험을 제공하고 가입자를 은퇴 후 경제적 불안정으로부터 보호하는 것이라고 하였다.

3 리스크 프리미엄이란 개인에게 리스크를 추가적으로 부담시키기 위해서 필요한 보상(compensation)을 말한다.

연금을 제공하는 사회보장체계(social security system)를 들 수 있다. 사회보장체계와 같은 리스크 분담체계(risk-sharing system)를 설계할 때 고려해야 할 여러 요인들이 있는데, 그중 가장 중요한 요인은 도덕적 해이와 역선택이다.

도덕적 해이는 부정적 사건 발생 시 보장을 받을 수 있게 되면 사람들이 부정적 사건을 방지하기 위한 노력을 덜 기울이는 것을 말한다. 예를 들면 실업급여를 받기 위해 의도적으로 해고당하는 경우, 정부가 고령 빈곤층을 구제한다는 것을 알고서 은퇴대비 저축을 의도적으로 적게 하는 경우 등이 있을 수 있다. 이를 방지하기 위해 사회보장체계는 의도적으로 실업상태에 있는 사람이나 최소한의 은퇴대비 저축을 하지 않은 사람을 실업급여 및 연금 대상에서 배제하거나 제한적인 혜택만을 제공하는 방법을 적용할 수 있다.

역선택은 능력부족으로 실업급여를 받을 가능성이 높거나 저축성향이 낮아 공적연금을 받은 가능성이 높은 사람들이 사회보장체계에 참여하고자 하는 것을 말한다. 역선택을 방지하기 위해 사회보장체계는 모든 근로자와 연금대상자를 의무적으로 가입시킬 수 있다. 민간부문 보험회사(private sector insurer)는 보험계약을 체결하기 전에 엄격한 스크리닝(screening)을 통해 역선택을 방지한다.

도덕적 해이와 역선택을 방지할 적절한 수단이 있다면 리스크 분담장치는 후생을 증대시킬 수 있다. 여기서 분담될 리스크를 종류별로 구분하는 것이 중요하다. 분담되기 쉬운 리스크는 개인 특유(idiosyncratic 또는 specific)의 비체계적(unsystematic) 리스크이다. 실업 리스크는 비체계적 리스크로 볼 수도 있는데, 다른 사람이 고용되어 있는 동안에 언제든 누군가는 실업상태에 놓일 수 있기 때문이다. 총합적(aggregate) 또는 체계적(systematic) 리스크는 분담되기 어려운데, 이러한 리스크는 모든 사회 구성원이 동시에 총체적으로 직면하게 되므로 구성원 간에 거래되기 어렵기 때문이다. 극단적인 예로 경기후퇴나 불황을 들 수 있다. 만일 불황으로 모든 사람이 실직했다면 모든 사람이 동시에 체계적인 리스크에 직면하기 때문에 사회보장제도로 이 리스크를 분담할 수 없는 것이다. 민간부문 보험회사는 개인에 비하면 리스크 감내능력이 크지만 이러한 총합적 리스크를 인수하고자 하지는 않을 것이다. 따라서 민간 보험회사가 국민소득 하락 리스크를 보장해주는 보험상품을 제공할 가능성은 낮다.

이러한 사항들은 개인과 기업, 그리고 현재 세대와 미래 세대를 아우르는 사회 전체에 중요한 의미를 내포한다. 이 장에서 우선 사적연금제도와 공적연금제도에서의 리스크, 리스크 분담, 그리고 재분배에 대해 살펴볼 것이다. 그리고 사적연금에서의 시장실패에 대응한 정부의 역할을 알아본다. 마지막으로 공적연금을 부과방식에서 적립방식으로 변경하는 거래비용이 존재하고 인구 고령화가 체계적으로 진행되는 경우 공적연금이 유지될 수 있는지를 알아본다.

7.1 사적연금제도의 리스크

사적연금제도 가입자는 다음과 같은 리스크에 직면한다(Bodie, 1990 ; Diamond, 1977, 1997).

- **소득대체율 리스크**(replacement rate risk) : 은퇴자금 축적단계(accumulation stage)에서 부담금이 충분히 납입되지 못하여 은퇴 후에 은퇴 전 생활수준을 유지하기에는 연금액이 불충분할 리스크
- **투자 리스크**(investment risk) : 투자성과가 부진하여 은퇴자금이 부족할 리스크
- **이자율 리스크**(interest rate risk) : 은퇴 시 이자율이 낮아 은퇴 후 생명연금액이 적어질 리스크
- **장수 리스크**(longevity risk) : 은퇴대비 저축이 부족할 때까지 생존할 리스크
- **물가상승 리스크**(inflation risk) : 물가상승으로 은퇴대비 저축의 구매력이 하락할 리스크
- **정치적 리스크**(political risk) : 부담금에 대한 세제혜택을 축소하는 등 정부정책 변화로 법규가 변경되어 부담금과 연금급여에 불리한 영향이 있을 리스크로, 발생원천에 따라 다음 세 가지 정치적 리스크가 있음
  - **인구 요인으로 인한 정치적 리스크**(demographically induced political risk) :

세제 혜택을 누리는 사람과 이를 부담하는 사람 사이의 인구 불균형 등을 해소하기 위해 법규가 개정될 리스크

- **경제적 요인으로 인한 정치적 리스크**(economically induced political risk) : 정부의 재정적자 증가 등으로 인해 세제혜택이 축소될 리스크
- **순수 정치적 리스크**(pure political risk) : 진보정권이 부유한 사람으로부터 가난한 사람에게 자원을 이전시키는 등 정권 지지자에게 유리하게 급여를 재분배하거나 세제혜택을 변경할 리스크

- **이동성 리스크**(portability risk) : 근로자의 발생 연금급여가 이직 시 전부 이전되지 못할 리스크
- **사용자 지급불능 리스크**(employer insolvency risk) : 사용자가 지급불능 상태에 처했을 때 연금제도에 부족금(deficit)이 있을 리스크

이들 리스크 중에는 보험으로 보장받을 수 있는 리스크도 있지만 그렇지 못한 리스크도 있다. 먼저 개인연금제도에 대해 살펴보고, 이어서 퇴직연금제도에 대해 살펴보도록 하자.

7.2 개인연금제도에서의 리스크 분담

확정기여형(DC) 개인연금제도는 7.1절에서 살펴본 리스크 중에서 이동성 리스크와 사용자 지급불능 리스크를 제외한 다른 모든 리스크에 직면한다.

은퇴 후 연금액이 부족할 리스크는 가입자가 젊었을 때 개인연금(personal pension scheme ; PPS)에 부담금을 충분히 납입함으로써 해소될 수 있다.

보험회사가 자산을 운용하여 투자 리스크를 감내하는 경우를 제외하면, 투자 리스크는 확정기여형(DC) 가입자와 확정급여형(DB) 후원자에게 직접적인 영향을 미친다. 확정기여형(DC) 제도의 경우 연금가입자의 리스크 감내 정도(risk tolerance)에 상응하는 자산에 투자함으로써 투자 리스크를 관리할 수 있다. 예컨

대 리스크 감내 정도가 낮으면 단기자금시장에 투자하고, 중간이면 채권에, 높으면 주식에 투자하는 방식이다.

이자율 리스크는 보험회사로부터 생명연금을 구입하는 경우 발생하는데, 주로 확정기여형(DC) 가입자와 소형 부보 확정급여형(DB) 연금후원자가 해당된다. 생명연금 지급액은 근무기간 동안 적립한 연금펀드를 처분하여 구입한 채권으로부터 발생하는 이자에 의해 결정된다. 생명연금 구입시점에 이자율이 낮다면 채권 구입비용이 커지고 생명연금 지급액이 적어진다. 이러한 이자율 리스크는 선물이나 옵션 등 파생금융상품을 이용하여 헤지할 수 있는데, 헤지비용이 클 수 있다. 비용이 적게 드는 대안으로 시차를 두고 조금씩 생명연금을 구입(staggered annuity purchases)하는 방법이 있는데, 이는 이자율 변동주기에 걸쳐 생명연금 구입시점을 분산시키는 것이다. 하지만 이 방법은 은퇴 시 가능한 한 많은 자금을 필요로 하는 가난한 사람들에게는 적용하기 어려운 방법이다.

장수 리스크를 헤지하는 최선의 방법은 사망하기 전까지 지급이 보장되는 생명연금을 구입하는 것이다. 사실 '사망 시까지 지급'은 연금제도의 중요한 요소이지만 많은 나라에서(미국, 독일, 이탈리아, 일본, 호주 등) 은퇴 시 축적된 자금으로 생명연금(life annuity)을 구입하도록 강제하지는 않고 있다. 은퇴자는 은퇴 후 축적한 자금을 빠르게 소진하여 결국 사망하기 전에 은퇴자금이 바닥날 리스크에 직면할 수 있다. 대다수 사람들은 은퇴 후 얼마나 오래 살지를 과소평가하는 경향이 있다. O'Brien 외(2005)는 영국 남성이 자신의 기대수명을 4.62년, 여성은 5.95년 짧게 예상한다는 것을 밝혔다.

생명연금 시장에는 역선택 문제가 있다. 즉, 기대수명이 평균보다 높은 사람이 생명연금에 가입하려는 경향이 있다. 이를 알고 있는 생명보험회사는 역선택 영향을 반영하여 생명연금의 가격을 설정한다. 따라서 평균적인 사람은 생명연금의 가격이 비싸다고 생각하여 생명연금 구입을 꺼리게 된다. 초기 연구에서 역선택에 대응한 비용부과가 상당히 크다는 것이 밝혀졌는데(Friedman과 Warshawsky, 1990), 좀 더 최근 연구에서는 연금시장이 경쟁적이고 잘 발달된 미국과 영국의 경우 역선택 관련 비용부과가 과도하지 않고 생명연금의 가격이 적정하다는 결과가 도출되었다(Mitchell 외, 1999 ; Finkelstein와 Poterba, 2002). 연금시장이 발전되지 못한 나라에서는 연금시장 대신에 가족이 장수 리스크에 대한 헤지를 부분적으로나마 제공한다(Kotlikoff와 Spivak, 1981).

물가상승 리스크는 확정기여형(DC) 제도에서 물가연계 생명연금(indexed annuity)을 구입하여 헤지할 수 있는데, 물가연계 생명연금의 가격은 상당히 비싸다고 인식된다. 예를 들면 기대물가 상승률이 연간 3%라면 물가연계 생명연금의 최초 연금지급액은 일반적인 균등연금(level annuity)에 비해 30% 적다. 두 연금지급액이 같아지기까지 11년이 걸리며, 19년이 지나야 물가연계 생명연금의 연금지급액 총액이 균등연금을 넘어선다. 두 생명연금 중에 선택하게 하면 대부분의 사람들은 나중에 물가상승 리스크에 노출되더라도 균등연금을 선택하는 경향이 있다.

정치적 리스크는 인구를 구성하는 여러 그룹별 정치적 영향력의 균형에 영향을 받는다. 핵심은 선거의 결과를 결정하는 한계적 투표자(marginal voter), 즉 50번째 백분위수에 해당되는 중위 투표자(median voter)를 찾아내는 것이다. 만일 은퇴까지 긴 시간이 남은 젊은이가 중위 투표자라면, 사적연금제도에 대한 세제혜택을 늘려주고 그 재원을 노인에 대한 공적연금 축소로 충당하려는 정당에 정권을 주는 쪽으로 선거가 이루어질 수 있다. 만일 노년층이 중위 투표자라면, 젊은이에게 세금부과를 늘리고 노년층의 연금혜택을 늘리려는 정당이 선출될 가능성이 커질 것이다. 인구 고령화가 진행되고 출산율이 낮아진다면 부양률이 높아진 결과로 노년층이 중위 투표자가 될 수 있다. 그러면 젊은이들은 고령화된 인구를 부양하는 데 따르는 무거운 부담을 피해 인구 균형이 보다 잘 이루어져 세금부담이 적은 나라로 이주하고자 할 수 있고, 이로 인해 남아 있는 사람들 사이에는 세대 간 갈등이 더욱 심화될 수 있다. 정치적 리스크는 헤지 불가능한 리스크이다.

인구요인으로 인한 정치적 리스크(부양률이 높아져서 연금급여가 축소되는 리스크)의 영향을 받지 않는 것이 개인연금제도(PPS)의 장점 중 하나라는 주장도 있다. 그러나 법규나 제도의 변화가 없더라도 기대수명의 증가로 인해 연금수령액이 줄어들 수밖에 없다. 이는 은퇴자금이 일정하다면 기대수명이 늘어남에 따라 연금수령액이 줄어들어야 하기 때문이다.

개인연금제도는 경제적 요인에 의한 정치적 리스크에도 영향을 받는다. 예를 들면 1997년 영국 연금펀드는 배당금에 대해 세금을 납부하도록 되었는데, 이로 인해 개인연금의 연간 투자수익이 3 베이시스 포인트(basis point ; bp) 감소하였다(Blake, 2004, table 2).

순수 정치적 리스크가 개인연금제도에 영향을 준 사례는 아직까지는 영국에서 없었다. 다만 1997년 집권한 노동당이 개인연금 가입자가 비과세로 인출가능한 축적 연금펀드의 25%에 대해 과세를 검토했다는 언론보도가 있었는데, 이 조치는 노동당 지지자가 아닌 국민에게 가장 큰 영향을 주었을 것으로 예상된다. 이 조치가 시행되었다면 개인연금제도의 내부 수익률(internal rate of return ; IRR)을 50 베이시스 포인트 낮추었을 것으로 추정된다(Blake, 2004, table 2).

7.3 직장 퇴직연금제도의 리스크 분담

확정급여형(DB) 연금제도는 7.1절에서 다룬 모든 리스크에 노출되는데, 이들 리스크는 사용자와 근로자 사이에 분담이 가능하다. 하지만 일반적으로 연금제도를 후원하는 사용자가 대부분의 리스크를 감당하며, 연금가입자가 지는 리스크는 이동성 리스크가 유일하다. 사용자는 일부 리스크를 헤지할 수 있다. 예를 들면 투자 리스크는 부채의 특성과 매칭되는 자산에 투자함으로써 감소시킬 수 있다. 이를 자산-부채 매칭 관리(asset-liability matching and management)라고 한다. 확정급여형(DB) 연금제도의 부채는 이익(earnings)에 맞추어 증가하는 경향이 있으므로, 장기적으로 이익 증가와 상관관계가 높은 자산인 주식, 부동산, 채권 등이 적당한 투자대상이다.

McCarthy(2005)는 퇴직연금제도에서 회사와 근로자 사이의 리스크 분담에 대한 간단한 모형을 개발하였다. 근로자는 일정수준 이상의 효용을 보장하는 임금·연금 보상패키지를 얻기 위해 회사와 협상을 한다고 가정된다. 이 때 근로자는 자신의 리스크 노출 정도, 리스크 회피 정도, 금융시장·보험시장을 이용한 리스크 헤지능력 등을 고려하여 협상에 임한다. 회사는 사업영위에 필요한 근로자를 확보한다는 제약하에서 리스크 조정 후 근로자 보상 총비용(risk-adjusted total cost of employee compensation)을 최소화한다고 가정된다.

우선 완비시장(complete market)을 가정하여 근로자와 회사가 상대방이 파산할 리스크를 포함한 모든 리스크를 헤지할 수 있다고 하자. 그 후 불완비 시장(incomplete market)의 경우를 논의하고 불완비 시장의 원인들을 알아본다. 이 원인들의 특성에 따라 근로자를 위해서 보험회사가 보장하지 않은 리스크를 회사가 보장할 수 있는지가 결정된다. 불완비 시장의 원인으로 거래 불가능한 리스크(untradable risk), 포트폴리오 제약(portfolio restriction), 거래비용(transaction cost), 세제(taxation), 외부성(externality), 선택효과(selection effect) 등이 있다.

7.3.1 완비시장

근로자는 기업에 두 기간 동안 고용된다고 가정하자. 제0기에는 근로자는 임금 W_0을 받는다. 제1기에는 경제 상태 $j=1, \cdots, N$(발생확률 p_i)에 따라서 W_j의 임금을 받는다. 제0기에는 제1기 임금이 얼마일지 알 수 없다. 완비시장(complete market)에는 각 경제 상태에 대응되는 N개의 기저증권(basis securities), 즉 애로우-드브루 증권(Arrow-Debreu securities)이 존재한다고 가정한다. 기저증권 j는 제1기 경제 상태가 j이면 1을 지불하고 그 외의 경우 0을 지불한다(Arrow, 1964 ; Debreu, 1959 참고). 제0기에 기저증권 j의 가격은 $q_j \in (0, 1)$라고 하자.

근로자는 제0기에 임금 W_0 중 얼마를 소비(C_0)하고 얼마를 각 기저증권에 저축(θ_j)할지 결정해야 한다. 또한 근로자는 제1기의 소비를 계획해야 하는데, 이는 제1기에 실현된 임금과 증권의 가치에 따라 달라진다. 근로자는 자신의 할인된 기대 생애효용(expected discounted lifetime utility)이 극대화되도록 의사결정을 할 것이다. 여기서 개인의 시간선호율과 무위험이자율이 0이라고 가정하자.

식 7.1
$$\Lambda^*(W_0,\ W_1,\ \cdots,\ W_N)=\max_{\{C,\ \theta_i\}}\left\{U(C_0)\textstyle\sum_{i=1}^N p_i U(C_i)\right.$$
$$\left.\text{subject to}\ \begin{cases}W_0=C_0+\sum_{i=1}^N \theta_i q_i \\ C_i=\theta_i+W_i,\ i=1,\ N\end{cases}\right\}$$

첫 번째 제약은 제0기의 소비와 제0기의 증권매입 시장가격의 합이 제0기 개인의 소득과 일치해야 한다는 것을 나타낸다. 두 번째 제약은 제1기에 경제 상태가 i이면 자신의 노동소득과 증권 포트폴리오의 가치만큼 소비한다는 것을 나타낸다. [식 7.1] 좌변의 $\Lambda^*(W_0,\ W_1,\ \cdots,\ W_N)$을 가치함수(value function)라고 하는데, 제약하에서 효용함수의 극대값을 나타낸다. 무위험이자율이 0이라면 다음이 성립한다.

식 7.2
$$\textstyle\sum_{i=1}^N q_i=1$$

여기서 q_i는 상태 i가 발생할 리스크 중립 확률(risk-neutral probability)이라고 해석될 수 있다[4].

Cox와 Huang(1989)은 [식 7.1]의 완비시장에서 근로자 최적화 문제를 다음과 같이 표현할 수 있다는 것을 보였다.

식 7.3
$$\Lambda^*(\overline{W})=\max_{\{C,\ \theta_i\}}\left\{U(C_0)+\textstyle\sum_{i=1}^N p_i U(C_i)\right.$$
$$\left.\text{subject to}\ \overline{W}=W_0+\textstyle\sum_{i=1}^N W_i q_i=C_0+\sum_{i=1}^N C_i q_i\right\}$$

여기서 가치함수는 인적자본의 제0기 가치인 $\overline{W}$만의 함수이며, $\overline{W}$는 고용계약

4 완비시장에서 증권 j가 1년 후 상태 i일 때 Y_{ji}를 지급하고 현재가치는 V_{0j}이면, 실제세계 확률(real-world probability) p_i와 리스크 중립 확률(risk-neutral probability) q_j 사이에는 다음과 같은 관계가 성립한다. 여기서의 r_j는 증권 j의 리스크 조정 후 수익률(risk-adjusted return)이고 r는 무위험 수익률(risk-free return)이다.

$$V_{0j}=\frac{\sum_{i=1}^N Y_{ji}p_i}{(1+r_j)}=\frac{\sum_{i=1}^N Y_{ji}q_i}{(1+r)}$$

으로 약속된 소득흐름을 완벽하게 복제하는 증권 포트폴리오의 제0기 가치와 동등하다[5].

다시 말해, 완비시장에서 고용계약은 금융시장에서 완벽하게 복제될 수 있으며, 근로자는 제0기에 금융시장에서 제1기 소득을 팔 수 있고 그 돈으로 자신이 원하는 제1기 소비에 매칭되는 증권 포트폴리오를 매입할 수 있다.

이는 다른 상태와 다른 시기에 실현된 소득이 고용계약의 제0기 가치 $\overline{W}$를 변동시키지 않는 한 근로자의 생애효용에 영향을 줄 수 없다는 것을 의미한다. 만일 근로자의 제1기 소득을 연금이라고 본다면, 완비시장에서 근로자는 시장에서 자신이 원하지 않는 리스크 노출을 자신이 원하는 것으로 얼마든지 거래할 수 있으므로 연금이 위험한 증권으로 지급되든, 안전한 증권으로 지급되든, 제0기에 지급되든, 제1기에 지급되든 아무 상관이 없게 된다. 최적점에서 근로자의 각 리스크 노출의 기대 한계효용은 리스크의 시장가격과 같게 된다. 이는 모든 근로자에게 동일하며, 그로 인해 효율적인 리스크 분담이 일어난다(Gordon과 Varian, 1988).

가치함수 $\Lambda^*(\overline{W})$는 $\overline{W}$에 대해 단조증가함수(monotonically increasing function)이고 증권과 시간의 분포에 의존하지 않으므로 역함수를 다음과 같이 쓸 수 있다.

식 7.4 $$\overline{W}=\Lambda^{-1}(\Lambda^*)$$

사용자는 근로자가 다른 직장을 찾지 않도록 하여 고용을 유지할 수 있는 최소 수준의 비용을 제약으로 하면서 근로자에게 지불하는 비용을 최소화하고자 한다. 다시 말해, 사용자가 근로자를 계속해서 고용하고자 한다면 최소한 근로자의 유보임금(reservation wage) 이상을 지급해야 한다. 사용자의 최적화 문제는 다음과 같다.

5 [식 7.3]에서 리스크 중립확률의 역할을 주목하라.

식 7.5 $$\Phi^*(\overline{W}) = \max_{\{W_i\}} \left\{ W_0 + \sum_{i=1}^{N} W_i q_i \qquad subject\ to\ \overline{W} \geqq \Lambda^{-1}(\Lambda^*) \right\}$$

완비시장에서 사용자는 근로자와 마찬가지로 시장 리스크에 무차별하다. 사용자에게 중요한 것은 오직 $\overline{W}$, 즉 근로자에게 약속한 소득을 완벽하게 복제하는 증권 포트폴리오의 제0기 시장가치이다.

최적 고용계약 $\{W_0, W_1, \cdots, W_N\}$은 $\overline{W} = \Lambda^{-1}(\Lambda^*)$를 충족하는 것이다. 완비시장에서는 이 조건을 만족하는 고용계약은 무수히 많이 존재하며, 사용자와 근로자가 리스크에 대해 어떤 태도를 가졌든지 관계없이 이 무수한 고용계약에 대해 무차별하다고 느낀다.

이러한 결과는 Sharpe(1976)와 Blinder(1981)를 확장한 것으로, Sharpe는 완비시장에서 연금정책과 투자정책이 기업가치에 아무런 영향이 없다는 것을 보였으며, Blinder는 완비시장에서 연금과 임금이 완전대체재(perfect substitutes)임을 보였다.

7.3.2 불완비 시장

현실에서 시장은 완비시장이 아니다. 어떤 리스크는 거래되지 못하고, 증권의 매입 포지션과 매도 포지션에는 제약이 있으며, 포트폴리오의 구성을 바꾸는 데는 거래비용이 수반된다. 예를 들면 근로자가 자신의 연금이나 미래 임금을 시장에서 파는 데 제약이 있다. 불완비 시장(incomplete market)에서 증권의 가치평가는 증권의 시장가격뿐만 아니라 시장 참가자의 선호(특히 리스크에 대한 태도)에도 영향을 받는다. 연금 리스크의 최적배분(optimal allocation)을 결정하기 위해서는 근로자와 회사의 리스크와 수익에 대한 선호가 어떤지를 명확히 할 필요가 있다. 불완비 시장에서는 최적 증권보유가 기대 한계효익이 증권의 시장가격과 일치하는 수준에서 결정되지 않을 수 있다.

거래 불가능한 리스크

거래 불가능한 리스크(untradable risk)는 분산하거나 보험계약으로 이전시킬 수 없는 리스크로 리스크에 노출된 사람이 스스로 감내해야 한다. 총합 리스크(aggregate risk) 또는 체계적 리스크(systematic risk)라고도 한다. 거래 불가능한 리스크의 예로 임금 리스크(wage risk)와 거치연금이 없는 경우 생명연금 가격 리스크(이자율 리스크)를 들 수 있다. 이러한 리스크가 근로자로부터 사용자로 일부 이전될 수 있는 경우를 고려해 보자.

제1기에 근로자의 재부(wealth)가 π의 확률로 e_1만큼 감소하거나 $(1-\pi)$의 확률로 e_2만큼 증가하며, 이 충격의 기댓값은 0이고, 여타 경제 상태와 상관관계가 없다고 가정하자. 따라서 근로자는 증권거래를 통한 포트폴리오 조정으로 이 리스크를 헤지할 수 없으며, 이 리스크를 온전히 감내하여 제1기 소비를 e_1 또는 e_2만큼 변화시켜야 한다. 이제 사용자가 이 리스크의 일부($\alpha \in (0,1)$)에 보험을 제공하여 근로자의 순 리스크 노출을 $(1-\alpha)e_i$로 줄여준다고 하자.

이제 근로자의 목적함수는 다음과 같다.

식 7.6
$$\Lambda^*(\overline{W}, \alpha) = \max_{\{C, \theta_i\}} \Big\{ U(C_0) + \textstyle\sum_{i=1}^{N} P_i [\pi U(C_i + (1-\alpha)e_1) + (1-\pi)U(C_i + (1-\alpha)e_2)] \quad \text{subject to} \begin{cases} \overline{W} = W_0 + \sum_{i=1}^{N} W_i q_i = C_0 + \sum_{i=1}^{N} C_i q_i \\ \pi e_1 + (1-\pi)e_2 = 0 \end{cases} \Big\}$$

제1기의 총소비는 헤지 불가능한 리스크 e_i에서 사용자가 지급하는 보험금 αe_i를 차감한 값과 경제 상태 i에서 헤지가능한 소비 C_i의 합이다. 근로자의 예산제약은 기존과 동일하다. 즉, 근로자는 헤지가능한 소득을 복제하는 포트폴리오의 시장가격 하에서 헤지가능한 소비를 결정한다. 완비시장의 경우에서와 마찬가지로 근로자는 포트폴리오의 각 구성항목이 아니라 포트폴리오의 총 가치에만 신경을 쓴다. 두 번째 제약은 충격의 기댓값이 0임을 나타낸다.

이 리스크의 존재로 인해 근로자의 제0기 최적 소비가 달라질 수 있다. 근로자가 리스크 회피적(risk averse)이라면 제1기에 부정적인 충격이 발생할 것에 대비해서 제0기 소비를 줄일 것이다.

사용자는 근로자 보상 패키지의 기대비용을 최소화하면서 이 비용이 크게 변동하는 것을 좋아하지 않는다고 가정하자. 사용자의 목적함수는 다음과 같다.

식 7.7
$$\Phi^*(\overline{W},\ \alpha) = \min_{\{W_i,\ \alpha\}} \left\{ W_0 + \sum_{i=1}^{N} W_i q_i + \frac{\gamma}{2}\alpha^2(\pi e_1^2 + (1-\pi)e_2^2) \right.$$
$$\left. subject\ to\ \Lambda^*(\overline{W},\ \alpha) \geqq \Lambda^*_{\mathrm{MAX}} \right\}$$

여기서 γ는 사용자의 리스크 회피 정도를 나타내는 파라미터이다.

사용자는 근로자의 유보임금 이상을 지급하지 않을 것이므로, [식 7.7]의 최적해는 근로자의 무차별곡선 $\Lambda^*(\overline{W},\ \alpha) = \Lambda^*_{\mathrm{MAX}}$상 어딘가에 놓일 것이다. 이 무차별 곡선은 동일한 효용을 주는 생애 임금과 보험의 조합을 나타낸다. 이 관계가 [그림 7.1]에 나타나 있다. 근로자의 무차별곡선은 우하향하는데, 이는 근로자가 리스크를 전혀 감내하지 않을 때($\alpha = 1$일 때)에 비해 모든 리스크를 감내해야 할 때($\alpha = 0$일 때) 더 많은 임금을 요구하기 때문이다. 무차별곡선을 전미분하면 무차별곡선의 기울기를 다음과 같이 나타낼 수 있다.

식 7.8
$$\frac{d\overline{W}(\alpha)}{d\alpha} = -\frac{\partial \Lambda^*}{\partial \alpha} \Big/ \frac{\partial \Lambda^*}{\partial \overline{W}} < 0$$

여기서 $\partial\Lambda^*/\partial\overline{W} > 0$이고 근로자가 거래 불가능한 리스크에 대해 리스크 회피적이므로 $\partial\Lambda^*/\partial\alpha$에 대해서는 다음이 성립한다.

$$\frac{\partial \Lambda^*}{\partial \alpha} \begin{cases} = 0 & \text{if } \alpha = 1 \\ > 0 & \text{if } \alpha < 1 \end{cases}$$

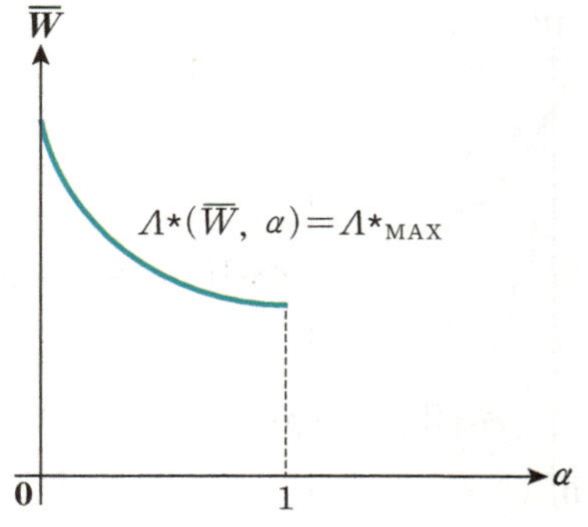

출처 : McCarthy, 2005.

[그림 7.1] 근로자의 무차별곡선

최적 계약(optimal contract)은 사용자의 리스크 조정 후 비용(risk−adjusted cost) Φ^*를 최소화하는 $\overline{W}$와 α의 조합에서 발생하는데, 이는 근로자의 무차별곡선과 사용자의 목적함수가 접하는 지점이다.

사용자의 등비용곡선(iso−cost curve) 상에서는 다음이 성립한다.

식 7.9 $$\frac{d\overline{W}(\alpha)}{d\alpha} = -\gamma\alpha(\pi e_1^2 + (1-\pi)e_2^2) \leqq 0$$

등비용곡선의 기울기는 리스크의 분산(variance)과 사용자의 리스크 회피 정도에 달려 있다.

사용자가 매우 리스크 회피적(very risk averse)이라면 사용자 목적함수의 기울기가 매우 가파르게 되고, 근로자가 거래 불가능한 리스크를 모두 감내하는 것이 최적 계약이 될 것이다([그림 7.2] 참고). 사용자가 리스크 중립적(risk neutral)이라면 사용자가 모든 리스크를 감내하도록 최적 계약이 이루어질 것이다([그림 7.3] 참고). 사용자의 리스크 회피 정도가 이들 두 경우의 중간이라면 사용자와 근로자가 리스크를 분담하게 될 것이다([그림 7.4] 참고). 요컨대, 완비시장에서는 사용자와 근로자의 상대적인 리스크 회피 정도에 따라서 사용자와 근로자 사이에 최적 리스크 분담(optimal risk sharing)이 존재할 수 있다.

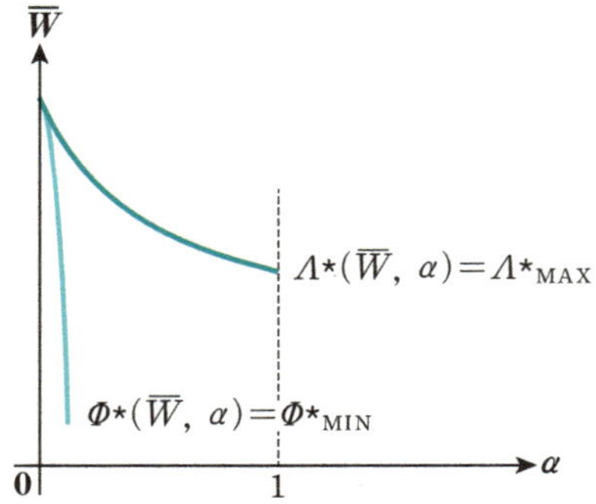

출처 : McCarthy, 2005.

[그림 7.2] 근로자가 거래 불가능한 리스크를 모두 감내하는 경우

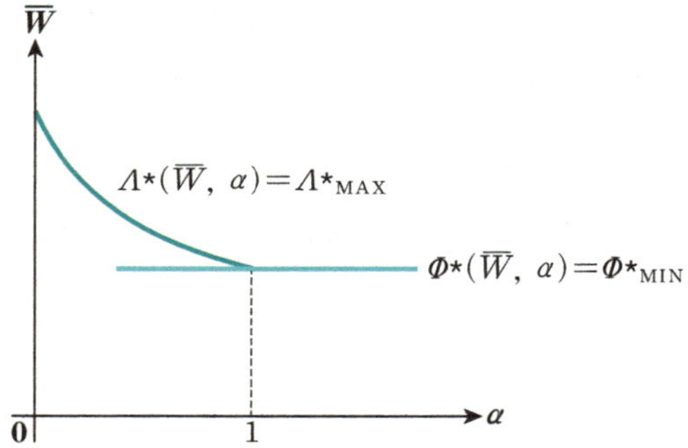

출처 : McCarthy, 2005.

[그림 7.3] 사용자가 거래 불가능한 리스크를 모두 감내하는 경우

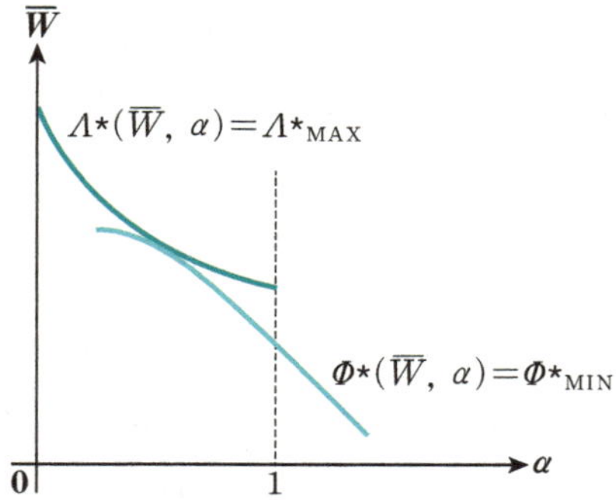

출처 : McCarthy, 2005.

[그림 7.4] 사용자와 근로자가 거래 불가능한 리스크를 분담하는 경우

리스크 이전의 예로 사용자가 지급불능될 리스크가 존재할 경우 약정된 연금액을 완전적립(full funding)하는 것을 들 수 있다. e_t를 사용자가 지급불능이 되어 약속된 연금을 지급하지 못하게 될 리스크라고 해석하고, α를 연금제도에 대한 적립 정도(degree of funding)라고 해석해 보자. 근로자는 사용자의 장기적 지급불능 리스크(insolvency risk)를 헤지할 수 없다고 가정하자. 이제 α가 증가하면 근로자의 리스크 노출 정도가 감소하지만 동시에 사용자의 고용비용이 증가하고 그로 인해 사용자의 지급불능 가능성이 높아질 수 있다. 근로자는 사용자의 지급불능 리스크를 좋아하지 않으므로 연금 적립수준이 높아져 미래 연금이 더 안전해진다면 임금이 낮아지는 것을 감수할 의사가 있다. 한편 사용자는 연금납입을 하는 기간 동안 사업을 영위할 수만 있다면 연금납입액을 추가적으로 부담한다고 해도 개의치 않을 것이다. 이는 연금납입금이 회사의 소득에 의해 모두 헤지될 것이기 때문이다. 따라서 사용자의 최적 연금 적립률(optimal pension funding position)은 완전적립이 된다([그림 7.3] 참고).

이 결과는 Sharpe(1976)의 모형과 다르다. Sharpe 모형에서는 근로자가 연금지급액을 옵션거래를 통해 복제할 수 있으므로 연금 적립률에 무차별하다. 현실에 더 가까운 McCarthy 모형에서는 회사가 파산할 리스크가 추가되면 옵션의 가격이 너무 높아지고, 이로 인해 근로자는 연금제도의 지급불능 리스크가 있으면 더 높은 임금으로 보상받기를 원하게 된다. 사용자는 연금 완전적립(fully-funded pension)을 통해 근로자에게 지불하는 비용을 줄일 수 있다.

왜 동일한 상황에서 보험회사는 이 리스크를 인수하지 않는 반면 사용자는 모두 인수하고자 할까?

보험회사가 이 리스크를 인수하지 않는 이유 중 하나는 도덕적 해이이다. 도덕적 해이는 보험 판매자와 구매자 사이에는 접근가능 정보의 차이가 존재하고 이로 인해 보험 구매자가 보험 판매자의 비용을 증대시키는 쪽으로 행동할 유인이 있을 때 발생한다.

제1기의 리스크를 피하기 위해 근로자는 제1기 임금을 제0기에 확정된 금액으로 팔고자 할 것이다. 그러나 이는 근로자가 제1기에 열심히 일할 유인을 감소시킨다. 이와 비슷하게 사용자는 연금펀드 적립 없이 연금 약속만을 제공한다면 사용자가 파산할 유인을 제공하게 되므로 근로자가 이를 받아들이지 않을 것이다.

사용자는 보험회사에 비해 도덕적 해이 문제를 더 쉽게 완화시킬 수 있는 입장에 있다. 왜냐하면 사용자는 근로자에 대해 더 많은 정보를 가질 수 있고 정보수집 비용과 여타 거래비용을 줄일 수 있기 때문이다. 회사는 근로자들을 하나의 그룹으로 취급함으로써 회사가 연금을 제공하는 것이 최적인 수준까지 거래비용을 감축시킬 수도 있을 것이다.

두 번째 이유는 개인에 대한 정보수집 비용과 같은 거래비용(transaction cost) 때문이다. 보장해야 할 리스크 크기에 비해서 거래비용이 상대적으로 높다면 보험회사는 높은 가격에서만 이러한 리스크를 인수하고자 할 것이고, 결국 보험수요가 사라질 수 있다. 회사는 근로자를 하나의 그룹으로 취급함으로써 회사가 근로자에게 이 리스크에 대한 보험을 제공하는 것이 최적인 수준까지 거래비용을 낮출 수 있다. 연금제도에 포함된 집단 의료보험과 사망보장이 그 예이다.

이러한 리스크들이 서로 독립적이라면 대규모 회사가 소규모 회사에 비해 근로자의 리스크를 더 잘 감내할 수 있다. 개별 근로자의 임금계약에 대한 회사의 목적함수를 다음과 같이 나타낼 수 있다.

식 7.10

$$\Phi^*(\overline{W},\ \alpha)=\min_{\{W_i,\ \alpha\}}\left\{W_0+\textstyle\sum_{i=1}^{N}W_iq_i+\frac{\gamma}{2M}\alpha^2(\pi e_1^2+(1-\pi)e_2^2)\right.$$
$$\left.\textit{subject to } \Lambda^*(\overline{W},\ \alpha)\geq\Lambda^*_{\text{MAX}}\right\}$$

여기서 M은 근로자 수를 나타내고, $1/M$은 근로자 수가 많아짐에 따라 리스크가 감소하는 분산효과(diversification effect)를 나타낸다. M이 증가함에 따라 사용자는 거래 불가능한 리스크를 더 많이 감내할 수 있게 되므로 최적 고용계약에서 더 많은 리스크를 부담하게 되고, 극한에서는 모든 리스크를 부담한다. 근로자의 개별적 사망 리스크가 그 예일 수 있다.

그러나 어떤 리스크는 서로 상관관계가 높아서 개인 간 분산효과가 발생하지 않으며, 어떤 리스크는 자본시장의 크기에 비해 너무 클 수도 있다. 이러한 리스크들은 사용자조차도 근로자를 위해 떠안을 수 없다. 이러한 예로 장기 생명연금 가격 리스크(long-term annuity price risk)를 들 수 있다. 보험회사가 제공하는 거치식 생명연금(deferred annuity) 시장이 존재한다 하더라도 보험회사가 매우 높은 가격을 요구하여 이를 구매할 근로자는 거의 없게 된다. 이 리스크는 매우 크기 때문에 사용자도 낮은 가격에 거치식 생명연금을 제공하기는 어렵다.

포트폴리오 제약

근로자가 직면하는 포트폴리오 제약(portfolio restrictions)으로 인해 근로자는 최적 포트폴리오 보유에 필요한 증권거래에 제약을 받을 수 있다. 그 예로 대부분의 자산에는 매도 포지션(short position)에 한도가 있어 공매도를 무제한 실행하는 것은 사실상 불가능하다. 이와 유사하게 근로자는 자신의 연금 수급권을 제3자에게 팔 수 없다.

이러한 제약이 없다면 개인은 자신의 연금펀드가 직면하는 포트폴리오 제약을 상쇄하기 위해 자신의 개인 포트폴리오를 조정할 수 있을 것이다. 연금펀드에는 개인이 조정할 수 없는 특정한 자산 배합(asset mix)이 있다. 만일 근로자가 연금제도 밖에서 보유하는 자산에 포트폴리오 제약이 없고 근로자가 직면하는 유동성 제약이 구속력이 없어서 소비를 위해 연금을 담보로 대출을 일으킬 수 있다면, 근로자는 연금제도의 자산을 포함하여 전체적으로 최적 자산배분(optimal asset allocation)을 달성하기 위해 연금제도 밖에서 필요한 거래를 할 수 있다. 그렇다면 보상 패키지의 가치는 완비시장의 경우와 같게 된다. 이 경우 확정기여형(DC) 연금제도에서 근로자에게 투자 선택권을 부여하는 것은 보상계약에서 큰 의미를 갖지 않는다. 그러나 근로자가 최적 자산배분에 도달하기 위해 개인적으로 보유한 포트폴리오를 조정할 수 없다면 완비시장의 결과는 더 이상 성립되지 않는다. 완비시장 결과가 성립되지 못하는 경우로는 연금펀드에 비해 개인 포트폴리오의 크기가 너무 작은 경우, 연금펀드의 자산배분이 근로자의 최적 자산배분과 너무나 크게 다른 상황에서 근로자의 포트폴리오 조정 제약으로 인해 최적 자산배분을 달성하지 못하는 경우 등이 있다. 이제 근로자는 자신의 연금펀드에 포함된 같은 가격의 두 자산에 무차별적이지 않게 된다.

유동성 제약이 구속력을 갖는 경우에도 동일한 결과가 나타난다. 즉, 근로자는 연금펀드를 기초로 대출을 받아 소비하지 못하므로 즉시 소비될 수 있는 현금보상(cash compensation)과 연금보상(pension compensation)이 서로 무차별하다고 느끼지 않게 된다.

거래비용

거래비용(transaction cost)은 완비시장하의 최적상태를 달성하는 데 제약요소가 된다. 거래비용에는 고용계약을 체결하는 데 드는 비용, 연금제도를 이해하는 데 드는 비용, 자산배분을 선정하고 조정하는 데 드는 비용 등이 있다. 거래비용이 존재하면 근로자는 더 이상 두 가지 서로 다른 연금제도를 무차별하다고 느끼지 않게 된다. 사용자가 근로자에게 거래비용이 적은 단순한 연금제도를 제공하면 거래비용이 큰 복잡한 연금제도를 제공할 때에 비해 낮은 임금을 지급할 수 있을 것이다.

세제

세제(taxation) 측면에서 연금보상이 임금보상에 비해 유리하다면 근로자는 전자를 후자보다 선호할 것이다. 그러면 근로자는 연금보상을 늘리고 임금보상을 더 줄임으로써 전체적인 비용을 감축할 수 있다. 따라서 근로자 연금에 대한 유리한 세제의 혜택은 사용자와 근로자 사이에 공유된다.

연금펀드의 투자대상 자산에 따라 세제가 다른 경우에도 비슷한 상황이 발생한다. 예를 들면 영국에서와 같이 주식투자에 대한 과세가 채권투자에 대한 과세보다 무겁다면 연금펀드에 주식을 편입시키는 것보다는 채권을 편입시키는 것이 유리하다. 투자 포트폴리오 조정비용이 존재한다면 근로자는 주식투자에 사용된 연금보상보다 채권투자에 사용된 연금보상을 더 높은 가치로 평가할 것이다.

외부성

사용자가 근로자에게 특정 형태의 연금을 제공함에 있어서 연금제공과 직접 연관되지 않은 다른 혜택이 발생할 수 있는데, 이를 외부성(externality)이라고 한다. 연금제공과 관련된 외부성의 예로 근속기간이 길어지는 것을 들 수 있다. 이는 근로자가 이직할 경우 사용자에게 발생하는 작업중단 비용(disruption cost)과 채용탐색 비용(search cost)을 감축시킨다. 최종임금방식 연금제도(final salary pension scheme)는 퇴직 당시 고임금인 근로자에게 더 큰 혜택을 부여하므로 근로자에게 열심히 일하여 승진하고 높은 임금을 받을 유인을 제공한다. 이와 비슷하게 과소적립된 확정급여형(DB) 연금제도는 근로자를 무담보 채권자 입장이 되도록 하는데, 회사가 파산할 경우 직장과 연금을 모두 잃을 수 있다는 두려움에 회사에 더욱 협조적으로 행동하도록 유도하는 효과가 있다.

선택효과 또는 분류효과

연금제도는 직무에 적합한 특성을 갖는 근로자를 끌어들이도록 설계될 수 있다. 연금을 선호하는 근로자는 그렇지 않은 근로자보다 연금제도가 포함된 보상패키지를 선호하며, 연금을 제공하는 직장에서 일하고자 할 것이다. 이러한 근로자가 직무에 바람직한 특성을 갖는 경향이 있다면 사용자는 바람직한 특성의 근로자를 선발하는 데 연금제도를 이용할 수도 있다(이는 외부성의 또 다른 예이다).[6]

---

6 Ippolito(1997)는 사용자가 매칭 부담금을 납입해주는 확정기여형(DC) 연금제도를 운영하는 경우, 미래에 대해 낮은 할인율을 적용하고 저축을 많이 하는 근로자를 끌어들인다는 것을 발견했다. 사용자는 이러한 근로자들이 더 높은 효율성을 보인다고 생각하기도 한다.

7.4 사적연금제도에서의 재분배

연금제도는 가입자 그룹 사이에서 연금재부를 이전하는 재분배(redistribution) 효과를 갖는다. 어떤 경우에는 재분배 효과가 갑작스런 사건에 의해 유발되어서 미리 예측하지 못할 수도 있고, 또 어떨 때에는 연금제도 설계 시 의도된 결과로 재분배 효과가 나타나기도 한다. 많은 경우 연금제도의 구조가 복잡하여 연금가입자나 연금 후원회사가 이러한 재분배 효과를 정확히 이해하지 못하는 수도 있다. 몇 가지 예를 들어보자.

확정급여형(DB) 퇴직연금제도는 다음과 같은 연금재부 이전(pension wealth transfer)을 수반한다. 먼저 오래 남는 자가 빨리 떠나는 자로부터 보조를 받는다. 근로자가 이직을 하면 연금 관련 이동 손실(portability loss)이 발생한다. 근로자가 확정급여형(DB) 연금제도를 제공하는 회사에서 근무하다가 다른 회사로 이직을 하면 새로운 회사의 연금제도로 들어가야 한다. 이 때 발생연금급여(accrued pension benefit)에 해당되는 금액을 이전금액으로 받거나 기존 연금제도에 거치하여 남겨두게 된다. 연금제도를 떠나게 되면 남아 있는 재직가입자에 비해 발생연금급여가 불리하게 적용된다. 왜냐하면 떠나는 가입자의 경우 이직시점의 임금에 근속기간을 적용하는 반면, 계속 근무하는 가입자는 같은 근속기간에 대해서 더 높은 퇴직 시 임금을 적용하기 때문이다. 즉, 연금급여가 백로딩된다.[7] 결국 오래 남는 자가 빨리 떠나는 자로부터 보조를 받는다. 장기 성실 근무자를 우대하기 위해 연금제도를 의도적으로 이렇게 설계한 것이다.

Blake와 Orszag(1997)는 평생 동안 6차례 이직하는 평균적인 영국 근로자가 겪는 이동 손실을 추정하였다.[8] [표 7.1]은 이동 손실이 평생근속 연금(즉, 근속기간 내내 하나의 연금제도에 가입해 있었을 경우의 연금)의 25%~30% 수준이라는 것을 보여준다. 중간에 한 차례 이직하는 근로자는 평생근속 연금에 비해 최고 16%까

7 [표 1.1]을 참고하라.

8 Burgess와 Rees(1994), Gregg와 Wadsworth(1995).

[표 7.1] 확정급여형(DB) 연금제도의 이동 손실(평생근속 연금액 대비 %)

근로자 구분	이직 형태[1]	이전 가치[2]	거치 연금[3]	DC 제도 (사용자가 운영)[4]	개인연금 (사용자도 부담금 납입)[5]	개인연금 (사용자 부담금 없음)[6]
영국 평균적 근로자(최저적립기준 적용[7])	A	75	75			
	B	71	71			
	C	84	84	71	61	37
영국 평균적 육체 근로자	A	75	88			
	B	71	86			
	C	84	96	78	66	45
영국 평균적 비육체 근로자	A	75	86			
	B	71	83			
	C	84	94	79	68	44

주 : 1) 이 표는 세 가지 근로자 구분(대표적 생애소득 내역 적용)에 대해 이동 손실의 규모를 추정한 결과이다. 여기서 적용된 세 가지 이직 형태는 다음과 같다.

- A : 28, 29, 30, 40, 57세에 이직
- B : 26, 27, 30, 31, 38, 44, 55세에 이직
- C : 45세에 이직

제시된 수치는 평생근속 연금액(근속기간 내내 하나의 연금제도에 가입해 있었을 경우의 연금액) 대비 이직이 있었을 때의 연금액의 비율을 %로 나타낸 것이다.

2) 이직하는 근로자가 새로운 연금제도로 적립액을 이전하는 경우
3) 이직하는 근로자가 기존 연금제도에 거치연금 형태로 남겨두는 경우
4) 이직하는 근로자가 사용자가 운영하는 확정기여형(DC) 제도로 이전하는 경우
5) 이직하는 근로자가 사용자도 함께 부담금을 납입하는 개인연금제도로 이전하는 경우
6) 이직하는 근로자가 사용자 납입 부담금이 없는 개인연금제도로 이전하는 경우
7) 최저적립기준(minimum funding requirement ; MFR)은 1995년 시행된 연금법에 따라 1997년 4월부터 2005년 12월까지 영국 연금펀드가 적용한 미래 물가 상승률, 소득 증가율, 투자수익률 등을 가정하여 산출한 것으로, 최소부담금 수준을 결정하고 이전가치를 계산하는 데 적용된다.

출처 : Blake와 Orszag, 1997, appendix E, table 5.8, p. 74.

지 손해를 보는 것으로 나타났다. 이동 손실을 줄이는 것이 불가능하지는 않은데, 예를 들면 이직시점의 임금을 이직시점과 은퇴시점 사이의 실질소득증가율과 연동시키거나 이직 시 이전 직장의 근속기간을 완전히 인정하는 등의 방법이 있을 수 있다. 그러나 이러한 경우는 공공부문 내에서의 이직을 제외하고는 영국에서는 흔하지 않은 일이다.

비슷한 원리로 확정급여형(DB) 연금제도에서 높은 직급까지 승진하는 근로자가 낮은 직급에 머무르는 근로자로부터 보조를 받는다. 이 또한 확정급여형(DB) 제도의 연금급여 백로딩 구조에 기인한다. 극단적인 예로 두 근로자가 39년 동안 정확히 같은 금액의 임금을 받다가 마지막 해에 한 근로자만 승진하여 임금이 크게 인상되었다고 하자. 이 근로자는 다른 근로자에 비해 부담금을 조금 더 내고 훨씬 많은 연금을 받게 된다. 높게 승진하는 자가 낮은 직급에 머무는 자로부터 보조를 받는 것이다. 여성은 최종임금이 남성보다 낮은 경향이 있으므로 남성이 여성의 보조를 받는 측면이 있다. 반면 여성이 남성의 보조를 받는 측면도 있는데, 여성이 남성보다 오래 사는 경향이 있으므로 남성과 같은 임금수준으로 퇴직하여 연금액이 같더라도 여성이 더 오랫동안 연금을 받게 된다.

생명연금에서는 부유한 사람이 가난한 사람의 보조를 받는다. 이는 부유한 사람이 가난한 사람에 비해 건강한 경향이 있어 평균적으로 더 오래 살기 때문이다. 연금펀드 적립액으로 구매하는 생명연금이 생명연금 가입자의 평균 여명을 기준으로 산정된다면 장수하는 부자에게는 좋은 거래일 수 있으나, 그렇지 못한 가난한 사람에게는 돈값을 못하는 거래일 수 있다. 이와 비슷하게 생명연금이 남녀통합 평균 여명을 기준으로 산정된다면 남성에 비해 상대적으로 장수하는 여성이 남성의 보조를 받는 결과를 낳는다.

7.5 사적연금의 시장실패와 공적연금제도의 보완기능

이 절에서는 사적연금이 최적 결과를 달성하는 데 실패하여 공적연금제도의 필요성이 제기되는 상황을 고려해 보자.

Diamond(1977), Merton(1984) 및 Merton 외(1987)는 사적연금제도가 비효율적인 리스크 분담(즉, 리스크 이전)을 유발하는데, 이러한 상황은 공적 보험(public insurance)을 도입하면 개선될 수 있다고 주장한다. 이 결과는 표준적인 리스크 분산 원리(standard risk diversification principles)를 기초로 하고 있다. 사적연금은 필요하지만 리스크가 있는 자산이다. 사적연금은 노년의 궁핍을 해소할 수 있다는 면에서 바람직하다. 하지만 사적연금제도에서는 해소된 리스크 대신에 새로운 리스크가 나타난다. 즉, 사용자(퇴직연금의 경우) 또는 연금 사업자(개인연금의 경우)가 지급불능 상태에 빠질 리스크가 있는 것이다. 공적연금은 이에 대한 더 안전한 대체자산이라고 볼 수 있다.[9] 따라서 여러 연금제도에 분산 가입한다면 다양한 금융자산에 투자하여 총 포트폴리오 리스크를 줄일 수 있는 것과 마찬가지로 연금의 총 리스크를 줄일 수 있을 것이다. 물론 공적연금 외에 다른 대안으로 회사가 연금펀드 완전적립을 유지하도록 의무화하는 방법이나 공적기관이 연금에 대한 보증을 제공하는 방법도 있다.

사적연금을 통해 노후를 준비하려면 젊을 때부터 자신의 은퇴에 대비할 필요가 있다. 하지만 이를 실천하는 것은 쉽지 않은 경우가 많다. 많은 사람들은 은퇴계획이 너무나 어렵고 복잡하다고 느낀다. 이들은 은퇴 후 빈곤에 시달릴 것을 미리 내다보지 못하고 근시안적으로 행동하는 경향이 있다. Feldstein(1985)은 개인이 근시안적으로 행동하는 이유가 생애효용함수에서 노년기 효용에 너무 적은 가중치를 적용하기 때문이라고 설명한다. 더욱이 은퇴계획을 실천하는 데는 절제와 희생이 필요하기 때문에 실천 또한 매우 어렵다.[10] 근시안적 행동의 증거를 살펴

9 이와 관련하여 후에 다시 논의될 것이다.

10 이와 관련하여 제8장에서 더 자세히 다룰 것이다.

보면 Katona(1984)는 사람들은 어떤 사건이 현실화될 날짜가 다가옴에 따라 점점 더 많은 관심을 기울인다는 것을 발견했다.[11] Hammermesh(1984)와 Bernheim (1989)은 사람들이 은퇴시기에 가까워질수록 은퇴시기에 대한 예상이 정확해진다는 것을 발견했다. Cagan(1965)은 의무가입 사회보장 시스템이 인지효과(recognition effect)를 유발시킨다고 주장했다. 개인이 사회보장 시스템에 의무적으로 가입함으로써 은퇴 후에 대비할 필요성을 인지하게 된다는 것이다. Katona와 Cagan은 의무적 공적연금제도가 없다면 사람들이 은퇴대비 저축을 충분히 하지 않을 것이라고 주장하였다(따라서 정부가 가부장적 역할을 해야 한다는 것이다).

공적연금제도는 민간 생명연금 시장에서 정보의 비대칭으로 인해 발생하는 시장실패를 치유하는 데 도움이 될 수 있다(Eckstein 외, 1985a, b ; Townley와 Broadway,1988 참고). 개인이 자신의 생존확률에 대해 사적정보를 가지고 있다면 민간 생명연금 시장에서는 역선택으로 인해 파레토 효율적인 결과가 달성되지 못할 수 있는데, 이러한 경우 의무적인 사회보장 시스템이 자유시장에 비해 파레토 우위(Pareto-dominate)일 수 있다.

7.6 공적연금제도의 리스크

부과방식 공적연금제도는 근로자가 노인에게 연금을 지불하고 이후 근로자 자신이 은퇴하면 그때의 젊은 근로자로부터 연금을 받는 구조이다. 부과방식 연금제도는 인구가 계속 증가하여 이전 세대에 비해 다음 세대의 인구가 더 많다면 운영하는 데 별 어려움이 없다. 인구가 일정한 경우에도 운영이 그리 어렵지는 않다. 하지만 인구가 체계적으로 고령화되거나 감소하면 상황이 완전히 달라진다.

부과방식 공적연금제도의 두 가지 주요 리스크는 체계적 인구 리스크(systematic demographic risk)와 정치적 리스크(political risk)이다(Diamond, 1977, 1997).

체계적 인구 리스크는 수명이 체계적으로 증가하거나 출생률이 체계적으로 감

11 그는 이를 목표 경사면 효과(goal gradient effect)라고 불렀다.

소할 때 발생하는 리스크이다. 영국, 유럽, 그리고 세계 대부분의 나라에서 인구증가율이 정체(일부 국가에서는 인구증가율이 음수(−))되고 있으며, 의학의 발전으로 수명이 증가하고 있다. 여기에 더해 많은 나라에서 출생률도 낮아지고 있다. 수명증가와 출생률 감소가 복합적으로 작용하여 인구의 고령화가 급속히 진행되는 것이다.[12] 이로 인해 많은 연금생활자를 부양하는 데 필요한 젊은 세대가 부족해지는 세대 간 리스크(intergenerational risk), 즉 인구 시한폭탄(demographic time-bomb)이 다가오고 있다.

체계적 인구 리스크는 특히 유럽에서 심각하다. 1990년 영국에서는 연금생활자 1명당 근로자가 4명이었다. 그런데 2030년에는 연금생활자 2명당 근로자 5명이 될 것으로 전망된다.[13] 유럽 대륙에서는 상황이 더 나쁘다. 독일의 상황이 가장 나쁜데, 연금생활자와 근로자의 비율이 1990년에는 1:5였으나 2030년에는 1:2가 될 것으로 예상된다. 모든 선진국에서는 젊은 세대로부터 나이 든 세대로 자원이 흘러가고 있는데, 세대 간 흐름이 더 커져야 하지만 너무 커지면 정치적 또는 사회적으로 유지 불가능(politically or socially unsustainable)해질 수 있다. 독일의 경우를 예로 들면 1995년에는 공적연금제도에 대한 부담금률이 근로자 소득의 23%였으나, 2050년에는 42%로 상승할 것으로 예상된다. 한편 이탈리아에서는 1995년 43%에서 68%로 상승할 것으로 예상된다.[14]

Blake(2004)는 영국 공적연금제도[15]의 정치적 리스크를 분석하였는데, 연금급여를 줄이는 정책변화로 인한 내부 수익률[16]의 감소를 정치적 리스크 측정지표로 이용하였다. Blake는 정치적 리스크를 세 가지로 구분하였는데, 인구요인으로 인한

---

12 [표 6.1]을 참고하라.

13 World Bank(1994a)

14 Chand와 Jaeger(19963). World Bank(1994b) 참고

15 영국 연금제도에 대해서는 Blake(2003a, b)를 참고하라. 영국의 제1축 공적연금제도는 기본공적연금제도(Basic State Pension Scheme)이다. 제2축 공적연금제도는 소득연계 공적연금제도(State Earnings Related Pension Scheme ; SERPS)라고 불렸는데, 2002년 4월 저소득층에 대한 연금혜택을 개선하면서 제2공적연금(the Second State Pension ; S2P)이라고 명칭을 바꿨다. 영국에서 저소득 기준(Lower Earnings Limit)을 초과하는 모든 근로자는 적격 사적연금제도를 선택하지 않으면 SERPS/S2P로 편입된다.

16 연금의 내부 수익률은 연금급여의 현재가치와 부담금의 현재가치를 일치시키는 할인율을 말한다.

정치적 리스크, 경제요인으로 인한 정치적 리스크(economically induced political risk), 순수한 정치적 리스크가 그것들이다. [표 7.2]를 살펴보면, 기존 기본공적연금(Basic State Pension ; BSP)의 내부 수익률이 실질가치를 기준으로 기혼 남성 13.9%(1행), 독신 여성 13.6%(11행)로 나타났다. 모든 소득수준에서 내부 수익률이 매우 높게 나타나는데, 이는 기존 기본 공적연금제도에 납부하는 부담금이 저소득층의 경우 2%로 낮은 수준이고(2002년에 소득이 £3,900 이하인 저소득층의 경우 2002년 부담금이 £78), 고정률 연금(2002년에 독신은 £3,926, 부부는 £6,276.40)이 여성은 60세, 남성은 65세부터 국민평균소득에 연계되어 매년 재설정되면서 평생 지급되기 때문이다. 기존 소득연계 공적연금제도(State Earnings-Related Pension Scheme ; SERPS)도 소득에 연계되어 매년 재설정되는데, 실질수익률(real rate of return)이 기혼 남성은 5.1~5.6%(3행)이고 독신 여성은 4.4~5.1%(13행)로 기존 BPS에 비해서는 낮지만 여전히 높은 수준이다.

공적연금제도와 관련된 정치적 리스크의 대부분은 인구요인으로부터 발생하였으며, 부양률 상승에 대응하여 제도개선이 이루어졌다. 기본연금제도(BPS)와 소득연계 공적연금제도·제2공적연금의 연금액 재설정 기준이 소득에서 물가로 변경되었으며, 이에 따라 내부 수익률이 각각 약 3%p 및 0.75%p 하락하였다(2행 및 4행). 이와 함께 재평가요소(revaluation factor) 인하 및 배우자 연금 인하(가입자의 100%에서 50%로 인하)를 종합하면 소득연계 공적연금제도의 내부 수익률은 2%p(기존 내부 수익률 대비 40% 미만) 하락하였다(5~7행, 3행과 비교). 여성의 연금개시연령을 60세에서 65세로 높인 것은 기본연금제도와 소득연계 공적연금제도·제2공적연금의 내부 수익률을 각각 약 1.9%p 및 0.9%p 하락시켰다(12행 및 14행).

공적연금제도에서 경제요인으로 인한 정치적 리스크 사례를 들어보면 소득연계 공적연금제도·제2공적연금에 참여하지 않고 사적연금제도를 선택하도록 유도하기 위해 강력한 재무적 유인(financial incentive)을 제공한 경우가 있다. 정부는 이를 통해 공적연금 비중을 낮추어서 납세자의 부담을 줄일 목적이었다. 제공된 재무적 유인은 소득연계 공적연금제도·제2공적연금에 불참하는 대신 국영보험

[표 7.2] 영국 공적연금제도의 정치적 리스크 : 실질 내부 수익률(%)

가입자 구분	저소득	평균소득	고소득
2002년 소득	£10,800	£13,857	£30,420
남성(25세, 기혼)			
1 기존 기본공적연금 : 소득 연계	13.857	13.857	13.857
2 개정 기본공적연금 : 물가연계	10.900	10.900	10.900
3 기존 소득연계 공적연금제도 : 소득연계	5.646	5.143	5.082
4 개정 소득연계 공적연금제도: 물가연계	4.931	4.401	4.337
5 개정 소득연계 공적연금제도 : 구간소득의 20%로 발생률 인하	4.259	3.728	3.663
6 개정 소득연계 공적연금제도 : 재평가요소 인하	3.421	3.421	3.421
7 개정 소득연계 공적연금제도 : 배우자 연금 50% 삭감	2.014	2.014	2.014
8 개정 소득연계 공적연금제도 : 유효 부담금률 인상	−0.639	1.303	1.303
9 제2공적연금으로 소득연계 공적연금제도 대체 : 고정률	4.291	1.466	0.508
10 제2공적연금으로 소득연계 공적연금제도 대체 : 고정률 + 최저소득보증(MIG) 및 연금 크레딧(Pension Credit)	6.232	3.290	2.368
여성(25세, 독신)			
11 기존 기본공적연금 : 60세 은퇴	13.645	13.645	13.645
12 개정 기본공적연금 : 65세 은퇴	11.725	11.725	11.725
13 기존 소득연계 공적연금제도 : 60세 은퇴	5.050	4.499	4.432
14 개정 소득연계 공적연금제도 : 65세 은퇴	4.180	3.590	3.518

주 : 이 표는 제1축 기본공적연금과 제2축 소득연계 공적연금제도 · 제2공적연금의 내부 수익률을 개정내용에 따라 보여준다. 25세인 기혼 남성과 독신 여성 가입자를 가정하여 소득수준별로 분석하였다. 2002년을 기준으로 저소득 가입자의 소득은 하위소득 기준(Lower Earnings Threshold ; LET), 평균소득 가입자는 제2소득 기준(Second Earnings Threshold ; SET), 고소득 가입자는 고소득 기준(Upper Earnings Limit ; UEL)을 최초 소득으로 가정하고 국가 평균 소득에 맞추어 매년 소득이 증가하는 것으로 가정하였다. 남성은 동갑 여성과 결혼하였다고 가정하였고, 분석대상 남성과 여성 모두 은퇴 시까지 사망하지 않는다고 가정하였다. MIG는 Minimum Income Guarantee를 의미한다.

출처 : Blake, 2004, 표 1.

부담금(National Insurance contribution ; NICs)[17]에 연령연계 리베이트를 제공하는 형태였는데, 시간이 흐름에 따라 이 리베이트가 크게 증가하였다. 1978년 소득연계 공적연금제도가 처음 도입되었을 때 저소득 한계(Lower Earnings Limit ; LEL)와 고소득 한계(High Earnings Limit ; HEL) 사이의 근로자에 대한 불참 리베이트(근로자와 사용자 통합)가 7% 수준이었다.[18] 2002년에는 저소득 한계와 저소득 기준(Lower Earnings Threshold ; LET) 사이의 소득을 버는 51세 초과 남성의 경우 불참 리베이트(근로자와 사용자 통합)가 21%로 나타났다. 이렇게 불참 리베이트가 증가함에 따라 소득연계 공적연금제도의 유효 부담금률(effective contribution rate)이 상승하였고, 소득연계 공적연금제도에 가입한 저소득 근로자의 경우 내부 수익률이 음(−)이 되었으며, 고소득 근로자의 경우 내부 수익률이 1.3%로 하락하였다([표 7.2] 8행).

순수 정치적 리스크의 예로 2002년 노동당 정부가 소득연계 공적연금제도를 제2공적연금으로 대체한 것을 들 수 있다. 제2공적연금은 미래 어느 단계에는 고정률 연금(저소득한도의 40%까지 지급)이 되면서 부담금은 계속해서 소득에 연계되도록 할 계획으로 도입되었다. 이 계획이 실행된다면 고소득 근로자가 제2공적연금으로부터 얻는 실질 내부 수익률은 0.5%에 머무르는 반면, 노동당을 지지하는 저소득 근로자의 내부 수익률은 4.3%로 상승할 것이다.

이로 인해 노동당 정부는 정치적으로 무지하다는 비난에 처할 수 있다. 노동당 정부는 1999년 연금수급자 최저소득보증(Minimum Income Guarantee ; MIG)제도를 도입하였는데, 2003년 4월 최저소득보증액이 개인은 주당 £100, 부부는 주당 £154였다. 이어서 2003년 10월에는 추가적인 연금크레딧(additional Pension Credit) 제도를 도입하였는데, 이로 인해 사적연금이나 저축이 있는 경우 개인은 주당 £135, 부부는 주당 £201까지 연금액이 증가한다. 이 조치는 국가 평균 소

---

17 국영보험 부담금이란 영국의 사회보장 세금이다. 근로자가 소득연계 공적연금제도·제2공적연금을 탈퇴하면 국영보험 부담금에 대한 리베이트가 제2축 사적연금제도로 이전된다.

18 소득이 저소득 기준한도 미만인 근로자는 소득연계 공적연금제도·제2공적연금에 가입되지 않으며, 그 외의 근로자는 고소득한도까지만 소득연계 공적연금제도·제2공적연금에 가입할 수 있다.

득에 맞추어 모든 소득한도를 상향시키려는 의도로 도입되었다. 그러나 연금액이 물가에 연계(연 2.5% 한도)되어 시간이 지나면서 더 많은 사람들이 최저소득보증제도(MIG)와 연금 크레딧(Pension Credit) 제도의 적용대상이 될 것이므로 시간이 지나면 큰 비용이 소요될 것으로 예상된다. 이러한 조치로 인해 공적연금제도의 실질수익률이 저소득 근로자는 6.2%이고 고소득 근로자는 2.4%가 된다는 것을 [표 7.2]의 10행에서 볼 수 있다.

7.7 공적연금제도에서의 리스크 분담

인구 리스크가 체계적이지 않은 한, 세대에 걸쳐서 인구 리스크를 헤지할 수 있다는 것이 공적연금제도의 가장 큰 장점이다. 이것을 세대 간 리스크 분담(intergenerational risk sharing)이라고 한다. Brandts와 De Bartolome(1992)은 개인이 어떤 세대에 태어날지 불확실한 경우 부과방식 연금제도는 파레토 개선을 이룬다고 주장하였다. 이는 인구가 적은 세대에 태어나서 인구가 많은 세대의 은퇴자를 부양하게 될 리스크와 인구가 많은 세대에 태어나서 인구가 적은 세대의 근로자로부터 부양을 받게 될 리스크가 서로 상쇄되기 때문이다.

Blinder(1981, p. 61~62)는 사회보장의 필요성을 다음과 같이 설명하였다.

> "우리는 사회보장제도가 대공황의 산물이라는 것을 잊지 말아야 한다. 대공황을 여러 세대에 걸쳐 심각한 경제적 손실을 발생시키는 무작위 사건(random event)이라고 본다면, 아직 태어나지 않은 세대의 소득을 대공황으로 피해를 입은 세대에게 이전하는 것은 합리적인 방안이라고 할 수 있다. 그 방안 중 하나가 부과방식 사회보장제도이다.
>
> 사회보장제도가 도입된 초기에 은퇴한 사람들(예를 들어 1940년에 65세가 된 사람들)은 대공황 시기에 54세 전후였다. 이들은 대공황으로 인해 엄청나고 회복불가능한 손실을 경험했다. 이 사태는 이들이 미리 예상하여 준비할 수 있는 것이 아니었으며,

결국 손실을 보충할 수단도 마련할 수가 없었다. 사회보장제도는 이들에게 많은 자원을 이전해 주었으며, 이들은 아주 적은 부담금을 납부하고 커다란 혜택을 누렸다.[19] 그리하여 사회보장제도는 대공황 손실 중 일부를 아직 태어나지 않은 세대에게 전가하게 되었다. 이것은 잘못된 사회정책이었을까?

한 세대 정도 내려가서 1960년대에 65세가 된 사람들은 대공황 때 34세로, 당시 소득이 높아지는 구간에 막 진입한 상태였다. 이들도 생애소득이 크게 감소하는 것을 경험했고, 사회보장제도로부터 많은 것을 이전받았다.

사회보장제도가 초기 단계를 벗어나는 데는 오랜 시간이 걸린다. 1970~1975년에 65세가 된 세대도 대공황으로 심각한 피해를 입은 세대였다. 이들은 대공황이 시작될 때 19~24세에 불과했으나 대공황이 끝날 무렵 29~34세가 되었다. 이들에게는 특히 실업의 영향이 컸을 것인데 실업으로 인해 경력을 쌓지 못해 이후의 커리어를 펼치기 힘들었기 때문이다. 이들 중 대부분은 사회보장제도로부터 소득을 크게 보전받았다. 사회보장제도가 완전히 성숙해져야 세대 간 순 이전이 사라지게 된다. 그때가 되면 대공황으로 피해를 입은 사람들은 사회보장제도를 통해 생애 재부를 수취한 후 모두 사망하였을 것이다.

따라서 대공황에 대한 보상은 공적연금제도, 특히 부과방식 공적연금제도에 대한 근거를 제공한다."

Gordon과 Varian(1988)은 세대 간 리스크 분담 모형을 개발하였는데, 이 모형은 앞의 대공황 사례처럼 한 세대에게는 체계적 리스크(systemic risk)인 것이 여러 세대에 걸쳐서는 비체계적 리스크(idiosyncratic risk)일 수 있다는 점을 이용한 것이다. 어느 세대든 나쁜 상황에 처할 가능성을 갖고 있다. 앞에서 Blinder가 설명하였듯이, 한 세대가 심각한 경제적 불황을 경험할 경우 젊은 시절에만 곤궁해지는 것이 아니라 은퇴 후를 대비하지 못하여 노년에도 빈곤해질 수 있다. Gordon과 Varian은 세대 간 리스크 분담이 일어날 수 있도록 하는 여러 사회적 장치들을 분석하였다. 그중 하나는 가족이고, 다른 하나는 사회보장 연금제도이다.

19 이는 [표 6.2]의 세대회계 내역을 살펴보면 확인할 수 있다.

7.7.1 가족

가족 내에 양방향 이타주의(two-way altruism)가 있다면, 즉 상속이나 대부를 통해서 부모가 자녀를 도와줄 의향이 있고 자녀도 부모를 도와줄 의향이 있다면, 이는 잠재적으로 세대 간 리스크 분담을 가능케 하는 장치가 된다. 예를 들어 부모가 대공황을 겪은 세대로 일정한 생활수준을 유지하고 싶어하지만 저축해놓은 자산이 없다고 가정해 보자. 이들은 소비를 위해 자금을 융통하고 싶더라도 대출에 필요한 담보가 없을 것이다. 자녀가 이 대출을 대신 갚을 의향이 있다고 하더라도 법적으로 자녀에게 상환을 강제할 방법이 없다. 더욱이 어떤 세대가 가족 내에서 자신이 돈을 내는 세대라는 것을 깨달았을 때 여타 세대의 선호가 무엇이든, 자신이 젊었을 때 어떤 약속을 했든 관계없이 가족 리스크 분담제도(family risk-sharing scheme)에서 이탈할 유인을 갖게 된다. 즉, 가족 리스크 분담제도에서는 동태적 비일관성(time inconsistency)이 존재하여 미래가 어떻게 펼쳐지느냐에 따라 제도 내에 머물 유인이 달라진다. 또한 아직 태어나지 않은 후세 가족으로부터 미리 확약을 받는 것도 불가능하다. 이러한 이유들로 인해 가족 리스크 분담제도는 붕괴될 가능성이 높다.

7.7.2 사회보장 연금제도[20]

기본 모형

Gordon과 Varian은 인구증가가 없는 단순한 2기간 중첩세대모형을 설정하였다. 이 모형에는 체계적 인구 리스크가 없다. 각 세대는 출생일만 다를 뿐 모든 면에서 동일하고, 청년기에 근로하고 노년기에는 소비만 한다. 정부가 미래 세대에게 사전적으로 확약(precommit)하도록 할 권한을 가지고 있다고 가정하자. 경기후퇴 리스크 등 모든 리스크를 분담할 수많은 미래 세대가 존재한다면, 각 세대는 미래에 어떤 사건이 발생하든지 아주 작은 리스크만 감내하면 될 것이다. 이는 포

20 이 절은 베를린 자유대학교의 Irwin Collier 교수가 작성한 Gordon과 Varian 모형에 기반한 것이다.

트폴리오 분산투자의 경우와 유사하다.

근로자는 청년기에 일정한 노동량에 대해 고정된 임금 W를 받고, 이 임금을 은퇴에 대비해 저축한다. 저축의 수익 e_t는 확률변수이고(stochastic), 기댓값(mean)이 0, 분산이 v이며 시계열적으로 독립(serially independent)이라고 가정한다.[21] 근로자는 노년기에 $W+e_t$를 소비할 수 있다. 각 세대의 기대효용은 확률적 소득의 기댓값과 분산의 함수라고 가정하자.

식 7.11 $$\bar{\Lambda}=U(W)-V(v)$$

여기서 $U'>0$이고 $V'>0$이다.

각 세대의 청년기가 끝나고 노년기가 시작되는 시점(즉, 생애 중간시점)에 충격(shock)이 발생하고 수익률이 확정된다. Gordon과 Varian의 표현에 따르면 이때 '복권(lottery)'이 추첨된다. 충격이 발생하는 시점에 한 세대(조부모)는 죽고 새로운 세대(손자손녀)가 태어난다. 따라서 충격이 발생하기 전과 후에 모두 생존해 있는 세대는 오직 한 세대뿐이므로 시장을 통해 리스크가 분담되는 것은 불가능하다. 그러나 언제나 두 세대가 동시에 생존해 있으므로 정부는 소득을 한 세대로부터 다른 세대로 이전할 수 있다. 정부는 과거 사건의 결과에 기초하여 소득 이전을 실행함으로써 모든 세대들의 효용을 증대시킬 수 있다. 다시 말해, 사회보장제도를 도입하는 것이 파레토 개선(Pareto improving)이라는 것이다.

구체적으로 설명하면, 정부는 과세와 이전을 기초로 재원이 조달되는 사회보장제도를 수립한다. t기에 각 세대는 앞 세대로부터 $e_{t-1}/2$를 이전받고 뒤 세대에게 $e_t/2$를 이전해 줌으로써 연속된 두 세대 사이에 리스크가 공평하게 분담된다. 첫 번째 세대를 제외한 각 세대가 소비는 $W+(e_{t-1}+e_t)/2$이 되고, 기대효용이 [식 7.11]의 리스크가 분담되지 않는 경우에 비해 높아진다.

---

21 실현되는 수익률이 기대 수익률 $E(e_t)=0$으로부터 흩어져 있는 정도를 나타내는 척도를 분산이라고 한다. 분산은 $Var(e_t)=E[e_t-E(e_t)]^2$로 정의된다. 시계열 독립성(serial independence)은 $E[e_t-E(e_t)][e_{t-1}-E(e_{t-1})]=E(e_t-e_{t-1})=0$임을 의미한다.

식 7.12
$$\bar{\Lambda}=U(W)-V\left(\mathrm{var}\left(\frac{e_{t-1}+e_t}{2}\right)\right)$$
$$=U(W)-V\left(\frac{v}{2}\right)>U(W)-V(v)$$

첫 번째 세대는 수익률 충격(또는 복권추첨)에 한 번만 관여되므로 기대효용이 가장 많이 개선된다.

식 7.13
$$\bar{\Lambda}=U(W)-V\left(\mathrm{var}\left(\frac{e_1}{2}\right)\right)=U(W)-V\left(\frac{v}{4}\right)>U(W)-V(v)$$

이 과세-이전 제도(tax-transfer scheme)는 모든 세대의 기대효용을 증대시키므로 파레토 개선을 달성한다.

사회보장제도는 N개 세대에 걸쳐 리스크가 공평하게 분담되도록 설계될 수도 있다. $t-1$기에 태어난 세대의 소비는 다음과 같이 나타낼 수 있다.

식 7.14
$$W+\sum_{i=0}^{N-1}\left(\frac{e_{t-i}}{N}\right)=W+\sum_{i=1}^{N-1}\left(\frac{e_{t-i}}{N}\right)+\left(\frac{e_t}{N}\right)$$

여기서 우변의 두 번째 항은 $t-1$기에 태어난 세대가 과거에 발생한 충격 중에서 흡수하는 부분을 나타내고, 마지막 항은 현재 발생한 충격 중에서 흡수하는 부분을 나타낸다. $t-1$에 출생한 세대의 기대효용은 다음과 같다.

식 7.15
$$\bar{\Lambda}=U(W)-V\left(\mathrm{var}\left(\sum_{i=0}^{N-1}\frac{e_{t-i}}{N}\right)\right)$$
$$=U(W)-V\left(\frac{v}{N}\right)>U(W)-V(v)$$

더 많은 세대와 리스크를 분담하면 각 세대가 직면하는 총 리스크는 감소한다. 리스크 분담 세대 수가 무한히 커지는 극한($N\rightarrow\infty$)에서는 총 리스크는 0이 되고 기대효용은 $U(W)$로 수렴한다. Gordon과 Varian(1998, p.190)은 '한 세대의 입장에서는 사회적 리스크일 수 있지만, 여러 세대가 갖는 독립적인 리스크와 혼합될 경우에는 비체계적 리스크일 뿐이다. 따라서 거의 모든 리스크는 미래 세대로 이전하여 분담해야 한다'고 주장하였다. 시간이 지나면서 인구가 점점 늘어난다면 미래와 리스크를 분담할 유인이 더욱 커진다.

복잡한 고려요소들

현실에서 세대 간 재부 이전(wealth transfer)은 자본저량의 변동(상황이 좋을 때는 자본저량이 증가하고 상황이 나쁠 때는 소비에 사용)을 통해서만 가능하다. 그런데 자본저량의 변동은 자본의 수익률을 변화시킨다. 더욱이 자본저량의 크기에는 하한(lower limit)이 존재하며, 자본저량이 음(−)이 될 수는 없다. 이러한 요인들이 리스크 분담의 효율성 정도를 제약할 수 있다. 이들 요인을 감안하여 미래 N기간에 걸쳐 태어나는 각 세대 i는 각 충격(shock)의 일정비율 α_i만을 부담한다고 가정하자. 그러면 α_i는 리스크 분담 정도(degree of risk sharing)를 나타낸다. 즉, α_i가 클수록 리스크 분담 정도가 커진다.[22]

또한 정부정책의 목표가 과거 세대로 하여금 사회보장 프로그램 도입 전과 같은 수준의 사전적 효용(ex ante utility)을 얻도록 하면서 정상 상태 세대(steady state generation)의 기대효용을 극대화(사회보장제도 도입시점 기준)하는 것이라고 가정하자. 여기서 정상 상태 세대는 사회보장 프로그램 도입 후 N세대 이상이 흐른 후에 태어난 세대를 말한다. 사회보장 프로그램의 도입으로 전환기 세대의 효용 감소가 없고 정상 상태에서의 제약하 효용이 증대된다면 그 사회보장 프로그램은 파레토 개선을 달성한다.

이제 각 세대의 소비는 다음과 같다.

식 7.16 $$W + \sum_{i=0}^{N-1} \alpha_i e_{t-i}$$

---

22 앞서 7.3절에서 살펴본 McCarthy(2005)의 모형과 비교해 보면, McCarthy 모형에서는 동일한 시기에 N가지 경제 상태나 근로자 M명 사이의 리스크 분담을 분석한 반면, 여기서는 N기간에 걸친 리스크분담을 분석한다.

기대효용은 다음과 같다.

식 7.17 $$\bar{\Lambda}=U(W)-V\left(v\sum_{i=0}^{N-1}\alpha_i^2\right)$$

정부의 목적함수는 다음과 같다.

식 7.18 $$\max\left[U(W)-V\left(v\sum_{i=0}^{N-1}\alpha_i^2\right)\right]$$

정부 목적함수의 제약조건은 다음과 같다.

식 7.19 $$\sum_{i=0}^{N-1}\alpha_i=1$$

극대화를 위한 1계 조건(FOC)은 다음과 같다. 여기서 λ는 라그랑지 승수이다.

식 7.20 $$2v\alpha_i V'=\lambda,\ i=1,\ \cdots,\ N$$

이는 최적에서 다음이 성립함을 의미한다.

식 7.21 $$\alpha_i=\alpha_j,\ \forall i,\ j$$

이를 [식 7.19]에 대입하면 다음이 도출된다.

식 7.22 $$\alpha_i=\frac{1}{N}$$

즉, 리스크는 N세대에 걸쳐 고르게 분담되어야 한다. 이 사회보장 프로그램은 파레토 개선을 달성한다. 왜냐하면 정상 상태 세대는 이 사회보장 프로그램이 없을 때에 비해 후생이 증대되었고, 전환기 세대는 더 적은 리스크 사건을 분담하므로 후생이 더 많이 증대되기 때문이다.

리스크 이전에서 자본저량의 역할

한 단위의 자본이 t세대로부터 $t+1$세대로 이전될 때, $t+1$세대는 이전된 자본뿐만 아니라 그 자본에서 발생하는 한계생산도 얻는다. 즉, $t+1$세대는 t세대가 포기한 것보다 더 큰 복권을 갖게 된다.

최초의 정상 상태 세대가 받는 자본저량(capital stock)은 다음과 같다. 감가상각은 없다고 가정한다.

식 7.23
$$K_t = W + \sum_{i=1}^{N-1}\left(\frac{N-i}{N}\right)e_{t-i}$$

이 때 자본저량이 양(+)이라는 보장은 없지만 자본저량이 적어지면 자본의 한계생산이 증가한다는 점이 자본저량을 양(+)으로 유지하는 주된 힘이다. 자본이 벌어들인 소득이 $F(K_t)+e_t$(여기서 $F(\bullet)$는 생산함수)이고 한계생산 F' 이 양(+)이며, $K_t \to 0$일 때 $F' \to \infty$이면 K_t가 양(+)으로 유지된다.

다음 두 세대의 과세-이전 사회보장 프로그램(tax-transfer social security programme)이 보여주듯이 리스크 분담은 여전히 파레토 개선을 달성한다. 정상 상태 소비는 다음과 같다.

식 7.24
$$W + \alpha e_{t-1} + F(W + \alpha e_{t-1}) + (1-\alpha)e_t$$

정상 상태 효용은 다음과 같다(여기서 $E(\bullet)$는 기댓값 연산자이다).

식 7.25
$$\begin{aligned}\bar{\Lambda} = U[&W + E(\alpha e_{t-1}) + EF(W + \alpha e_{t-1}) + E((1-\alpha)e_t)]\\ &-V[\text{var}(W) + \alpha^2 v + \text{var}(F) + 2E(\alpha e_{t-1}F) + (1-\alpha)^2 v]\end{aligned}$$

$$=U[W+EF(W+\alpha e_{t-1})]-V[\alpha^2 v+E(F^2)$$
$$-(EF)^2+2E(\alpha e_{t-1}F)+(1-\alpha)^2 v]$$

여기서 다음의 관계가 이용된다.

식 7.26 $E(\alpha e_{t-1})=E((1-\alpha)e_t)=\text{var}(W)=0$

$V[\bullet]$에서는 다음의 성질이 이용되었다.

식 7.27 $\text{var}(X+Y)=\text{var}(X)+\text{var}(Y)+2\text{cov}(X, Y)$

식 7.28 $\text{var}(F)=E(F^2)-(EF)^2$

[식 7.25]를 α에 대해 미분하면 다음과 같다.

식 7.29 $\bar{\Lambda}'=U'E(F'e_{t-1})-2V'[\text{cov}(F, F'e_{t-1})$
$-(1-2\alpha)v+E(e_{t-1}F)+\alpha E(e_{t-1}^2F')]$

여기서 다음의 관계가 이용된다.

식 7.30 $\frac{\partial EF}{\partial\alpha}=E(F'e_{t-1})$

식 7.31 $\frac{\partial \text{var}(F)}{\partial\alpha}=E(2FF'e_{t-1})-2(EF)E(F'e_{t-1})$
$=2\text{cov}(F, F'e_{t-1})$

식 7.32 $\frac{\partial E(\alpha e_{t-1}F)}{\partial\alpha}=E(e_{t-1}F)+\alpha E(e_{t-1}^2F')$

[식 7.29]를 $\alpha=0$에서 평가하면 $\bar{\Lambda}'=2V'v>0$이 된다(F는 $\alpha=0$일 때 확률적이지 않으므로). 따라서 리스크 분담을 약간 증가시키면 정상 상태 효용이 증대된다. 첫 번째 세대도 리스크 분담으로 혜택을 보기 때문에 사회보장 프로그램의 도입은 파레토 개선을 달성한다.

α에 대한 1차 미분을 α에 대해 정리하면 다음과 같다.

식 7.33

$$\alpha=\frac{1}{\left(2+\frac{E(e_{t-1}^2F')}{v}\right)}+\frac{\frac{U'}{2V'}\cdot E(F'e_{t-1})-\operatorname{cov}(F\cdot F'e_{t-1})-E(e_{t-1}F)}{v\left(2+\frac{E(e_{t-1}^2F')}{v}\right)}$$

위 식을 구성하는 항들의 부호를 살펴보면 다음과 같다. 먼저 다음에서 F'을 포함하여 모든 항이 음(−)이 아니므로 다음이 성립한다.

식 7.34 $$\frac{E(e_{t-1}^2F')}{v}\geqq 0$$

둘째로, 리스크가 더 많이 분담될수록 자본소득의 변화는 감소한다.

식 7.35 $$\frac{\partial EF}{\partial\alpha}=E(F'e_{t-1})\leqq 0$$

이는 생산함수 F의 오목성(concavity)에 기인한다. $E(e_{t-1})=0$이지만 생산함수의 오목성으로 인해 자본이 증가할 때 늘어나는 생산량에 비해 자본이 감소할 때 줄어드는 생산량이 더 크다. 한계생산과 충격 e_{t-1}을 곱하면 음(−)이 되는데, 이는 e_{t-1}이 음(−)일 때 더 큰 가중치(확률과 한계생산의 곱)가 적용되기 때문이다. 이 관계가 [그림 7.5]에 나타나 있다.

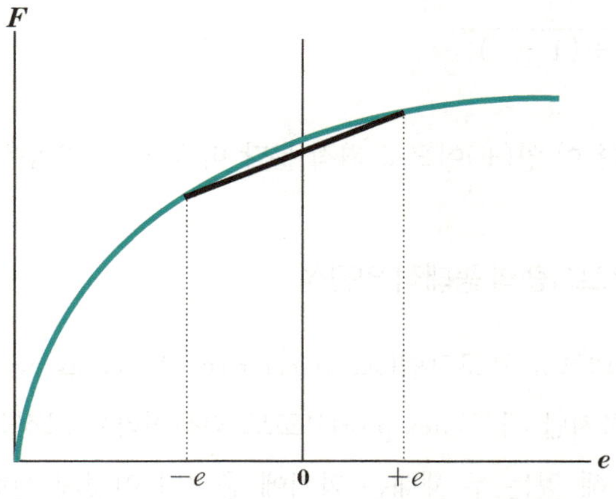

[그림 7.5] $E(F'e_{t-1}) \leqq 0$인 이유에 대한 설명

셋째와 넷째로, 다음이 성립한다.

식 7.36 $\text{cov}(F,\ F'e_{t-1}) \geqq 0$

식 7.37 $E(e_{t-1}F) \geqq 0$

이들 관계는 Gordon과 Varian(1998)에 의해 증명되었다. 직관적으로 설명하면, 이들 관계는 [식 7.35]와 생산함수의 오목성에 의한 것이다. 예를 들어 [식 7.35]에서 e_{t-1}과 F'이 부(−)의 상관관계를 가지므로 [식 7.37]에서 e_{t-1}과 F는 정(+)의 상관관계를 갖는다.

[식 7.34]~[식 7.37]을 종합하면 [식 7.33]에서 $\alpha < 1/2$임을 알 수 있다. 이는 기본 모형에서 두 세대 경우의 최적 리스크 분담 비율이 $\alpha = 1/2$보다 작음을 의미한다. 즉, 리스크 분담 비율이 이것보다 높아지면 자본소득의 기댓값을 하락시키고 분산을 증가시킨다.

선형 생산함수 $F(K_{t-1}) = rK_{t-1}$을 가정하면 다음이 성립한다.

식 7.38 $$\alpha = \frac{1}{1+(1-r)^2}$$

자본의 한계비용이 양(+)이므로 최적 분담 비율 $\alpha < 1/2$임을 확인할 수 있다.

리스크 분담 프로그램의 동태적 일관성

과세-이전 사회보장 프로그램(tax-transfer social security programme)이 사전적으로 최적이긴 하지만 사후적(ex post)으로도 최적이라는 보장은 없다. 미래 어느 시점에서든 생존해 있는 두 세대는 과거에 충격이 어떻게 실현되었는지를 알고 있고, 그중 한 세대가 사회보장 프로그램이 없을 때 혜택이 커진다는 것을 깨닫게 될 수 있다. 이 세대는 사회보장 프로그램을 폐지하기로 결정할 수도 있다. 이러한 가능성은 프로그램 설계단계에서도 인지할 수 있는 것이므로 모든 리스크 분담 프로그램은 미래에 채무불이행이 발생할 가능성이 있다는 것을 설계단계에 반영해야 한다. 다시 말해, 리스크 분담 프로그램은 동태적 일관성(time consistency)이 있게 설계되어야 한다.

Gordon과 Varian은 리스크 분담 프로그램이 미래 어느 시점에서 폐지될 가능성이 상당하다는 것을 보였다. 예를 들어 확률변수 e_t의 실현치에 따라 결정되는 $P(e_t)$를 $t+1$세대로부터 t세대로 이전하는 세대 간 리스크 분담 프로그램을 상정해 보자. 젊은 세대는 다음 조건이 충족될 때 이 프로그램에 참가할 유인을 갖는다.

식 7.39 $$E_tU(W_{t+1}-P(e_t)+P(\tilde{e}_{t+1})+\tilde{e}_{t+1}) \geqq E_tU(W_{t+1}+\tilde{e}_{t+1})$$

여기서 ~표시는 젊은 세대가 자신이 직면할 충격의 크기를 알지 못한다는 것($\tilde{e}_{t+1}$)을 나타내는 기호이다. 반면 젊은 세대는 과거에 발생한 충격의 크기(e_t)는 이미 알고 있다.

그러나 이 조건은 $P(e_t)$가 상수여서 리스크 분담이 발생하지 못할 때에만 성립한다. 이는 모순증명법으로 증명할 수 있다. $P(e_t)$가 상수가 아니고 최대값 P_{MAX}

를 갖는다고 가정해 보자. $P(e_t)=P_{\text{MAX}}$에 대해 [식 7.39]의 조건이 만족되기 위해서는 다음이 성립되어야 한다.

$$E_tU(W_{t+1}-P_{\text{MAX}}+P(\tilde{e}_{t+1})+\tilde{e}_{t+1})\geqq E_tU(W_{t+1}+\tilde{e}_{t+1}) \quad \text{식 7.40}$$

이는 $P_{\text{MAX}}=P(\tilde{e}_{t+1})=P(e_t)$이어야 하므로 $P(e_t)$는 상수이어야 함을 의미한다.

이 결과는 세대 간 리스크 분담 제도가 실행 불가능하다는 것을 시사하는 듯이 보인다. 그러나 Gordon과 Varian은 동태적 일관성을 갖춘 과세-이전 사회보장 프로그램을 설계할 수 있다는 것을 증명했다. 이는 일정한 조건을 필요로 한다. 첫 번째 조건은 항상 젊은 세대로부터 나이 든 세대로 이전이 일어나야 한다는 것이다. 두 번째 조건은 프로그램을 폐지시키고 싶어하는 세대가 평판 리스크(reputational risk) 등 충분히 큰 불이익을 감수하지 않고는 프로그램을 폐지시킬 수 없어서 폐지하지 않는 쪽으로 의사결정을 해야 한다. 예를 들면 이전(transfer)을 세금으로 조달하는 대신 부채로 조달할 경우, 프로그램 폐지는 정부부채에 대한 지불거절과 마찬가지이다. 만일 채무불이행의 총비용 ζ이 다음을 성립시킨다면 동태적 일관성 있는 프로그램을 만들 수 있다.

$$E_tU(W_{t+1}-P_{\text{MAX}}+P(\tilde{e}_{t+1})+\tilde{e}_{t+1})\geqq E_tU(W_{t+1}+\tilde{e}_{t+1}-\zeta) \quad \text{식 7.41}$$

7.8 공적연금제도의 재분배 기능

Blinder(1981)는 공적연금제도의 핵심적 특징이 세대 내 리스크 분담(intragenerational risk sharing)를 통한 재분배(redistribution)가 가능한 점이라고 주장하였다. 대부분 사회보장제도는 재분배적인 급여산정방식(benefit formula)을 채택하고 있다. 생애소득이 낮은 개인은 자신이 납부한 사회보장 부담금으로부터 높은 한계수확(marginal return)과 평균수확(average return)을 얻는다.

사적연금제도는 사회적 최적을 달성하는 방식으로 소득을 재분배하지 못한다. 그런데 사회보장제도를 중립적으로 운영하더라도 누진과세(progressive taxation)나 이전 시스템(transfer system)을 통해서 사회적으로 바람직한 재분배를 달성할 수는 없는지 의문을 제기할 수 있다.

Blinder는 두 가지 이유를 제시했다. 하나는 저소득층은 사망률이 높기 때문에 계리적 공평성(actuarial equity)을 달성하려면 이들에게 더 높은 수익이 주어져야 한다는 것이다. 다른 하나는 사회보장제도가 생애소득의 재분배를 위한 유일한 메커니즘이라는 것이다. 모든 다른 재분배 메커니즘은 특정 시기에 부유한 사람으로부터 그 시기에 빈곤한 사람에게 재분배하는 구조이기 때문이다.

7.9 부과방식 공적연금제도의 지속 가능성과 적립방식으로의 전환비용

7.9.1 지속 가능성

선진국에서 일어나는 체계적인 인구 고령화와 체계적인 출산율 하락은 부과방식 공적연금제도의 지속 가능성(viability)이 낮아진다는 것을 의미하고(체계적인 인구 리스크), 또한 공적연금 부담이 큰 나라는 이러한 연금을 축소할 방법을 모색해야 한다는 것을 의미한다(정치적 리스크).[23]

부과방식 공적연금제도가 오랫동안 유지되기 위해서는 충분히 많은 사람들이 충분히 많은 부담금을 납입하여 은퇴자를 부양할 수 있어야 한다. 기술적으로 설명하면, 노동인구(working population) 증가율과 노동생산성(labour productivity)의 합이 은퇴인구 증가율과 실질 연금액(real pensions) 증가율의 합을 초과해야 한

---

23 인구 고령화 시 공적연금제도가 일반적으로 생각되는 것보다 훨씬 더 위험한 이유가 바로 이것이다.

다.[24] 이는 국가 전체 실질임금 증가율이 국가 전체 실질연금 증가율을 초과해야 한다는 것과 같은 뜻이다. 그러나 다른 여러 유럽국가와 마찬가지로 영국의 경우 인구증가율이 하락하고 있고(일부 국가에서는 인구가 감소) 의학의 발전으로 수명이 길어지고 있다. 이로 인해 인구가 급격히 고령화되어 앞서 언급했던 바와 같이 소위 인구 시한폭탄 현상을 초래하고 있다. 따라서 부과방식 연금제도는 사람들이 더 오랫동안 일하거나 더 많은 부담금을 지불해야 유지될 수 있다. 그러나 부과방식 연금제도는 인구 대체율(replacement rate of population)에 비해 출생률(선진국에서 여성 1인당 약 2.1명)이 낮으면 장기적으로 유지될 수 없다.

영국에서는 GDP 대비 연금비용 비율이 향후 반세기 동안 증가하지 않을 것으로 예상되고, 아일랜드에서는 낮아질 것으로 예상된다. 그러나 다른 유럽국가에서는 크게 증가할 것으로 예상되는데, 이탈리아는 61%, 독일은 66%, 네덜란드와 포르투갈은 100% 이상 증가할 것으로 예상된다. 유럽국가에 대해 부과방식 공적연금의 순 부채 크기(미래 연금지급액의 현재가치에서 미래 기대 부담금의 현재가치를 뺀 값)를 추정한 결과[25], 아일랜드가 가장 적었고(GDP의 19%) 영국이 그 뒤를 이었으며(GDP의 24%), 스웨덴과 벨기에는 가장 높은 수준(각각 GDP의 132% 및 153%)으로 나타났다. 만일 이러한 부채를 국가부채(national debt)의 일부로 인식하여 공식적으로 측정되는 국가부채에 합산한다면 유로 통화 참가기준인 Maastricht 기준(국가부채가 GDP의 60% 이하)을 만족시킬 수 있는 나라는 유럽에 하나도 없을 것이다.

인구증가율 하락의 영향을 노동생산성(labor productivity)으로 상쇄시키는 것도 어려운데, 그 이유는 여러 가지가 있다. 노동생산성이 높으려면 근로자당 자본규모가 커야 하지만 전후 대부분의 기간 동안 영국과 다른 유럽국가에서 순투자(총투자−감가상각)가 음(−)이었다. 즉, 유럽은 자본저량을 소비에 써왔던 것이다. 유럽 전역에서 나타나는 석탄, 철강, 조선 산업의 쇠퇴가 이러한 현상을 증명한다. 뿐만 아니라 자본이 유럽으로부터 아시아와 라틴 아메리카 등 저임금 국가로 흘

---

24 Samuelson(1975)

25 Roseveare 외(1966)

러가고 있다. 1980년대와 1990년대에 유럽에서 나가는 직접투자가 유럽으로 들어오는 직접투자의 두 배에 달했다.[26]

[표 7.3]은 주요 선진국에서 실질 연금액이 노동생산성과 동일하게 증가한다면 부과방식 공적연금제도가 유지될 수 없음을 보여준다. 이들 부과방식 연금제도는 연금액의 실질 증가율이 0이어야만 장기적으로 유지가 가능하다. 그러나 이는 국가 자원 전체에서 연금생활자에게 돌아가는 몫이 지속적으로 낮아진다는 것을 의미한다.

체계적인 인구 리스크로 인해 부과방식 공적연금제도가 유지될 수 없게 된다면 (실질 연금액을 동결하거나 은퇴연령을 늦추지 않는 한) 정부로서는 적립방식 연금제도로 전환함으로써 연금제공의 부담을 해소하는 것 외에 별다른 대안이 없다. 적립방식 연금제도는 공적연금에서 채택된 경우도 있지만(예 스웨덴), 대체로 사적연금에서 적용된다. Aaron(1966)은 장기적으로 부과방식 연금제도에 비해 적립방식 연금제도가 우월할 조건을 분석하였다. 그 조건은 적립방식 연금제도 자산에 대한 실질 수익률이 실질임금 증가율(즉, 부과방식 제도의 수익률)을 초과해야 한다는 것이다. [표 7.3]을 보면 이 조건은 영국과 다른 선진국에서 충족되는 것으로 보인다. 이는 연금펀드가 유럽 외에 전 세계에서 빠르게 성장하는 경제에 투자하여 높은 수익을 거둘 수 있었기 때문만은 아니다. 이를 뒷받침하는 이론적 근거로 장기균형에서 자산의 평균 수익률이 임금 상승률(국민소득 중 임금의 비중이 일

26 Eltis(1994)와 Wolf(2006)을 보라. 1990년대에 일본, 한국, 대만, 싱가포르, 홍콩, 인도네시아, 말레이시아, 타이 등 동아시아 경제의 총투자는 GDP 대비 평균 35%였던 반면, OECD 국가 평균은 20%에 머물렀다. 1965년부터 1990년까지 동아시아 국가들의 1인당 실질 GDP 증가율은 평균 5.5%였으나, OECD 국가들은 평균 2.5% 수준이었다(World Bank, 1993). 세계 자본흐름의 60%는 아시아로, 20%는 라틴 아메리카로, 4%는 아프리카와 중동으로 흘러가고, 16%만이 유럽과 북아메리카로 흘러간다(Financial Times, 1997.3.6). 최근 연구결과에 의하면 1인당 실질소득이 연평균 3.8% 증가했던 1950년대부터 1970년대 중반까지의 유럽 황금기는 다시 오지 않을 것이라고 한다. 당시 전후 재건, 미국으로부터의 기술 이전(이로 인한 성장 만회), 구조적 변화(사용자와 근로자 사이의 새로운 합의에 기인) 등 여러 요인이 성장을 자극하였다. 이후 1970년대 석유위기(oil crisis)와 새롭게 산업화된 동아시아와 라틴 아메리카 국가들의 도약으로 유럽의 성장이 둔화되기 시작하였으며, 비숙련 노동에 대한 기술변화의 영향, 정보통신기술 발전으로 인한 서비스 산업의 이전 등 여러 요인들로 인해 비교우위(comparative advantage)가 유럽을 영구히 떠나게 되었다(Crafts와 Toniolo, 1996 ; van Ark와 Crafts, 1996).

[표 7.3] 여러 나라 부과방식 및 적립방식 공적연금제도의 장기적 유지 가능성

	노동 인구 증가율[1]	노동 생산성 증가율[2]	연금 펀드 자산의 실질 수익률[1]	은퇴 인구 증가율[4]	부과방식 연금제도 유지 가능 여부[5]		적립방식 연금제도 유지 가능 여부[6]		부과방식보다 적립 방식이 우월한가?[7]
					생산성에 실질 연금액 연계 시	실질 연금액 고정 시	생산성에 실질 연금액 연계 시	실질 연금액 고정 시	
영국	0.0	2.1	6.3	0.7	불가능	가능	가능	가능	예
독일	−0.7	2.5	5.5	0.8	불가능	가능	가능	가능	예
네덜란드	−0.3	2.1	4.3	1.2	불가능	가능	가능	가능	예
스웨덴	0.1	1.8	2.8	0.6	불가능	가능	가능	가능	예
덴마크	−0.3	1.9	5.8	0.5	불가능	가능	가능	가능	예
스위스	−0.2	1.5	2.2	1.1	불가능	가능	가능	가능	예
미국	0.4	1.6	3.9	1.4	불가능	가능	가능	가능	예
캐나다	0.4	2.6	4.1	1.7	불가능	가능	가능	가능	예
일본	−0.6	4.1	2.9	1.4	불가능	가능	가능	가능	예
호주	0.5	1.8	4.2	1.9	불가능	가능	가능	가능	예

주 : 1) 1990~2050년 15~64세 노동인구의 연평균 증가율 추정치(출처 : 1994년 개정 세계인구예측, United Nations, 1995)

2) 1967~1990년 실질 1인당 GDP 연평균 증가율이 1990~2050년에 동일하다고 가정(출처 : Penn-World Tables, http://www.nber.org/pwt56.html)

3) 1967~1990년 연평균 실질 수익률이 1990~2050년에 동일하다고 가정(출처 : Davis, 1995, table 6.15)

4) 1990~2050년 65세 이상 인구 연평균 증가율 추정치(출처 : 1994년 개정 세계인구예측, United Nations, 1995)

5) 노동인구 증가율과 노동생산성 증가율의 합이 은퇴인구 증가율과 실질 연금액 증가율의 합을 초과하면 부과방식 연금제도가 유지 가능하다고 판정

6) 연금펀드 자산의 실질 수익률이 실질 연금액 증가율을 초과하면 적립방식 연금제도가 유지 가능하다고 판정

7) 연금펀드 자산의 실질 수익률이 노동인구 증가율과 노동생산성의 합을 초과하면 적립방식 연금제도가 부과방식보다 우월하다고 판정

출처 : Blake, 2000, table 1.

정하다면 임금 증가율은 국민소득 증가율과 동일)을 초과한다는 것을 들 수 있다. 이는 동태적 효율성(dynamic efficiency)과 관련되어 있다. 연금펀드를 통한 저축은 자본축적 과정을 촉진하고, 그로 인해 근로자의 생산성을 향상시킨다. 그러나 자본이 너무 많이 축적되어 자본자산에 대한 수익률이 국민소득 증가율보다 낮아지고 경제가 동태적으로 비효율적(dynamic inefficient)인 상태가 될 수 있다. 그럴 경우 저축을 줄이고 소비를 늘림으로써 사람들의 후생이 증가할 수 있다. 동태적으로 비효율적인 경제는 장기적으로 유지되기 어렵다. 왜냐하면 자본의 소유자가 더 높은 수익을 제공하는 경제로 자신의 자본을 이동시키고자 하기 때문이다.[27]

7.9.2 전환 부족금

부과방식 연금제도에서 적립방식 연금제도로 전환하는 것이 바람직하더라도 이를 위해서 해결해야 할 중요한 문제가 있다. 기존의 부과방식 연금생활자에게 계속해서 연금을 지급해야 하는 것이다. 부과방식 연금제도에서는 현재 근로자가 납입한 부담금으로 연금이 지급된다. 적립방식 연금제도가 도입되면 근로자가 납입한 부담금은 투자되어야 하므로 더 이상 기존 부과방식 연금제도의 연금생활자에게 연금을 지급하는 데 사용될 수 없다. 결국 적립방식 연금제도로 전환하는 경우 전환 부족금(transition deficit)이 발생하는데, 이는 추가적인 과세나 정부발행 납입인정채권(recognition bond)으로 조달되어야 한다. 이 정부채권은 부과방식 연금제도의 부채를 공식적으로 인식(recognize)한 것으로 실질적으로 이연된 과세(differed taxation)와 다름없다. 결국 다음 세대는 연금을 위해 자신의 연금펀드에 한 번, 그리고 과거 세대 연금지급을 위한 추가적 세금 납입으로 또 한 번, 총 두 번 지불해야 한다.

전환기 세대는 후생이 감소할 것이고 그 혜택을 누릴 미래 세대는 아직 투표를 할 수 없는데 민주주의 국가에서 국민이 전환에 동의할 것인지 의문을 제기할 수 있다. 이는 연금제도 전환이 파레토 개선을 달성할 수 있느냐 하는 문제로 귀결된

27 Abel 외(1989)

다. 즉, 전환기 세대의 후생이 감소하지 않도록 미래 세대가 전환기 세대를 보상해 줄 수 있는가 하는 문제이다. 그 결과는 어떤 가정을 적용하느냐에 따라 달라진다.[28]

Breyer(1989, Geanakoplos 외(1998a,b)도 참고)는 근로자의 노동공급이 외생적으로 정해져 있고 정부채권이 유일한 금융상품으로 거래되는 완전자본시장이 있다고 가정하여 무한지평 중첩세대모형(infinite-horizon OLG model)을 분석하였다. 여기서 금융상품의 실질수익률(r)이 인구증가율(g)을 초과한다고 가정하였다. 정부가 부과방식 연금제도를 폐지하기 위해 부과방식 연금부채 가치에 상응하는 납입인정채권을 발행해준다고 하자. 근로자는 새로운 적립방식 연금펀드에 납입을 시작하고, 이 연금펀드는 정부채권에 수익률 r로 투자한다. 이 수익률이 부과방식 연금제도 수익률 g보다는 높지만 납입인정채권의 이자비용 충당을 위해 근로자는 세금을 추가적으로 납부해야 한다. 근로자가 납부할 추가세금이 $(r-g)$율 이하여야만 근로자는 부과방식 연금제도하에 비해 후생감소를 경험하지 않을 것이다. 납입인정채권에 대한 이자지급을 위한 세금 납부가 정확히 $(r-g)$라면, 납입인정채권 관련 채무는 g율로 증가할 것이다. 그러나 인구도 g율로 증가하므로 근로자 1인당 납입인정채권은 일정하게 유지된다. 그런데 여기서 주목할 점은 납입인정채권을 상환하기 위해서는 세율이 $(r-g)$보다 높아야 하므로 미래 세대의 후생을 감소시킬 수밖에 없다는 것이다. 따라서 이 모형의 가정이 옳다면 부과방식에서 적립방식으로의 연금제도 변경은 결코 파레토 개선을 달성할 수 없다.

하지만 가정이 달라지면 다른 결과가 도출된다. 우선 Breyer와 Straub(1993)은 노동공급이 순 임금에 영향을 받아 내생적으로 결정되도록 하였다. 통상 부과방식 연금제도에 납입하는 세금(사회보장 부담금)은 소득에 비례하는데, 이는 노동공급 의사결정을 왜곡하여 부과방식 연금제도가 더 이상 파레토 효율적이지 않게 할 수도 있다. Breyer와 Straub은 정액 소득세(lump-sum payroll tax)를 통해서 노동공급 왜곡을 해소하고 언젠가는 납입인정채권을 상환하는 데 필요한 수익을 거

28 이후 두 문단의 내용은 앞서 4.2.4절과 4.3.5절에서도 언급되었다.

둘 수 있으므로 적립방식으로의 전환이 세대 간 파레토 개선을 이룰 수 있다는 것을 보였다. 이와 유사하게 자본시장에서 채권보다 수익률이 높은 주식($r_E > r$)도 거래된다면 납입인정채권을 충당하기 위한 과세가 $(r-g)$를 초과하여 언젠가는 채무를 상환할 수 있으며, 모든 세대의 후생이 증가하여 적립방식 도입을 통한 파레토 개선이 가능해진다.

한편 Geanakoplos 외(1998a,b)는 주식의 리스크가 채권보다 크기 때문에 주식의 리스크를 적정하게 감안한 수익률은 채권 수익률보다 높지 않다고 주장하였다. 그러나 금융상품에 내재된 절대적 리스크는 연금펀드 포트폴리오의 리스크 측정치로 의미가 적다. 연금펀드에서 의미 있는 리스크는 부채 리스크 대비 자산 리스크를 의미하는 잉여 리스크(surplus risk)인데, 이는 연금펀드의 최적 자산 포트폴리오가 연금부채의 수익률과 리스크에 최대한 가깝게 구성되기 때문이다. 주식은 실질임금 증가율을 따르는 연금부채에 장기적으로 부합되는 자산이다. 왜냐하면 국민소득에서 노동과 자본이 차지하는 비율이 시간에 걸쳐 상당히 안정적인데, 주식은 자본에 대한 소유권을 의미하기 때문이다. 연금의 부채가 임금 상승률로 증가할 때 채권이 오히려 더 큰 리스크를 갖는다. 연금펀드는 채권에 투자하지 않고 주식에 투자함으로써 장기 주식 프리미엄(long term equity premium)을 $(r_E - r)$만큼 얻을 수 있다. Geanakoplos 외(1998a, b)는 자본시장이 불완전하고 저소득층의 주식보유에 제약이 존재한다면 저소득층의 연금펀드 부담금을 주식에 투자함으로써 파레토 개선을 이룰 수 있다고 하였다.

마지막으로, 유한지평 중첩세대모형(finite-horizon OLG model)의 경우를 생각해 보자. 이 경우 연금제도 전환으로 인한 부족금을 충당할 부담을 지게 되는 마지막 세대는 이를 뜨거운 감자로 여길 것이다. 왜냐하면 마지막 세대는 연금펀드에 납입은 하지만 인출을 할 수는 없기 때문이다.

Valdés-Prieto(1997)는 연금제도를 적립방식으로 전환함으로써 자본시장 심화, 국제적 리스크 분산, 재정회계의 투명성 증대, 정치적 리스크 감축 등 여러 잠재적인 혜택을 가져올 수 있다고 주장하였다.

연금제도 전환으로 인한 잠재적 혜택의 크기를 가늠해 볼 사례로 1997년 3월 영국 보수당 정부가 2000년까지 부과방식 연금제도를 폐지하고 공적연금을 민영화하기로 했던 계획을 살펴보자. 이 계획에 따르면 모든 근로자는 자신이 납부했던 사회보장 부담금에 대해 환급금을 받고, 이 환급금을 민영화된 연금계좌에 투자해야 했다. 초기비용을 충당하기 위한 증세 필요금액이 £1억 6,000만로 추정되었으며, 이후 증가하여 2040년에 최대치인 £70억에 이를 것으로 추정되었다. 그러나 공적연금 제공이 중단됨으로써 납세자가 장기적으로 절약할 수 있는 금액이 연간 £400억로 추정되었다(1997년 물가 기준).[29] 한편 칠레에서는 1980년대 초에 정부가 납입인정채권 발행을 통해 부과방식에서 적립방식으로 전환한 바 있다.

7.10 결론

여러 가지 연금제도는 서로 다른 종류의 리스크를 가지고 있고 서로 다른 방식으로 리스크를 분담한다. 따라서 연금제도마다 다른 방식으로 재분배가 이루어지게 된다. 사건이 발생하기 전에는 리스크였던 것이 사건 발생 후에는 재분배 효과를 갖는다.

사적연금제도 가입자가 직면하는 리스크에는 소득대체율 리스크, 투자 리스크, 이자율 리스크, 장수 리스크, 물가상승 리스크, 정치적 리스크, 이동성 리스크 등이 있다. 확정기여형(DC) 개인연금제도에서는 이들 리스크가 연금가입자에게 직접 귀속된다(개인연금제도에는 없는 이동성 리스크 제외). 이들 중 일부 리스크는 헤지가 가능하다. 예를 들면 장수 리스크와 물가상승 리스크는 물가연계 생명연금을 구입하여 헤지할 수 있다. 확정급여형(DB) 퇴직연금제도에서 사용자와 근로자는 리스크를 분담할 수 있다(이동성 리스크 제외). 다만 전통적으로 확정급여형(DB) 퇴직연금제도에서는 사용자가 연금 후원자로서 대부분의 리스크를 감당한다. 여기서도 어떤 리스크는 헤지가 가능한데, 예를 들면 자산-부채 매칭 관

---

29 *Basic Pension Plus*, Conservative Central Office, 5 March 1997. 이 계획은 1997년 5월 총선에서 보수당 정부가 패하면서 이행되지 못했다.

리(asset-liability matching and management)를 통해 투자 리스크를 헤지할 수 있다. 사용자 지급불능 리스크는 연금펀드 적립률을 통해 사용자와 근로자 사이에 분담될 수 있다.

사적연금제도는 여러 가입자 그룹 사이에서 복잡한 재부 이전(wealth transfer)이 수반된다. 예를 들면 오랫동안 남아 있는 자가 빨리 떠나는 자로부터 보조를 받고, 높은 직급까지 승진하는 자가 낮은 직급에 머무르는 자로부터 보조를 받으며, 남성이 여성의 보조를 받는 측면이 있다.

부과방식 공적연금제도의 두 가지 주요 리스크는 체계적 인구 리스크와 정치적 리스크이다. 기대수명 증가와 출산율 하락으로 인해 인구가 체계적으로 고령화되면서 공적연금제도의 부담이 지속적으로 커지고 있다. 국가 전체의 연금총액이 임금총액보다 빠르게 증가하고 연금지급을 위해 노동인구가 져야 할 부담이 커질 수밖에 없기 때문이다.

인구 리스크가 세대 간에 비체계적(idiosyncratic)이라면 공적연금제도의 가장 큰 장점은 이 인구 리스크를 여러 세대에 걸쳐 분산시킬 수 있다는 것이다. 즉, 세대 간 리스크 분담이 가능하다. Gordon과 Varian(1988)은 세대 간 재부 이전은 자본저량의 변화를 통해서만 가능하므로 리스크 분담의 최적수준이 자본시장에 영향을 받는다는 것을 보였다. 자본저량의 변화는 자본의 한계생산을 변화시킨다. 과세-이전 사회보장제도(tax-transfer social security system)를 통해 세대 t로부터 세대 $t+1$로 1단위의 자본을 이전시킨다면, 세대 $t+1$은 이전된 자본뿐만 아니라 그 자본에서 발생하는 한계생산도 얻는다. 이는 세대 t가 포기한 것보다 더 많은 혜택을 세대 $t+1$이 누린다는 것을 의미한다. 따라서 이들 세대 간 리스크 분담의 최적수준은 자본의 한계생산에 의존하며 1/2보다 작은 수준이다. 동태적 일관성(time consistency) 또한 효율적인 리스크 분담 프로그램을 설계하는 데 중요한 요소이다. 왜냐하면 미래의 어떤 세대에서 리스크 분담 프로그램을 폐지하는 것이 이익인 상황이 발생할 수 있고, 비록 이 세대가 리스크 분담 프로그램이 바람직한 제도라는 것을 인정하더라도 리스크 분담 프로그램 폐지를 결정할 유인을 갖기 때문이다. 동태적 일관성은 사전확약 장치(pre-commitment device)와 평판 리스크 부과를 통해 달성될 수 있다.

공적연금제도는 한 세대 내에서의 재분배, 즉 세대 내 리스크 분담도 가능케 한다. 통상 저소득층은 납부하는 생애 부담금에 비해 사회보장 시스템을 통해 받는 혜택이 크지만, 고소득층의 경우 그 반대이다. 사적연금제도에서는 이런 형태의 재분배가 불가능하다.

공적연금제도에는 이러한 세대 내 및 세대 간 리스크 분담이라는 장점이 있음에도 불구하고 주요 선진국이 직면하는 체계적인 인구 리스크로 인해 연금액 대폭 삭감이나 근로기간 연장 없이는 장기적으로 공적연금제도를 유지하는 것이 어려워졌다. 이 문제의 해결책으로 공적연금제도를 부과방식에서 적립방식으로 전환하는 것을 생각해 볼 수 있다. 자본의 수익률(적립방식 연금제도의 수익률)이 인구증가율(부과방식 연금제도의 수익률)을 초과하는 동태적으로 효율적인 경제(dynamically efficient economy)에서는 이러한 제도전환을 통해 파레토 개선을 달성할 수 있다. 그러나 전환기 세대가 연금 부담금을 두 차례 납입해야 하기 때문에 제도전환에는 전환 부족금이 수반된다. 전환 부족금은 미래 여러 세대에 대한 과세를 통해 조달될 수 있는데, 이로 인해 파레토 개선이 가능한지 여부는 과세 형태와 미래 세대가 과세에 대응하여 노동공급을 어떻게 조정할지에 따라 결정된다. 소득에 대한 과세를 정액 소득세로 부과하면 노동공급의 왜곡을 최소화하면서 전환비용을 충당하는 것이 가능하다.

연 / 습 / 문 / 제

01 후생경제학이란 무엇인가?

02 공평성(equity)과 효율성(efficiency)의 차이는 무엇인가?

03 시장실패(market failure)란 무엇을 뜻하며, 어떤 대응이 있을 수 있는가?

04 효율적인 리스크 분담(efficient risk sharing)의 조건은 무엇인가?

05 사회보장 시스템(social security system)이 어떻게 리스크 분담장치의 하나로 해석될 수 있는지 설명하라.

06 도덕적 해이(moral hazard)란 무엇이며, 어떻게 완화될 수 있는가?

07 역선택(adverse selection)이란 무엇이며, 어떻게 완화될 수 있는가?

08 비체계적 리스크(idiosyncratic risk)와 총합리스크(aggregate risk)의 차이를 설명하고 리스크 분담에 대한 함의를 설명하라.

09 사적연금제도(private pension scheme)의 주요 리스크는 무엇인가?

10 확정기여형(DC) 개인연금제도(personal pension scheme)의 리스크가 어떻게 분담되고 헤지될 수 있는가?

11 개인연금제도에서 생명연금(life annuity)의 중요성을 설명하라.

12 확정급여형(DB) 퇴직연금제도(occupational pension scheme)의 리스크가 어떻게 분담되고 헤지될 수 있는가?

13 개인연금 가입자보다 퇴직연금 가입자에게 이동성 리스크(portability risk)가 중요한 이유는 무엇인가?

14 자산–부채 매칭 관리(asset–liability matching management)란 무엇인가?

15 완비시장(complete market)과 불완비 시장(incomplete market)의 차이는 무엇인가?

16 완비시장의 경우 보수 패키지(compensation package)에서 임금과 연금의 구성이 무관한 이유는 무엇인가?

17 시장 불완비성(market incompleteness)의 주된 형태는 무엇인가?

18 가치함수(value function)란 무엇인가?

19 사용자와 근로자의 리스크에 대한 태도가 완비시장하에서는 무관하고 불완비 시장하에서는 그렇지 않은 이유는 무엇인가?

20 사용자 지급불능 리스크(employer insolvency risk)와 같은 거래불가능한 리스크(untradeable risks)가 있는 경우, 어떻게 임금과 연금의 최적 보상 패키지(optimal compensation package)와 최적 리스크 분담(optimal risk sharing)이 달성될 수 있는가?

21 보험회사라면 인수하지 않을 리스크를 사용자가 근로자를 위해 인수하는 이유가 무엇인가?

22 포트폴리오 제약(portfolio restriction)이 근로자 보상 패키지(compensation package)에 어떤 영향을 주는가?

23 보상 패키지 설계에 외부성(externality)와 선택효과(selection effect)가 어떤 역할을 하는가?

24 퇴직연금제도에서 발생하는 연금재부 재분배의 종류를 분석하라.

25 퇴직연금제도에서 발생하는 남성과 여성 사이의 연금재부 재분배를 설명하라.

26 공적연금제도가 어떻게 사적연금제도의 시장실패를 완화할 수 있는가?

27 공적연금제도의 두 가지 주요 리스크는 무엇인가?

28 부과방식 공적연금제도에 있어서 장기적 유지 가능성(long-term viability)의 조건은 무엇인가?

29 영국에서 정치적 리스크(political risk)가 연금제도에 어떻게 영향을 미쳤는가?

30 세대 간 리스크 분담(intergenerational risk sharing)이란 무엇인가?

31 양방향 이타주의(two-way altruism)란 무엇인가?

32 가족이 효율적인 리스크 분담 메커니즘이 될 수 없는 이유는 무엇인가?

33 과세-이전 사회보장제도(tax-transfer social security system)에서 효율적인 세대 간 리스크 분담(efficient intergenerational risk sharing)이 어떻게 작동하는가?

34 과세-이전 사회보장제도(tax-transfer social security system)에 포함되는 세대의 수가 늘어남에 따라 개별 세대가 직면하는 총 리스크는 어떻게 되는가?

35. 과세-이전 사회보장제도(tax-transfer social security system)에서 세대 간 리스크 분담의 최적수준에 자본저량의 변화가 어떻게 영향을 미치는가?

36 과세-이전 사회보장제도(tax-transfer social security system)가 어떻게 동태적 일관성(time consistency)을 확보할 수 있는가?

37 세대 내 리스크 분담(intragenerational risk sharing)이란 무엇인가?

38 리스크 분담에 세대 내 사회보장제도가 어떻게 이용될 수 있는가?

39 부과방식 공적연금제도가 장기적으로 유지 가능하기 위해서 어떤 조건이 필요한가?

40 현재 선진국에서 부과방식 공적연금제도가 유지 가능한가? 그렇지 않다면 어떤 이유에서인가? 유지 가능하려면 어떤 조치가 필요한가?

41 어떤 조건하에서 적립방식 연금제도가 부과방식 연금제도보다 우월한가? 이 조건과 경제의 동태적 효율성(dynamic efficiency)의 관계는 무엇인가?

42 부과방식에서 적립방식으로 연금제도를 전환변경할 때 전환 부족금(transition deficit)이 발생하는 이유는 무엇인가?

43 전환 부족금은 어떻게 조달될 수 있는가?

44 부과방식에서 적립방식으로 연금제도를 전환할 때 파레토 개선이 달성될 조건은 무엇인가?

45 부과방식에서 적립방식으로 연금제도를 전환함으로써 얻을 수 있는 잠재적 혜택은 무엇인가?

참 / 고 / 문 / 헌

Aaron, H.J. (1966) The social insurance paradox, *Canadian Journal of Economics and Political Science*, **32**, 371 – 374.

Abel, A., Mankiw, N.G., Summers, L. and Richard, J. (1989) Assessing dynamic efficiency, *Review of Economic Studies*, **56**, 1 – 19.

Arrow, K. (1964) The role of securities in the optimal allocation of risk bearing, *Review of Economic Studies*, **31**, 91 – 96.

Bernheim, D. (1989) The timing of retirement : a comparison of expectations and realisations, in Wise, D. (ed.), *The Economics of Ageing*, University of Chicago Press, Chicago, pp. 335 – 358.

Blake, D. (2000), Does it matter what type of pension scheme you have?, *Economic Journal*, **110**, F46 – F81.

_______ (2003a) *Pension Schemes and Pension Funds in the United Kingdom*, Oxford University Press, Oxford.

_______ (2003b) The UK pension system : key features, *Pensions*, **8**, 330 – 375.

_______ (2004) What is a Promise from the Government Worth? Measuring and Assessing Political Risk in State and Personal Pension Schemes in the United Kingdom, Pensions Institute Discussion Paper 0409(http://www.pensions–institute.org/workingpapers/wp0409.pdf).

Blake, D. and Orszag, M. (1997) The Portability and Preservation of Pension Rights in the UK, Report of the Director General's Inquiry into Pensions, Volume III, Office of Fair Trading, October(http://www.pensionsinstitute.org/reports/oft191c1.pdf).

Blinder, A. (1981) *Private Pensions and Public Pensions : Theory & Fact*, W.S. Woytinsky Lecture No. 5, Institute of public Policy Studies, University of Michigan.

Bodie, Z. (1990) Pensions as retirement income insurance, *Journal of Economic Literature*, **28**, 28 – 49.

Brandts, J. and De Bartolome, C. (1992) Population uncertainty, social insurance and actuarial bias, *Journal of Public Economics*, **47**, 361 – 380.

Breyer, F. (1989) On the intergenerational Pareto efficiency of pay–as–you go financed pension systems, *Journal of Institutional and Theoretical Economics*, **145**, 643 – 658.

Breyer, F. and Straub, M. (1993) Welfare effects of unfunded pension schemes when labor supply is endogenous, *Journal of Public Economics*, **50**, 77 – 91.

Burgess, S. and Rees, H. (1994) *Lifetime Jobs and Transient Jobs : Job Tenure in Britain 1975 – 91*, Centre for Economic Policy Research, London.

Cagan, P. (1965) *The Effect of Pension Plans on Aggregate Savings : Evidence from a Sample Survey*, NBER Occasional Paper, No. 95, Columbia University Press, New York.

Chand, S.K. and Jaeger, A. (1996) *Ageing Populations and Public Pension Schemes*, Occasional Paper No. 147, International Monetary Fund, Washington, D.C.

Cooper, R. and Ross, T. (2002) Pensions : theories of underfunding, *Labor Economics*, **8**, 667 – 689.

Cox, J. and Huang, C.–F. (1989) Optimal consumption and portfolio policies when asset prices follow a diffusion process, *Journal of Economic Theory*, **49**, 33 – 83.

Crafts, N. and Toniolo, G. (eds) (1996) *Economic Growth in Europe since 1945*, Cambridge University Press, Cambridge.

Davis, E.P. (1995) *Pension Funds*, Oxford University Press, Oxford.

Debreu, G. (1959) *Theory of Value*, Johan Wiley & Sons, New York.

Diamond, P. (1977) A framework for social security analysis, *Journal of Public Economics*, **8**, 275 – 298.

__________ (1997) Insulation of pensions from political risk, in Vald´es–Prieto, S. (ed.), *The Economics of Pensions : Principles, Policies and International Experience*, Cambridge University Press, Cambridge, pp. 33 – 57.

Eckstein, Z., Eichenbaum, M. and Peled, D. (1985a) Uncertain lifetimes and the welfare enhancing properties of annuity markets and social security, *Journal of Public Economics*, **26**, 303 – 326.

__________________________________ (1985b) The distribution of wealth and welfare in the presence of incomplete annuity markets, *Quarterly Journal of Economics*, **100**, 789 – 806.

Eltis, W. (1994) The re–establishment of European competitiveness, *International Bank Credit Analyst*, June.

Feldstein, M. (1985) The optimal level of social security benefits, *Quarterly Journal of Economics*, **100**, 303 – 320.

Finkelstein, A. and Poterba, J. (2002) Selection effects in the market for individual annuities : new evidence from the United Kingdom, *Economic Journal*, **112**, 28 – 50.

Friedman, B. and Warshawsky, M. (1990) The cost of annuities : implications for saving behavior and bequests, *Quarterly Journal of Economics*, **105**, 135 – 154.

Geanakoplos, J., Mitchell, O. S. and Zeldes, S. P. (1998a) Would a privatized social security system really pay a higher rate of return?, in Arnold, R.D., Graetz, M.J. and Munnell, A.H. (eds), *Framing the Social Security Debate : Values, Politics, and Economics*, Brookings Institution Press, Washington, D.C, pp. 137 – 57.

Geanakoplos, J., Mitchell, O. S. and Zeldes, S. P. (1998b) *Social Security Money's Worth*, Working Paper 6722, National Bureau of Economic Research, Cambridge, MA.

Gordon, R. and Varian, H. (1988) Intergenerational risk sharing, *Journal of Public Economics*, **37**, 185 – 202.

Gregg, P. and Wadsworth, J. (1995) A short history of labour turnover, job tenure, and job security, 1973 – 3, *Oxford Review of Economic Policy*, **11**, 73 – 90.

Hammermesh, D. (1984) Life–cycle effects on consumption and retirement, *Journal of Labor Economics*, **2**, 353 – 370.

Ippolito, R. (1997) *Pension Plans and Employee Performance : Evidence, Analysis and Policy*, University of Chicago Press, Chicago.

Katona, G. (1964) *Private Pensions and Individual Savings*, University of Michigan— Survey Research Centre, Ann Arbor, MI.

Kotlikoff, L. and Spivak, A. (1981) The family as an incomplete annuities market, *Journal of Political Economy*, **89**, 372 – 391.

McCarthy, D. (2005) The Optimal Allocation of Pension Risks in Employment Contracts, Research Report 272, Department forWork and Pensions, Leeds.

Merton, R. (1984) On the role of social security as a means for efficient riskbearing in an economy where human capital is non–tradeable, in Bodie, Z. and Shoven, J. (eds), *Financial Aspects of the United States Pension System*, University of Chicago Press, Chicago.

Merton, R., Bodie, Z. and Marcus, A. (1987) Pension plan integration as insurance against social risk, in Bodie, Z., Shoven, J. and Wise, D. (eds), *Issues in Pension Economics*, University of Chicago Press, Chicago, pp. 147 – 174.

Mitchell, O., Poterba, J., Warshawsky, M. and Brown, J. (1999) New evidence on the money's worth of individual annuities, *American Economic Review*, **89**, 1299 – 1318.

O'rien, C., Fenn, P. and Diacon, S. (2005) *How Long do People Expect to Live?*, Centre for Risk and Insurance Studies, Research Report 2005–1, Nottingham University Business School.

Roseveare, D., Leibfritz, W., Fore, D. and Wurzel, E. (1996) *Ageing Populations, Pension Systems and Government Budgets : Simulation for 20 OECD Countries*, Economics Department Working Paper No. 168, OECD, Paris.

Samuelson, P. (1975) Optimum social security in a life–cycle growth model, *International Economic Review*, **16**, 539 – 544.

Sharpe, W. (1976) Corporate pension funding policy, *Journal of Financial Economics*, **3**, 183 – 193.

Townley, P. and Broadway, R. (1988) social security and the failure of annuity markets, *Journal of Public Economics*, **35**, 75 – 96.

Valdés–Prieto, S. (1997) Financing a pension reform toward private funded pensions, in Valdés–Prieto, S. (ed.), *The Economics of Pensions : Principles, Policies and International Experience*, Cambridge University Press, New York, pp. 190 – 224.

van Ark, B. and Crafts, N. (eds) (1996) *Quantitative Aspects of Post–war European Economic Growth*, Cambridge University Press, Cambridge.

Wolf, M. (2006) There is something rotten in the welfare state of Europe, *Financial Times*, 1 March, p. 17.

World Bank (1993) *The Far East Asian Economic Miracle*, Oxford University Press, Oxford.

__________ (1994a) *World Population Projections 1994–5*, World Bank, Washington, D.C.

__________ (1994b) *Averting the Old–Age Crisis*, Oxford University Press, Oxford.

MEMO

제8장 | 연금 행동경제학

08

연금 행동경제학

08 연금 행동경제학

지금까지 우리는 개인이 충분한 정보를 가진 합리적인 경제주체이며, 자신의 효용과 후생이 극대화되도록 의사결정을 하면서 생애 연금계획을 수립한다고 가정하였다. 이러한 개인은 사용자(employer)와 정부가 선택 옵션에 대해 제공하는 정보를 해석 및 분석할 수 있고, 각 선택 옵션을 평가하고 비교할 수 있으며, 이에 근거하여 현명한 결정을 내린다고 가정되어 왔다(Mitchell과 Utkus, 2004).

그러나 최근 경제학, 재무금융학, 심리학 및 사회학이 결합된 분야인 행동경제학(behavioral economics)을 연구하는 학자들은 개인이 후생 극대화를 추구하더라도 이를 달성할 능력에는 한계가 있다는 것을 알게 되었다.

현실 세계에서 개인은 다음과 같은 한계에 직면한다.

- **제한된 합리성**(bounded rationality) : 어떤 문제는 개인이 스스로 풀기에 너무나 복잡하다(Simon, 1955).
- **제한된 자기통제**(bounded self-control) : 개인은 자신의 계획을 실행하는 데 필요한 의지력이 결핍되어 있다(Mullainathan와 Thaler, 2000).
- **제한된 이기심**(bounded self-interest) : 개인은 자신의 개인적 효용 극대화를 추구하면서도 경제학 이론이 예측한 것보다 훨씬 더 협조적(co-operative)이고 이타적(altruistic)이다(Mullainathan와 Thaler, 2000).

개인의 최적화 행동에 이러한 한계가 있다는 것을 인식하면서 개인의 경제 및 재무적 의사결정 과정, 특히 연금제도에 대한 자산 축적 및 인출과 같은 장기적 소비·저축 의사결정 과정에 대한 이해가 변화되기 시작했다. 이번 장에서는 연금자산 축적단계(accumulation phase)와 처분단계(decumulation phase)에 대한 행동경제학 측면을 살펴보자[1].

8.1 연금자산 축적단계

8.1.1 저축 의사결정

합리적 경제주체는 오늘의 소비와 미래로 이연한 소비 사이의 상충관계(trade-off)를 고려하여 저축 의사결정을 내린다. 생애주기모형은 개인이 자신의 생애 동안의 소비에 대해 합리적인 계획을 수립한다고 가정한다. 대체로 개인은 청년기에는 대출을 받아 현재소비를 늘리거나 주택을 구입하는 데 사용한다. 즉, 미래로부터 빌려쓰는 것이다. 중년기에 이르러 자신의 연금제도에 자산을 축적하기 시작하여 금융자산을 구입하는 순저축자(net saver)가 된다. 은퇴 후에는 연금 인출제도에 축적된 자산을 처분하여 노년기 소비의 재원을 조달하는 음(−)의 저축이 시작된다. 요컨대, 생애 기대효용이 최대화되도록 소비를 평활화하는 것을 종합적인 목표로 한다.

문제의 복잡성

생애주기모형 하에서 은퇴대비 저축 의사결정을 내리기 위해서는 생애 소득, 자산수익률, 이자율, 세율, 물가 상승률, 수명 등에 대한 정확한 예측이 필요하다. 그러나 실제로는 이러한 능력을 가지고 있으면서 65세 은퇴에 필요한 만큼을 저축하는 사람은 매우 적다(Moore와 Mitchell, 2000 ; Mitchell 외, 2000). 결국 많은 사람들이

1 이 장은 주로 Mitchell과 Utkus(2004)를 따르고 있다. Barberis와 Thaler(2003)도 참고하라.

은퇴 후 생활여건이 크게 저하되는 것을 경험하게 된다(Bernheim 외, 2001 ; Banks 외, 1998). 행동경제학 관점에서 바라보면 이러한 현상은 전혀 놀라운 일이 아니다.

자기통제의 문제

행동경제학은 은퇴에 대비한 저축이 충분하지 못한 것을 의지력 부족(lack of willpower) 또는 제한된 자기통제(bounded self-control)로 설명한다. 사람들이 은퇴에 대비해 저축하기를 원하지만 그렇게 할 능력이 없을 수 있다는 것이다(Thaler와 Shefrin, 1981). 금연을 시도하는 사람이나 체중을 줄이려는 사람도 동일한 문제에 직면한다. 사람들은 어떤 계획을 실행하여 이익을 얻을 수 있다는 것을 이해하고 시도를 할 수 있지만, 목표달성에 필요한 만큼 오랫동안 계획을 실천하지 못하는 것이다.

사람들은 은퇴에 대비한 저축을 하는 데 왜 어려움을 겪는 것일까? 사람들이 느끼는 단기 할인율(short-term discount rate)이 장기 할인율(long-term discount rate)보다 높기 때문이라는 것이 하나의 설명이 될 수 있다(Thaler, 1981 ; Laibson 외, 1998). Thaler는 사람들이 장기에 걸친 의사결정에서는 더 높은 수준의 인내심을 보인다고 주장한다. '내가 만일 100일을 기다리면 사과 하나를 가질 수 있고 101일을 기다리면 사과 두 개를 가질 수 있다면, 나는 기꺼이 하루를 더 기다려서 사과 두 개를 받겠다'라고 생각한다는 것이다. 하지만 즉시적인 의사결정에 대해서는 인내심이 사라진다. 즉, '내일 사과 두 개를 받느니 오늘 사과 하나를 받겠다'라고 생각한다는 것이다.

전통적인 화폐의 시간가치 계산에서는 시간에 걸쳐 할인율이 일정한 지수적 할인(exponential discounting)이 적용된다. 6%로 일정한 할인율을 이용해 지수적 할인을 적용하면 오늘 저축 $1가 30년 후에는 $5.74가 된다([그림 8.1] 참고). 투자기간(investment horizon)이 길어짐에 따라 저축의 가치가 커지는 것이다.

그러나 앞의 사과 예시에서와 같이 단기와 장기 가치평가에 서로 다른 할인율이 적용되는 경우는 지수적 할인이 아니라 하이퍼볼릭 할인(hyperbolic discounting)이 적용된다. 하이퍼볼릭 할인 시에는 단기에는 높은 할인율을 적용하고 장기에는 낮은 할인율을 적용하게 된다. 하이퍼볼릭 할인을 적용하는 사람들은 $1 저축이 단기적으로는 빠르게 성장하고 장기적으로는 덜 빠르게 성장하는 것처럼 취급한다. 따라서 투자기간을 늘림으로써 얻어지는 이익이 점점 줄어드는 것으로 인식한다. 이와 비슷하게 이 사람들은 현재의 리스크를 과대평가(overvalue)하고 미래의 리스크를 과대할인(overdiscount)한다.

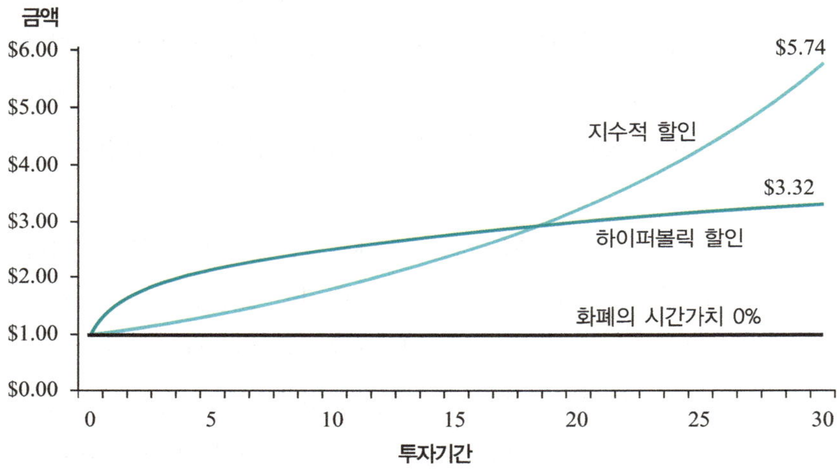

출처 : Mitchell와 Utkus, 2004, Figure 1.

[그림 8.1] 지수적 할인과 하이퍼볼릭 할인 비교 : $1 저축의 미래가치

하이퍼볼릭 할인을 적용하는 사람은 현재를 과대평가하고 미래를 과소평가하므로 은퇴에 대해 자기통제 문제(self-control problem)를 보인다. 이들은 오늘 너무 많이 소비하고 미래에 대비한 저축을 너무 적게 한다. Choi 외(2001a)는 한 기업의 근로자 1만 명을 대상으로 한 서베이를 통해 개인의 욕망과 실제 행동 사이에 커다란 간극이 있음을 밝혀냈다. 응답자의 68%는 은퇴에 대비한 저축이 매우 적다고 응답하였다. 이들은 소득의 14% 정도를 저축해야 한다고 알고 있으면서도 겨우 6%를 저축하고 있었다. 결국 문제는 자각의 부족(lack of awareness)이 아니라 실행력의 부족인 것이다.

의사결정 이론 연구자들은 의사결정 과정에는 두 가지 차원이 있다고 주장한다. 하나는 원초적 또는 감정적 차원(primitive or emotional dimension)이고, 다른 하나는 고차원적 또는 지성적 차원(advanced or cerebral dimension)이다(Weber, 2004). 이에 상응하여 리스크에도 두 가지 차원이 있다. 하나는 대재난에 대한 두려움인 공포 리스크(dread risk)이고 다른 하나는 새롭고 알지 못하는 것에 대한 두려움인 불확실성 리스크(uncertainty risk)이다. 은퇴 리스크는 두 차원 모두 높지 않다. 즉, 대재난이 예상되는 것도 아니고 크나큰 불확실성이 있는 것도 아니어서 많은 사람들에게 충분히 큰 두려움을 심어주어 자기통제 문제를 극복하고 은퇴대비를 충실히 하도록 하지는 못하는 것이다. 하이퍼볼릭 할인의 영향을 극복하기 위해서는 개념적 추론(conceptual reasoning)과 감성적 추론(affective reasoning)을 결합할 필요가 있다.[2] 이를 달성하는 방법으로 소득의 작은 부분만으로 한동안 생활을 해봄으로써 은퇴 후 빈곤을 미리 경험해 볼 수도 있을 것이다.

확약장치(commitment device)를 통해 저축행동을 영속적으로 구속하는 방법도 있다(Laibson, 1997 ; Laibson 외, 1998 참고). 단순한 예로 월급에서 연금 부담금을 우선 공제하여 장기적으로 저축을 유도하는 방식을 들 수 있다.

'자기자신에게 먼저 지불하기(pay yourself first)[3]'라는 확약장치가 그 예이다. 이 방법은 미국의 기업 퇴직연금제도인 401(k)에서 흔히 쓰이지만 개인은퇴계좌(Individual Retirement Account ; IRA)에서는 많이 쓰이지 않는데, 1997년에 401(k)의 가입률(participation rate)은 27%인 반면 IRA의 가입률은 6%에 그쳤다. 인출제한(withdrawal restrictions) 역시 확약장치 중 하나로 연금펀드에 심리적·재무적 장벽을 만드는 것이다.

---

2 개념적 추론은 사고, 아이디어, 개념의 영향을 받고, 감성적 추론은 감정의 영향을 받는다.

3 Beginnersinvest.about.com은 '자기자신에게 먼저 지불하기'를 이렇게 설명한다. "당신이 여러 청구서들을 지불하기 위해 수표를 발행한다고 해보자. 이 때 가장 먼저 자기 자신에게 수표를 발행한다. 즉, 최소 6개월 이상 동안 확약할 수 있는 금액을 정하고 해당 금액을 자신의 뮤추얼 펀드나 은퇴준비 계좌에 입금시킨다. 돈이 모자라더라도 꼭 먼저 해야 한다. 그리고 나서 나머지 청구서들을 지불한다. 이 모든 것을 지불하기에 돈이 충분하지 않다면 부족한 금액을 종이에 적고 이를 보충할 방법을 찾는다. 무명상표 씨리얼을 먹어야 하거나 잡지 구독을 끊어야 하거나 추가근무를 해야 한다면, 그렇게 하라."

Ameriks 외(2003)와 MacFarland 외(2004)의 연구에서는 계획적인 성향이 강한 근로자가 은퇴대비 저축 확약을 더 많이 하는 것으로 나타났다. 하지만 사람들의 50% 정도만 계획적인 성향에 해당되고, 나머지는 재무계획과 은퇴계획에 관심이 별로 없는 것으로 나타났다.

프레이밍과 기본옵션

개인들은 의사결정 프레이밍(decision framing)에도 영향을 받는다. 합리적 경제 주체는 어떻게 문제가 제시되는가에 따라 대응이 달라지지 않아야 한다. 그러나 대부분의 사람은 그렇지 않은 것으로 보인다. 이를 보여주는 사례로 연금제도에서 가입선택(positive election)과 자동가입(automatic enrollment)의 연금가입률 차이를 들 수 있다.

가입선택 방식에서는 근로자가 연금제도에 가입할 것을 적극적으로 선택해야 한다. 아무 행동도 하지 않는 것이 기본옵션(default option)인 것이다. 반면 자동가입 방식에서는 연금제도 가입이 기본옵션으로 설정되어 새로운 근로자가 참여거부를 적극적으로 선택하지 않는 한 정해진 부담금률로 연금제도에 자동 가입된다. Madrian와 Shea(2001)는 기본옵션이 무엇인지에 따라 연금제도 참여율이 크게 달라진다는 것을 보여준다. 미국 대기업의 경우, 신규 근로자에 대해 자동가입 방식을 적용하면 연금제도 참여율이 37%에서 86%로 상승했다([그림 8.2] 참고). 이 결과는 근로자들이 자신의 장기적인 저축에 대해 명확한 견해를 가지고 있지 않으며, 질문방식이 선호에 영향을 끼칠 수 있다는 것을 보여준다.

자동가입 적용결과는 기본옵션이 의사결정에 얼마나 큰 영향을 미치는지를 보여준다. 개인들은 어려운 선택에 직면하면 종종 단순화 휴리스틱(simplifying heuristic), 즉 눈대중 또는 주먹구구 의사결정(shortcuts or simple rules of thumb)을 적용한다. 기본옵션 선택도 휴리스틱의 간단한 예인데, 누군가 좋은 선택지를 기본옵션으로 설정해 놓았을 것이라고 생각하면서 기본옵션을 선택하는 것이다.

그러나 자동가입과 같은 기본옵션이 참여율을 높이는 긍정적인 영향도 갖지만,

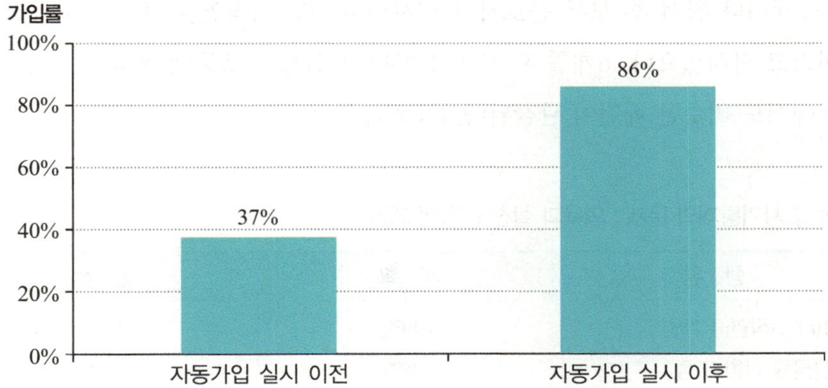

출처 : Mitchell와 Utkus, 2004, Figure 2.

[그림 8.2] 의사결정 프레이밍 : 자동가입이 연금제도 가입률에 미치는 영향

다른 한편으로는 그렇지 못할 수도 있다. 자동가입 방식이 전체 연금 저축액을 증가시키지는 않는다는 것이다(Choi 외, 2001b). 이는 많은 개인들이 기본옵션이 없었다면 더 높은 부담금률을 선택했겠지만 기본옵션의 존재로 인해 기본옵션에 제시된 부담금률을 선택하게 되었기 때문이다. 결국 자동가입으로 인해 높아진 참여율이 낮아진 평균 연금 저축률로 상쇄되는 것이다.

관성과 미루기

자동가입 사례는 인간의 또 다른 의사결정 특징인 관성(inertia) 또는 미루기(procrastination)를 보여준다. 일단 연금제도에 가입하면 연금가입자들은 기본옵션으로 제시된 부담금률과 투자펀드 선택을 바꾸지 않는 경향이 있다(Choi 외, 2003). 연금가입자들은 가장 귀찮지 않은 경로를 선택하고, 가장 좋은 선택보다는 가장 쉬운 선택을 하며, 수동적으로 행동하는 경향이 있다(Choi 외, 2001b). 이러한 모든 행동은 합리적인 경제 의사결정과 일관되지 않는다.

Choi 외(2001b)는 근로자가 은퇴계획 세미나에 참석한 후 보이는 태도와 후속 행동을 비교하여 '의욕 대 실천' 난제('desire versus action' conundrum)을 보여주고

있다. 세미나 참석 후 모든 근로자가 회사의 401(k) 퇴직연금 프로그램에 참여할 것이라고 답하였으나, 6개월 후 오직 14%만이 실제로 행동에 옮겼다. 다른 의사결정에서도 비슷한 패턴이 관찰된다.([표 8.1] 참고)

[표 8.1] 자기통제의 문제 : 의욕과 실천 행동의 괴리

행 위	계 획	실 천
401(k) 퇴직연금 가입	100%	14%
부담금률 상향 조정	28%	8%
펀드 선택 변경	47%	15%
펀드 비중 변경	36%	10%

출처 : Choi 외, 2000a, table 6.

선택 과부하와 군집행동

전통적인 경제학 이론에서는 선택의 여지가 많을수록 후생이 증가한다고 본다. 그러나 Sethi-Iyengar 외(2004)는 연금 저축자가 투자대상 펀드를 선택할 경우에는 선택 과부하(choice overload)가 있을 수 있다고 주장하였다. 너무 많은 선택대상에 압도된 나머지 연금제도에 참여하지 않게 되는 사람도 많이 있다. 이들은 의사결정 단순화를 위해 '결정을 내리지 말고 연금제도에 참여하지 말자'라는 최악의 휴리스틱을 따르게 되는 것이다.

Duflo와 Saez(2004)는 저축 의사결정이 동료의 행동에 영향을 받는다는 것을 밝혔다. 즉, 다른 근로자들이 연금제도에 가입하면 자신도 가입하는 군집행동(herding behaviour)이 존재한다.

'내일 더 저축' 방식

앞서 살펴본 행동경제학적 특징들은 장기적으로 연금에 대한 저축을 증대시킬 수 있도록 연금제도를 설계하는 데 이용된다. 그 고전적인 예는 '내일 더 저축

(Save More Tomorrow ; SmarT)' 방식이다(Thaler와 Benartzi, 2004). 이 방식에서 연금가입자는 다음번 임금 상승일이나 다음번 입사 기념일 등 의미 있는 미래 날짜에 정기적으로 저축액을 증가시키기로 결정한다.

이러한 방식은 다음과 같이 여러 가지 행동경제학적 특성을 고려하고 있다.

- 개인은 자기통제의 문제를 가지고 있으므로 사전확약 장치를 통해 도움을 받을 수 있다.
- 근로자가 일단 신청서에 서명을 하고 나면 월급에서 공제하는 방식을 바꾸려 하지 않는다는 관성을 활용한다.
- 하이퍼볼릭 할인을 고려하여 저축액이 증가하는 날짜를 미래로 설정(오늘이 아니라 내일 더 많이 저축)한다. 하이퍼볼릭 할인은 개인이 이러한 미래 확약의 영향을 과소평가하도록 한다.
- 화폐환상(money illusion)[4]도 이용되는데, 다음번 임금 상승률이 3%이고 부담금이 임금 상승분만큼 증가하도록 확약하였다면 생활비 화폐금액은 줄이지 않으면서 부담금을 증가시킬 수 있다.

'내일 더 저축' 방식은 근로자가 300명인 한 기업에서 시험적으로 적용되었다. 근로자들은 부담금률을 당시의 3.5%에서 5%p 더 올려야 한다는 재무적 자문을 받았다. 약 80명의 근로자가 그 자문을 따랐다. 한편 약 160명의 근로자는 매년 부담금률이 3%p씩 증가하는 '내일 더 저축' 방식을 선택했다. 4년이 지난 후 부담금률이 13.6%까지 상승하였다([그림 8.3] 참고)

---

4 화폐환상을 갖고 있는 개인은 화폐단위 명목가치(nominal value)와 물가 상승률을 조정한 실질가치(real value)를 정확히 구분하지 못한다. 이 예에서 임금상승은 물가상승을 보상하는 측면이 있지만 연금제도에 참여하여 미래에 저축을 늘리더라도 화폐단위 생활비가 감소하는 것이 아니라면 연금제도 가입으로 생활이 어려워질 것이라고 생각하지 않는다. 실제로는 미래의 화폐단위 생활비가 현재와 같은 수준이라면 생활비 실질가치는 물가 상승률만큼 적다.

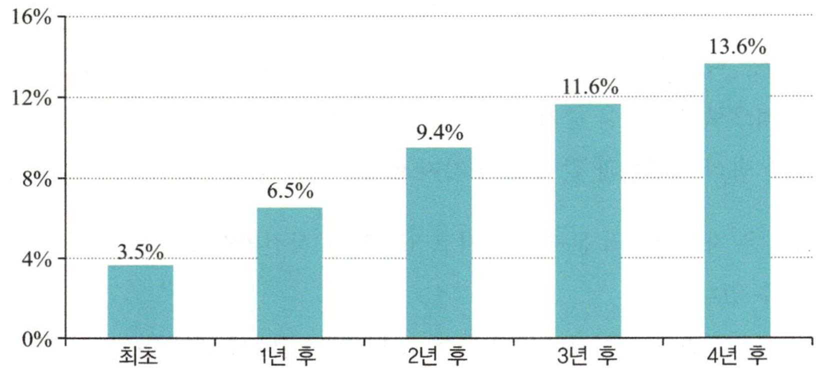

출처 : Thaler와 Benartzi, 2004.

[그림 8.3] 확약장치와 관성의 영향 : '내일 더 저축' 방식 적용 시 저축률 변화

여기서 얻은 중요한 교훈은 다음과 같다.

- 연금에 대한 저축 의사결정은 정기적으로 저축률을 자동 상승시키는 기본옵션을 포함하도록 재구성되어야 한다.
- 자기통제의 문제와 하이퍼볼릭 할인의 문제를 극복하기 위해서는 확약장치, 관성, 그리고 화폐환상을 이용할 필요가 있다.

8.1.2 투자 의사결정

자산축적 단계에서 연금 부담금을 어떻게 투자할지에 대한 의사결정을 함에 있어서 합리적인 경제주체는 현대 포트폴리오 이론(modern portfolio theory ; MPT)에 부합되게 투자할 것으로 기대된다(Blake, 2000, ch.13 참고). 현대 포트폴리오 이론은 투자 포트폴리오를 기대되는 수익률(return)과 변동성(volatility) 또는 분산으로 표현한다. 리스크 회피적 투자자(risk-averse investor)는 기대수익률이 높고 분산이 낮은 투자대상을 선호한다. 이러한 투자자에게는 리스크가 추가적인 수익률로 보상되어야 한다. 리스크 회피 정도가 클수록 더 많은 리스크를 감수하는 대신 더 높은 수익률을 요구한다. 투자자는 효율적 경계(efficient frontier)를 따라 위

험자산의 포트폴리오를 선택한다. 투자자는 개별증권에 투자하기보다는 자산 포트폴리오에 투자하는데, 그렇게 해야 분산투자(diversification)를 통해 리스크를 최소화시킬 수 있기 때문이다. 효율적인 자본시장에서 투자자는 체계적 리스크(systematic risk) 또는 분산불가능 리스크(undiversifiable risk)에 대해 보상을 받는다. 그러나 분산가능 리스크(diversifiable risk)에 대해서는 보상받지 못하는데, 이는 분산가능 리스크는 분산투자를 통해 적은 비용으로 쉽게 없앨 수 있기 때문이다. 현대 포트폴리오 이론은 저비용에 잘 분산된 인덱스 펀드(index fund)에 대한 투자를 정당화한다. 현대 포트폴리오 이론이 타당하다면 많은 투자자들이 인덱스 펀드에 투자하고 있어야 한다.

현대 포트폴리오 이론은 자산 간 분산투자(diversification across assets)뿐만 아니라 시간 분산투자(time diversification)[5]도 정당화한다. 투자자산으로 소비재원을 조달하기 위한 투자 종료시점(즉, 은퇴시점)에 가까워지면 변동성이 적은 자산으로 변경해야 한다. 이를 근거로 '[100 − 투자자 나이]%를 주식에 투자'하는 간편법이 제시되기도 한다.

실제 투자자의 행동에 대한 연구결과는 현대 포트폴리오 이론이 실무에 적용되고 있다는 근거를 많이 보여주지 못하고 있다. 미국의 중위 투자자(median US investor)는 겨우 두 가지 종목에만 투자하고 있으며, 가장 부유한 투자자 그룹의 투자종목 중위수는 15종목으로, 분산가능 리스크를 제거하는 데 필요한 종목 수보다 훨씬 적다(Polkovnichenko, 2003). 또한 DC 연금펀드는 연금제도 후원회사의 주식에 과도하게 투자하는 경향을 보인다. 영국에서는 연금제도 후원회사에 대한 자기 투자(self-investment) 한도가 5%로 제한되어 있으나, 미국에는 그러한 제한이 없다. Mitchell과 Utkus(2003)는 미국의 401(k) 퇴직연금 가입자 1,100만 명의 투자자산 중에서 사용자 주식의 비중이 20% 이상임을 발견했다. 이들 중 500만

---

5 시간 분산투자가 유효하다면 투자기간이 길어짐에 따라 자산 수익률의 변동성이 낮아진다. 시간 분산투자가 유효하기 위해서는 자산 수익률이 평균회귀(mean reversion) 특성을 가져야 하는데, 이는 자산 수익률이 장기평균 수익률로부터 다소 벗어나기도 하지만 종국에는 장기 평균 성장경로로 조정되어 돌아간다는 것을 의미한다(즉, 단기적으로는 변동성이 클 수 있으나 장기적으로는 변동성이 작아진다).

명은 사용자 주식 비중이 60% 이상이었다. 이것은 매우 위험한 투자행동인데, Enron 사례처럼 사용자가 부실화되면 연금가입자는 직장을 잃을 뿐만 아니라 연금자산 또한 잃게 되기 때문이다.

행동경제학자들은 이러한 투자행동 퍼즐을 이해하기 위해 여러 가지 설명을 제시한다.

확고한 선호의 부재

저축 의사결정에서도 나타나는 확고한 선호의 부재(lack of firm preferences)가 투자 의사결정에도 영향을 미친다. 연금제도 가입자들은 자신이 선택한 포트폴리오에 대해 상대적으로 약한 선호를 가지고 있는 것으로 보인다(Benartzi와 Thaler, 2002). 한 실험에서 연금가입자들에게 자신의 포트폴리오, 연금제도 중위 가입자의 포트폴리오, 그리고 평균적 가입자의 포트폴리오 중에서 선택할 수 있도록 하였다. 실험대상의 약 80%는 자신의 포트폴리오보다 중위 가입자의 포트폴리오를 선호하였고, 많은 가입자들이 평균 포트폴리오도 마음에 들어 했다. 여전히 자신의 원래 포트폴리오를 선호한 투자자는 21%에 지나지 않았다. 이러한 결과는 투자에서의 군집행동(herding)을 시사한다. 같이 가입한 동료 그룹의 평균에 가까이 있을 때 안도감을 느끼는 것이다.

행동경제학자에게 이러한 발견은 놀라운 것이 아니다. 행동경제학자들은 개인이 확고한 선호에 기초하여 의사결정을 내리지 않는다고 주장한다. 많은 경우 선호는 결정이 내려져야 하는 시점에 이르러서야 명확해지고 당시의 여건과 이용가능 정보에 영향을 받는다. 이를 상황적 선호 형성(situational preference forming)이라고 하며, 종종 선호 역전(preference reversal)으로 이어진다. 즉, 개인이 스스로 자신의 포트폴리오를 선택했음에도 다른 포트폴리오가 더 마음에 들 수도 있는 것이다.

프레이밍 효과

프레이밍 효과(framing effects)는 투자 의사결정에서도 중요한 영향을 미친다. 확장기여형(DC) 연금제도에서 투자 의사결정에 대한 투자안 선택지 설계의 영향을 실험한 결과, 투자안의 리스크와 수익률 특성보다 투자안 선택지 설계가 투자 선택에 더 큰 영향을 미치는 것으로 나타났다.

Benartzi와 Thaler(2001)는 연금가입자에게 두 가지 펀드를 이용하여 투자조합을 선택하도록 하는 실험을 하였다. 첫 번째 그룹에게는 주식펀드와 채권펀드가 제시되었다. 두 번째 그룹에게는 주식펀드와 균형투자펀드가 제시되었다. 세 번째 그룹에게는 채권펀드와 균형투자펀드가 제시되었다. 세 그룹 모두에서 가장 많은 선택은 제시된 두 펀드에 50 : 50으로 투자하는 것이었다. 각 그룹별로 선택한 투자조합의 자산배분(asset allocation)과 리스크 특성(risk characteristics)은 상당히 큰 차이를 보였다. 세 그룹의 주식투자 비중은 각각 54%, 73%, 35%였다. 제시된 펀드의 숫자가 많아짐에 따라 제시된 펀드의 리스크 특성에 관계없이 같은 비중으로 조합하는 1/N 법칙이 나타나기 시작했다.

Benartzi와 Thaler(2002)는 확장기여형(DC) 연금 가입자에게 A펀드(저위험)부터 D펀드(고위험)까지 네 개의 펀드로 구성된 세 가지 다른 선택지를 제시하는 실험을 진행하였다. 첫 번째 선택지는 A펀드 · B펀드 · C펀드로 구성되었고, 두 번째 선택지는 B펀드 · C펀드로 구성되었으며, 세 번째 선택지는 B펀드 · C펀드 · D펀드로 구성되었다. 세 가지 선택지 모두에 들어 있는 B펀드와 C펀드에 대한 투자비중 선택결과를 살펴보면, 첫 번째 그룹의 29%, 두 번째 그룹의 39%, 세 번째 그룹의 54%가 B펀드보다 C펀드를 선호하였다. 즉, C펀드가 중간으로 제시되었을 때 더 많이 선호되었고, 극단으로 제시되었을 때 가장 덜 선호되었다. 이 결과는 연금가입자가 수익률과 리스크 특성에 기초하여 선택하기보다는 극단옵션을 피하고 중간옵션을 고르는 단순 휴리스틱(naive heuristic)을 따른다는 것을 의미한다.

Thaler와 Benartzi(1999)는 투자 의사결정이 정보 제시방법에 따라 달라진다는 것을 보여준다. 한 실험에서 연금가입자에게 미국 주식의 1년 수익률에 대한 정보를 제시하였는데, 주식에 대한 평균 투자배분이 63%로 나타났다. 다른 실험에서는 변동성이 낮은 30년 수익률에 대한 정보를 제시하였는데, 연금가입자의 주식에 대한 투자배분이 81%로 뛰었다.

이러한 실험들을 통해 투자 선택지가 연금가입자에게는 불투명한 상자처럼 느껴져서 연금가입자들이 투자대상의 수익률과 리스크 특성을 명확히 들여다보지 못한다는 것을 알 수 있다. 명확한 선호가 없는 상태에서는 연금가입자들이 투자 선택지 프레이밍으로부터 쉽게 영향을 받는 것이다.

앵커링 효과, 관성, 그리고 미루기

Mitchell과 Utkus(2004)는 투자 의사결정에서 앵커링 효과(anchoring effect)가 얼마나 큰지를 보여주었다. 앵커링(anchoring)이란 최초의 조건이 이후의 의사결정을 합리화하는 데 중요한 역할을 계속해서 하는 것을 말한다. [그림 8.4]는 Vanguard Group이 운영하는 미국 퇴직연금 401(k) 가입자 230만 명의 2003년 주식 투자배분을 보여준다. 1990년대 후반 주식시장 호황일 때 최초로 가입한 사람들은 2003년 부담금의 70%를 주식에 배분하였다. 반면 주식시장 침체가 지속되고 있었던 2003년에 가입한 사람들은 2003년 부담금의 48%만을 주식에 배분하였다. 2003년 가입자가 1990년 후반 가입자에 비해 훨씬 리스크 회피적이어서 이렇

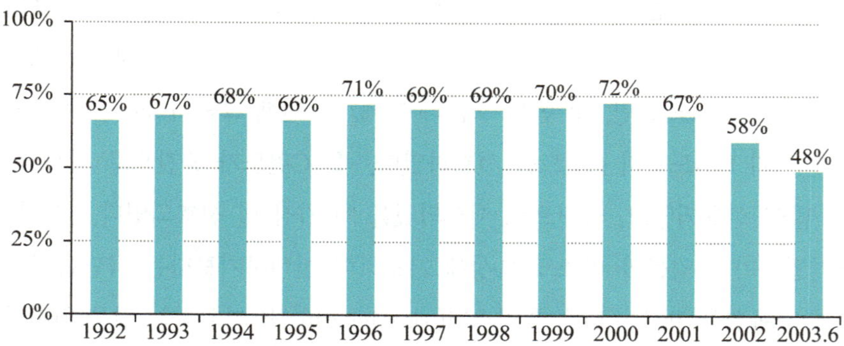

출처 : Mitchell와 Utkus, 2004.

[그림 8.4] 앵커링과 투자배분 비율 조정 : 연금 가입시기별 2003년 부담금을 주식투자에 배분한 비율

게 큰 차이가 생겼다고 보기는 어렵다.

이러한 행동은 Madrian와 Shea(2001) 및 Choi 외(2001b)가 보고한 연금가입자 투자 의사결정에서의 관성 및 미루기와 연관된다. Vanguard에서 운영하는 연금펀드 가입자의 10% 미만이 부담금 배분비율을 매년 변경한다.

사용자 주식에 대한 과도한 투자

Mitchell과 Utkus(2003)는 1,100만 명의 401(k) 퇴직연금 가입자가 연금자산의 20% 이상을 사용자가 발행한 주식에 투자하고 있으며, 500만 명은 60% 이상을 사용자 주식에 투자하고 있다고 밝혔다. 이 결과는 현대 포트폴리오 이론의 리스크 분산 원칙에 명백히 위배되는 것이다. 사용자 주식 투자비중을 높임으로써 근로자가 더욱 열심히 일할 유인을 부여하기 때문에 사용자가 이를 장려한다는 것이 하나의 설명이 될 수 있다.

그러나 Mitchell과 Utkus는 사용자 주식에 대한 과도한 투자가 유인의 효과일 뿐만 아니라 계산오류 또는 행동오류의 결과라는 것을 행동경제학적 관점에서 설명하였다. 사용자는 자기회사 주식에 대해서 리스크 근시안(risk myopia) 현상을 나타낸다. 이는 Mitchell과 Utkus(2003)가 보고한 2003년 Vanguard Group 조사에서 볼 수 있다. 이 조사는 Enron 사태 이후에 실시되었는데, Enron 근로자들은 연금자산을 대부분 Enron 주식에 투자하고 있었고 Enron 사태로 인해 직장과 연금자산을 한꺼번에 잃었다. 조사대상의 2/3는 실제로는 자신을 고용한 회사 주식의 변동성이 잘 분산투자된 주식펀드에 비해 훨씬 큼에도 불구하고, 해당 회사 주식이 잘 분산투자된 주식펀드와 같은 정도로 또는 덜 위험하다고 인식하고 있었다. 이러한 결과는 현대 포트폴리오 이론과 일관되지 않는다.

Benartzi(2001)는 사용자 주식에 대한 연금자산 투자를 분석한 결과 연금가입자가 변동성은 무시하고 수익률에만 집중한다는 것을 발견하였다. 연금가입자들은 소속회사 주식의 과거 수익률 성과가 지속될 것으로 가정하여 미래 수익률을 전망하였다. 소속회사의 과거 성과가 좋으면 연금펀드에 소속회사 주식이 과도하게 편입되었고, 성과가 나쁘면 반대의 현상이 나타났다. 사용자가 근로자의 부담금에 상응(matching)하여 추가 부담금을 지원했는지 여부도 소속회사에 대한 투자비중에 영향을 미쳤다. 이러한 효과를 지지선언 효과(endorsement effect)라고 한다.

이로써 사용자가 연금제도를 어떻게 설계하는지에 따라 프레이밍 효과가 나타난다는 증거를 다시 확인하였다. 만일 사용자가 매칭 부담금(matching contribution)을 현금이 아니라 회사발행 주식의 형태로 지급한다면 근로자는 소속회사 주식 비중을 높힐 것이다.

과거성과 의존

또다른 이상현상(anomaly)으로 확정기여형(DC) 연금제도에서 현대 포트폴리오 이론이 예상하듯 미래 기대수익과 리스크를 기초로 자산배분이 결정되는 것이 아니라 과거성과에 의해 자산배분이 결정된다는 것을 들 수 있다(Choi 외, 2004 ; Huberman과 Sengmueller, 2003 ; Poterba 외, 2003 ; Purcell, 2002). 이 현상을 설명하기 위해 두 가지 행동경제학적 요소가 제시되었다.

첫 번째 요소는 Tversky와 Kahneman(1974)이 제시한 대표성 휴리스틱(representativeness heuristic)이다. 연속된 무작위수를 보여주면 사람들은 그 속에서 패턴을 찾아내려 한다는 것이다. 이와 유사하게 의사결정을 내릴 때 사람들은 자신이 사용하는 정보에 어떤 규칙이나 구조를 부여하려고 한다.

이러한 경향의 고전적 예로 뮤추얼 펀드매니저의 최근 3년간 투자성과를 분석한 후 가장 좋은 성과를 낸 펀드매니저가 훌륭한 투자 역량을 가지고 있기 때문이라고 결론 내리는 것을 들 수 있다. 하지만 3년의 성과기록은 투자 역량을 평가하기에는 짧은 기간이므로 이들의 성과는 운이 좋았을 뿐이라고 결론 내리는 것이 더 타당한 설명일 수 있다.

대표성 편향(representativeness bias)은 프레이밍 효과에 의해 발생할 수 있다. 개인 투자자는 좋은 펀드매니저를 찾기 위해 많은 펀드매니저를 분석하는 등 넓은 프레임을 이용하기보다는 한 펀드매니저의 최근 3년간 투자성과만을 살펴보는 등

좁은 프레임을 적용하는 경우가 있다. 그 결과 실제로는 단순한 무작위 결과가 논리적 귀결로 해석될 수 있는 것이다.

두 번째 요인은 가용성 휴리스틱(availability heuristic)이다. 개인은 복잡한 의사결정에 직면하면 눈앞에 보이는 아무 정보나 사용하는 경우가 있다. 앞의 사례에서 투자자는 신문이나 인터넷 웹사이트에서 펀드매니저의 과거 성과를 손쉽게 구할 수 있기 때문에 '과거 성과는 미래 성과를 보장하지 않습니다'라는 경고문구를 무시하고 투자 의사결정의 근거로 삼게 되는 것이다.

이 두 가지 휴리스틱은 뮤추얼펀드 투자 의사결정에서 관찰되는 수익률 추종 현상(return chasing phenomenon)[6]을 설명하는 데 도움이 된다.

전망이론

투자 의사결정에 대한 현대 포트폴리오 이론의 평균-분산 최적화(mean-variance optimization)의 대안으로 Kahneman과 Tversky(1979)가 개발한 전망이론(prospect theory)을 들 수 있다. Kahneman과 Tversky는 개인이 [그림 8.5]와 같은 비선형적 가치함수를 극대화한다고 주장한다. 이 최적화 문제는 표준적인 효용극대화 문제와 두 가지 측면에서 차이가 난다. 첫째, 개인은 자신의 의사결정이 총재부에 미치는 영향보다는 추가적인 이득과 손실(incremental gains and losses)에 미치는 영향에 따라 행동한다. 둘째, 개인은 이득과 손실을 비대칭적으로 취급한다. 즉, 이득이 후생에 양의 영향을 미치는 것에 비해 같은 크기의 손실이 후생에 훨씬 더 큰 부(−)의 영향을 미친다. 이득함수(gain function, [그림 8.5]에서 원점의 오른쪽)는 오목(concave)한 모양이지만 손실함수(loss function, [그림 8.5]에서 원점의 왼쪽)는 볼록(convex)하고 기울기가 훨씬 크다. Kahneman과 Tversky는 실험을 통해서 손실회피 지수(index of loss-aversion)가 약 2.5라는 것을 밝혀냈는데, 이는 평균적인 개인은 이득가능액(potential gain)이 손실가능액(potential loss)의 2.5배

---

6 수익률 추종 현상이란 뮤추얼 펀드의 최근 성과가 뛰어나면 미래 전망을 무시하고 투자자들이 몰리는 현상을 말한다.

정도가 되지 않는다면 내기에 참여하지 않는다는 것을 의미한다.

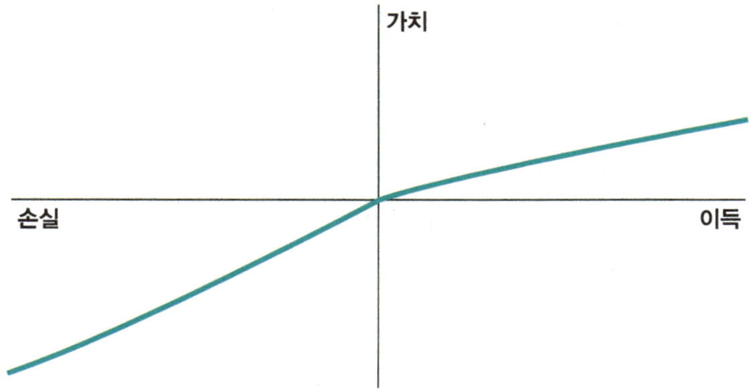

출처 : Mitchell과 Utkus, 2004.

[그림 8.5] 전망이론의 가치 함수

Kahneman과 Tversky는 이 이론을 전망이론이라고 명명했는데, 현대 포트폴리오 이론의 대안으로 투자행동에 대해 강력한 함의를 갖는다. 투자자는 실현된 이득(realized gain)에 대해 리스크 회피적이며, 실현된 이득을 영구적으로 확고히 고정시키고자 한다는 것이다(Shefrin과 Statman(1985)은 이를 처분효과(disposition effect)라고 불렀다). 그러나 사람들은 어떤 손실을 회피할 목적으로 리스크 추구행동을 하기도 한다. 더욱이 실제 행동은 이득과 손실이 발생한 순서와 그 이득과 손실이 현재의 인식에 어떻게 반영되었는지에 영향을 받는다.

Mitchell과 Utkus(2004)는 다음과 같은 예시를 제시하였다. 한 개인이 $100를 벌었다고 해보자. 이때 적정한 확률로 더 많은 돈을 따거나 $100를 잃을 수 있는 게임을 제안한다면 확실하게 확보한 이득 $100를 잃을 가능성 때문에 많은 사람들은 이 추가적인 게임을 거절할 것이다. 하지만 $100의 일부분을 보존하면서 추가이득이 발생할 수 있는 게임을 제안한다면 많은 사람이 이를 받아들일 것이다. 한편 $100를 잃은 경우를 생각해 보자. 많은 사람들이 잃은 $100를 만회하기 위해서 $100보다 큰 금액을 잃을 수도 있는 새로운 게임에 참가하고자 할 것이다.

이득과 관련해서 많은 투자자들은 남의 돈으로 게임을 하는 것처럼 느낄 때, 즉 이전 게임을 이겨서 딴 돈으로 게임을 계속하는 경우, 리스크 회피(risk-averse) 성향이 리스크 추구(risk-seeking) 성향으로 바뀐다. 이를 하우스머니 효과(house money effect)라고 한다. 한편 손실에 관해서는 본전효과(breakeven effect)가 나타난다. 손실이 발생하면 많은 투자자들이 손실을 만회해서 본전을 찾기 위해 추가적으로 리스크를 감수하게 된다. 이러한 현상은 특히 주식시장이 하락할 때 많이 찾아볼 수 있는데, 이때 투자자들은 일시적 손실이 발생했다고 생각하고 추가적인 투자로 손실을 만회할 수 있다고 생각한다. 이는 실현된 손실은 매몰비용(sunk cost)으로 생각하고 무시해야 한다는 전통적 경제이론의 합리적 행동과 상치된다.

Kahneman(2003)은 투자자의 의사결정을 이해하는 데 전망이론이 세 가지 측면에서 중요하다고 주장한다. (1) 투자로 이득이 발생하면 이를 너무 일찍 실현시키고자 하고, 이득을 보게 되면 자기과신(overconfidence)이 생겨난다. (2) 손실이 발생했을 때는 이를 만회하기 위해 손실 회피(loss aversion) 태도를 취한다. (3) 편협한 프레이밍(narrow framing) 또는 심적 회계(mental accounting)가 상황을 더욱 악화시킨다.

자기과신

행동경제학의 핵심적인 발견으로 개인이 미래에 대해 자기과신(overconfidence)에 빠지고 과도하게 낙관적인 예상을 하는 경향이 있다는 것을 들 수 있다. 의사결정 과정에서의 자기과신은 자신의 역량을 부풀려 평가함으로써 발생하는데, 사업이나 투자 등을 포함하여 매우 다양한 분야에 널리 퍼져 있는 현상이다. 동시에 타인의 기량과 능력에 대해서는 자신을 평가할 때보다 훨씬 비판적이 되기도 한다.

자기과신은 미래의 결과가 결정되는 데 우연적인 요소가 미치는 영향을 과소평가하면서 자신이 미래의 결과에 끼치는 통제력(control)을 과대평가하는 경향에서 발생한다. 통제능력이 크다고 느껴질수록 자기확신의 감정 역시 커진다.

자기과신은 사업상 리스크를 감당하도록 하는 유익한 기능을 하기도 하지만,

투자분야에서는 현대 포트폴리오 이론과 상치되는 최적이 아닌 투자행동을 유발하기도 한다. 자기과신의 예로 주식 과도매매(excessive trading)를 들 수 있다. Barber와 Odean(2001)은 미국의 평균적인 주식중개계좌 보유자는 연간 거래회전율(turnover rate)이 75%라고 보고했다. 액티브 트레이더(active trader)의 5년 평균 수익률은 11.4%로 나타났다. 반면 시장 수익률은 연간 17.9%였고 저회전(low-turnover) 계좌의 수익률은 연간 18.5%였다. 또한 남성이 여성에 비해 거래회전율이 45%나 더 높은 것으로 나타났다.

De Bondt(1998) 또한 부유한 남성 투자자가 개인의 투자 능력을 강조하고 자기과신에 빠지는 경향이 있다는 것을 발견했다. 이러한 투자자의 대부분은 자신의 주식선택 능력에 대해 높은 자신감을 보였고 분산투자와 같은 현대 포트폴리오 이론을 인정하지 않았다. Goetzmann과 Kumar(2001)는 개인투자자의 경우 여러 주식으로 포트폴리오를 구성한다고 하더라도 서로 상관관계가 높은 부문의 주식으로 포트폴리오를 구성하는 경향이 있다는 것을 발견했다.

손실회피와 처분효과

손실회피(loss aversion)는 왜 투자자가 손실발생을 중단시키지 못하고 원금회복을 희망하면서 손실발생 포지션을 계속해서 유지하는지를 설명해준다. Odean(1998)은 손실발생 포지션을 고수하는 투자자는 다음 해에 시장 수익률보다 1%p 정도 낮은 성과를 보인다고 보고했다. 그는 또한 투자자가 이익발생 포지션을 너무 빨리 처분하여 계속해서 이익을 누릴 기회를 놓쳐 버리고 다음 해에 시장 수익률보다 2%p 낮은 성과를 보인다는 것도 발견했다. 이는 처분효과(disposition effect)의 영향이다. 손실회피와 처분효과라는 두 행동경제학적 특성은 연간 3%p의 영향을 갖는 것이다.

협소한 프레이밍 또는 심적 회계

Kahneman(2003)은 자기과신과 손실회피가 협소한 프레이밍(narrow framing) 또는 심적 회계(mental accounting)로 더욱 심화된다고 보고하였다.

심적 회계는 개인이 금전거래 내역을 유지하고 평가하는 데 쓰는 인지적 작용의 집합이다(Kahneman와 Tversky, 1984, 2000 ; Thaler, 1985, 1999 ; Barberis와 Huang, 2001). 심적 회계를 적용하는 개인은 특정 활동을 특정 금전항목에 연계한다. 지출항목은 범주별(예를 들면 주거비, 식비, 휴가비 등)로 분류하여 관리하고, 범주별 한도를 명시적 또는 암묵적 예산제약으로 설정한다. 심적 회계는 개인 투자자의 리스크에 대한 태도와 반응을 이해하는 데 매우 중요하다.

소규모 리스크 회피(small-scale risk aversion)는 리스크를 넓은 맥락에서 평가하기보다는 개별적으로 평가하는 데서 기인하는 것으로 보인다(즉, 투자자가 사고를 협소하게 하는 것이다). 개인은 소규모의 유리한 게임을 큰 맥락에서 제시받았을 때 더 많이 참가하는 경향을 보인다. 예를 들어 많은 사람들은 동전 앞면이 나오면 $200를 따고 뒷면이 나오면 $100를 잃는 게임에 참가하기를 거절한다. 하지만 이 게임을 재구성하여 동전 앞면이 나오면 집값을 $200 올려주고 동전 뒷면이 나오면 집값을 $100 내려준다고 하면 더 많은 사람들이 게임에 참여할 것이다(Rabin과 Thaler, 2001).

투자자는 시간에 걸쳐 이어진 투자기회에 대해 근시안적으로 평가하는 경향이 있다. 손실회피적 투자자의 경우, 근시안적 태도(myopia)가 이러한 투자기회를 덜 매력적으로 보이게 하고 채택할만한 투자기회를 거절하게 만든다(예를 들어 주식에 투자하는 은퇴 저축 상품). Benartzi와 Thaler(1995)는 이를 근시안적 손실회피(myopic loss aversion ; MLA)라고 불렀다. 근시안적 손실회피의 징후로 투자성과를 너무 자주 과도하게 모니터링하는 것을 들 수 있다. 장기 투자자가 이러한 행동을 보이기도 한다. 만일 모든 투자자가 이런 방식으로 행동한다면 경제에 실질적인 영향을 끼칠 수도 있다. 투자자들이 주식의 장기 수익률에 초점을 맞춘다면 주식의 리스크가 장기적으로 채권의 리스크에 비해 크지 않다는 것을 발견하게 될 수 있고, 그 리스크에 상응하는 낮은 리스크 프리미엄을 받아들일 수 있을 것이다. 하지만 그러는 대신에 투자자들은 단기적 변동성에 주목하고 이를 단기적 심적 회계 손실과 연관시킴으로써 상당한 리스크 프리미엄으로 보상받기를 요구한다. Gneezy와 Potters(1997)는 실험을 통해 투자 수익률이 더 자주 평가될수록 투자자는 더욱 리스크 회피적이 된다는 것을 확인했다. 근시안적 손실회피의 또 다른 증상으로는 소규모의 낮은 리스크에 대해 과도하게 보험을 드는 것을 들 수 있다. 추가비용을 지불하면서 가정용 전자제품에 대해 긴 보증기간을 선택하는 것이 그 예이다(Rabin과 Thaler, 2001).

Benartzi와 Thaler(1995)는 근시안적 손실회피 투자자들이 자신에게 유리한 1회성 소규모 게임(예를 들면 동전 앞면이 나오면 $200 벌고 뒷면이 나오면 $100 잃는 게임)은 거절할지라도 이러한 게임이 여러 차례 반복되는 연속 게임에는 참여하고자 한다(즉, 생각을 크게 하는 쪽으로 전환)는 것을 알아냈다. 단, 연속 게임 도중에 게임 하나하나의 결과가 모니터링되지는 않아야 한다. 조급한 심적 회계 손실에 대한 반응으로 투자자가 연속 게임에 참여하기를 철회하는 것을 막기 위해서는 확약장치가 필요하다. 예를 들면 연금 부담금을 매번 수표를 발행하여 납부하기보다는 은행 자동이체(standing order)를 걸어 놓는 것이다. 연금자산 운용 성과는 연단위보다 더 자주 제공하지 않는 것이 확약을 계속해서 유지하는 데 도움이 될 수 있다. 이는 또한 초반에 운 좋게 좋은 성과가 나타났을 때 생길 수 있는 자기과신을 방지하는 효과도 있다. 그러나 Langer과 Weber(2004)는 확약기간(period of commitment)이 성과보고 주기(feedback frequency)보다 근시안적 손실회피에 더 큰 효과를 갖는다는 것을 실험을 통해 보였다.

8.2 연금자산 처분단계

개인이 합리적으로 생애 재무계획을 수립하여 은퇴대비 상품에 가입한다면 이 개인은 은퇴 후 소비를 통한 효용이 극대화되도록 축적된 금융자산을 처분할 것이다. 여기에는 장수 리스크, 인플레이션 리스크, 건강 리스크, 자본시장 리스크 등 여러 가지 리스크가 관련되는데, 이 리스크들의 존재는 개인이 소비를 예상보다 적게 하는 효과를 가질 가능성이 있다.

8.2.1 장수 리스크

개인의 입장에서 장수 리스크(longevity risk)란 사망하기 전에 자원이 모두 고갈될 리스크를 말한다. 장수 리스크는 은퇴 시 생명연금을 구입함으로써 제거될 수 있다. Panis(2004)는 생명연금 가입자가 비가입자에 비해 은퇴기에 만족도가 더 높다는 것을 발견했다.

그러나 대부분의 사람들은 자신이 은퇴에 대비하여 적립한 확정기여형(DC) 연금자산을 생명연금을 구입하는 데 한꺼번에 쓰고 싶어 하지 않는다. 과거 확정급여형(DB) 연금제도 가입자는 적립된 자기 몫을 은퇴 후 연금으로 지급받았다. 그러나 이제는 미국 기업연금 지급의 75%가 일시금(lump-sum payment) 형태이다(McGill 외, 2005). 이러한 변화는 더 많은 사람들이 장수 리스크를 헤지하는 데 실패할 수도 있다는 것을 의미한다.

이러한 현상에 대해 다음과 같은 설명이 제시되었다.

- 사람들은 은퇴 후 자신이 얼마나 오래 살지를 과소평가하는 경향이 있다(MetLife 서베이, 2003 ; Drinkwater와 Sondergeld, 2004).
- 많은 사람들은 공적연금의 혜택을 받는데, 이는 어느 정도 장수 리스크에 대비한 보험의 역할을 해준다.
- 저금리가 지속되는 상황에서 생명연금 지급률(annuity rate) 역시 낮아지고, 이에 따라 생명연금이 가격에 비해 가치가 낮은 것처럼 보이게 된다.
- 생명연금 사업자가 부과하는 사업비가 생명연금 상품의 수익률을 낮춘다(하지만 여러 증거들이 생명연금 상품의 가치가 가격대비 높다는 것을 보여준다 : Mitchell 외, 1999 ; Finkelstein과 Poterba, 2002).
- 사람들은 강한 상속동기를 가지고 있고 미래 장기요양 비용을 염려하는데, 이것이 손실회피라는 행동경제학적 특성과 결부될 수 있다. 사람들은 일시금으로 생명연금을 구입한 후 금방 사망하여 손실이 발생할까 걱정하게 되고 일시금을 생명연금 구입에 써버려서 자손들에게 상속할 재산이 없어지는 것을 좋아하지 않는다(이에 대응하여 생명연금에 사망보장, 장기요양보장, 장해보

장 등을 결합하여 제공하는 보험회사도 있다).

Warner와 Pleeter(2001)는 생명연금 기피 정도를 알아보기 위해 냉전 후 병력감축으로 1992년 퇴직한 미군 6만 5,000명의 행동을 연구했다. 이들은 생명연금과 일시금 중에서 선택을 할 수 있었는데, 당시 정부채권 수익률은 7% 수준이었고 생명연금 수익률은 17.5~19.8%였다. 그런데 장교 중 52%, 병사 중 92%가 생명연금 대신에 일시금을 선택하였다. 이들의 선택은 총 $17억의 경제적 가치를 포기하는 것이었다.

8.2.2 인플레이션 리스크와 자본시장 리스크

정액 생명연금(level annuity)과 같이 고정소득(fixed-income)을 지급하는 금융상품은 인플레이션으로 인해 실질가치가 감소한다. 인플레이션 리스크(inflation risk)는 인덱스 생명연금(indexed annuity)을 구입함으로써 헤지될 수 있다. 그런데 인플레이션이 연간 3%인 경우에 인덱스 생명연금은 정액 생명연금에 비해 최초 연금액이 30%나 적다. 11년이 흐른 뒤에야 상품의 현금 지급액이 같아지고, 19년이 지나야 인덱스 생명연금의 수취액 총액이 정액 생명연금 수취액 총액을 넘어서기 시작한다. 이러한 선택이 주어지면 대부분의 사람들은 인덱스 생명연금보다는 정액 생명연금을 선택한다.

정액 생명연금에 대한 또 다른 대안은 주식투자 비중이 높은 투자연계 생명연금(investment-linked annuity)이다. 주식은 좋은 장기 인플레이션 헤지 수단이라고 생각된다. 그러나 Brown 외(2000)는 미국에서 단기와 중기에는 주식이 인플레이션 헤지 수단으로 좋지 않다는 것을 보였다.

사람들이 생명연금보다는 일시금을 선택하는 이유를 행동경제학 측면에서 설명하면 다음과 같다.

- **자기과신**(overconfidence) : 은퇴 후 필요한 생활비를 과소추정하는 사람들이 많다.

- **자기통제 부족**(lack of self-control) : 은퇴 후 몇 년이 지나지 않아 은퇴자금을 모두 써버리는 사람도 있다.
- **프레이밍 효과**(framing effect) : 사람들에게 선택이 제시될 때 '큰' 일시금을 과대평가하고 '작은' 생명연금 수취액을 과소평가하도록 프레이밍될 수도 있다.
- **금융 이해도 부족**(poor financial literacy) : 노년에 은퇴자금이 고갈되는 것을 관리할 능력을 가진 사람들이 많지 않다(Dus 외, 2004).

자기통제 문제를 해결하기 위해 생명연금을 기본옵션으로 설정하는 방법을 고려할 수도 있다.

8.3 결론

Mitchell과 Utkus(2004)는 행동경제학으로부터 얻을 수 있는 교훈을 다음과 같이 정리했다.

1. 행동경제학 연구는 의사결정에 대한 기존의 핵심적 가정에 의문을 제기한다.

표준적 경제학 모형과 달리 행동경제학에서는 근로자를 합리적인 생애 재무설계자(rational lifetime planner)가 아니라고 보는데, 그 이유는 다음과 같다.

- 개인은 은퇴대비 저축을 함에 있어 자기통제 문제가 있으므로 확약 장치(commitment device)가 필요하다.
- 개인은 미래를 과도하게 할인하고 현재를 과대평가하는 경향이 있으므로 연금 저축에 대한 사전확약 프로그램(precommitment program)이 필요하다.
- 개인의 의욕과 행동 사이에 괴리가 있으므로 적절하게 설계된 기본옵션이 필요하다.
- 개인은 저축금액과 리스크에 대해 명확한 선호를 갖고 있지 않아 이에 대한

선택이 기본옵션에 영향을 받는다.

- 개인은 과거 투자성과를 너무 중요하게 생각하고, 미래에 대해 자기과신을 보이며, 이득과 손실에만 집중하고, 장수 리스크를 해소해주는 생명연금보다는 일시금을 선호하는 등 리스크에 대한 이해부족에서 나오는 행동을 한다.

Bernheim 외(2001)는 이러한 현상을 실증적으로 확인했다. 이들은 미국의 '소득동태변화와 소비지출 조사에 대한 패널 분석(Panel Study of Income Dynamics and the Consumer Expenditure Survey)'을 이용하여 미국에서 소득대체율(replacement ratio)이 평균 64%라고 집계했다. 그런데 개인별 소득대체율 차이가 상당히 크게 나타났으며, 사회경제적 특성이 비슷한 그룹 내에서조차도 소득대체율의 분산이 크게 나타났다. 생애주기 이론은 이러한 차이가 시간선호율, 리스크 감내 정도(risk tolerance), 불확실성에 대한 노출 정도, 노동과 여가에 대한 선호 등에 기인한다고 설명한다. 은퇴대비 축적자산과 소비 패턴을 분석하여 이들 요인의 타당성을 검증할 수 있는데, Bernheim 외(2001)는 생애주기 이론을 뒷받침하는 증거를 찾지 못했다. 분석결과는 오히려 주먹구구 의사결정(rule-of thumb), 심적 회계, 하이퍼볼릭 할인 등에 부합되게 나타났다.

2. 연금제도 설계가 가입자 행동에 영향을 미친다.

기본옵션, 프레이밍, 관성 등으로 인해서 개인의 투자 의사결정은 연금제도의 설계에 크게 영향을 받는다. 연금제도의 기본옵션 구조를 변경하는 것만으로도 가입자의 행동을 상당히 변화시킬 수 있다. 따라서 연금제도를 설계함에 있어 자동가입, 자동저축, 기본 투자펀드 등을 세심하게 고려할 필요가 있다. Thaler와 Sunstein(2003)은 가부장적 자유주의(paternalistic libertarianism) 전략이 필요하다고 주장했다. 즉, 가부장적인 설계자가 미리 결정한 선택지를 가입자에게 제시해야 한다는 것이다.

3. 현행 확정기여형(DC) 연금제도의 설계방식으로는 연금저축을 장려하지 못한다.

현행 확정기여형(DC) 연금제도의 설계방식이 연금저축을 장려하지 못하는 이유는 다음과 같다.

- 현재 방식에서는 적극적인 의사결정이 있어야 연금제도에 가입할 수 있으므로 연금저축은 본인의사에 따른 선택사항이라고 생각한다.
- 현재 방식에서는 적극적인 의사결정이 있어야 저축액이 변경되므로 저축액을 늘리는 것도 본인의사에 따른 선택사항이라고 생각한다.
- 현재 방식에서는 리스크가 (기본형 펀드가 일반적으로 저위험 채권형 펀드이므로) 균형잡힌 투자 포트폴리오를 유지하기 위하여 필요한 것이 아니라 없애야 할 나쁜 것이라는 전제를 갖게 한다.

4. 현행의 직장 금융교육은 충분하지 못하다.

사용자는 한편으로는 사회적 책임을 생각하는 회사라는 평판을 얻기 위해 근로자의 연금가입을 장려하지만, 다른 한편으로는 매칭 부담금으로 인한 지출이 너무 커지거나 근로자의 투자 의사결정에 대해 회사가 책임질 일이 발생하는 것을 바라지 않는다. 근로자에게 정보를 제공하는 기존 방식에서는 근로자가 합리적인 경제주체라고 가정하지만 실제로는 그렇지 못하다.

기존 방식의 대안은 교육 전에 이미 바람직한 행동이 발현되도록 하는 것이다(Selnow, 2004). 우선적으로 바람직한 행동을 유발하도록 기본옵션을 설정해야 한다. 그리고 나서 교육을 통해 기본옵션을 설명한다. 다시 말해, 행동경제학은 교육과 의사결정 행동 사이의 선후관계를 뒤집어야 한다고 주장한다.

행동경제학 연구결과는 연금제도 설계와 관련하여 다음과 같은 함의를 갖는다.

1. 확정기여형(DC) 연금제도에서는 기본옵션(default choice)을 많이 활용해야 한다.

관성, 미루기, 의사결정에 대한 의지 부족(lack of decision making willpower) 등

과 같은 행동경제학 개념들이 연금저축을 증대시키는 데 실제로 활용될 수 있다. 모든 근로자의 자동가입, 미리 계획된 부담금증액 스케쥴, 라이프스타일 펀드(연령증가에 따른 채권투자 비중 상승)와 같은 최적 포트폴리오를 기본옵션 펀드로 설정하기 등이 그 예이다. 그리하여 수동적인 가입자는 연금제도의 기본적인 설계를 따르도록 하고 금융 이해도가 높은 가입자는 기본옵션 대신에 적극적으로 자신이 선호하는 옵션을 선택할 수 있도록 함으로써 최선의 결과를 얻을 수 있다.

2. 연금제도와 관련된 선택지를 단순화하는 것이 좋다

투자선택지에 선택 과부하(choice overload)가 있다면 연금 가입률이 낮아진다. 수많은 선택지를 제시하기보다는 핵심 선택항목 몇 가지를 핵심 선택사항(core menu)으로 제시하는 것이 좋다. 금융 이해도가 높은 가입자를 위해서는 핵심 선택지 외에 선택의 여지가 넓은 주요 선택사항(main menu)을 추가로 제시하는 것이 좋다.

3. 가입자가 소속회사 주식 리스크에 과도하게 노출되지 않도록 새로운 접근을 적용할 필요가 있다.

미국 기업 퇴직연금 401(k)에서는 소속회사 주식에 과도하게 투자하는 현상이 관찰되는데, 이는 영국처럼 자기투자 수준에 한도를 설정하는 등 효과적인 해결책이 필요하다는 것을 시사한다.

4. 기본옵션 등을 포함하여 사려 깊은 연금제도 설계가 필요하다.

행동경제학 연구결과는 생명연금과 일시금 사이의 선택에 대한 프레이밍을 개선할 여지가 있다는 것을 시사한다. 사망 리스크와 투자 리스크에 대한 근로자의 이해도를 높이는 조치도 필요하다. 확정급여형(DB) 연금제도에서뿐만 아니라 확정기여형(DC) 연금제도에서도 일시금이 아닌 생명연금을 기본옵션으로 제시할 필요가 있다.

연 / 습 / 문 / 제

01 행동경제학자들이 생애주기모형(lifecycle model)의 타당성에 의문을 제기하기 시작한 이유는 무엇인가?

02 제한된 합리성(bounded rationality)은 무엇을 의미하는가?

03 제한된 자기통제(bounded self-control)는 무엇을 의미하는가?

04 제한된 이기심(bounded self-interest)은 무엇을 의미하는가?

05 지수적 할인(exponential discount)과 하이퍼볼릭 할인(hyperbolic discount)의 차이를 설명하라.

06 하이퍼볼릭 할인(hyperbolic discount)하에서는 은퇴를 위한 저축이 쉽지 않은 이유가 무엇인가?

07 하이퍼볼릭 할인(hyperbolic discount)의 문제를 어떻게 극복할 수 있는가?

08 확약장치(commitment device)란 무엇인가? 예를 들어보라.

09 의사결정 프레이밍(decision framing)이란 무엇인가?

10 기본옵션(default options)의 중요성을 예를 들어 설명하라.

11 관성(inertia)과 미루기(procrastination)가 어떻게 연금저축 증대에 건설적으로 이용될 수 있는가?

12 선택 과부하(choice overload)란 무엇인가?

13 군집행동(herding behaviour)을 설명하라.

14 '내일 더 저축(Save More Tomorrow)' 프로그램은 어떤 면에서 현명한 제도인가?

15 많은 투자자들이 실제 투자에서 현대 포트폴리오 이론을 적용하지 않는 것처럼 보인다. 우리는 이 사실을 어떻게 알 수 있는가?

16 투자자들이 종종 확고한 선호 결여(lack of firm preferences) 상태라는 것을 어떻게 알 수 있는가?

17 투자 의사결정에서 프레이밍 효과가 중요하다는 것을 어떻게 알 수 있는가?

18 1/N 법칙이란 무엇인가?

19 투자 의사결정에서 앵커링(anchoring), 관성(inertia)과 미루기(procrastination)가 어떤 역할을 하는지 설명하라.

20 연금가입자가 소속회사 주식에 과도하게 투자하는 현상을 어떻게 설명할 수 있는가?

21 대표성 휴리스틱(representative heuristic)이란 무엇인가?

22 가용성 휴리스틱(availability heuristic)이란 무엇인가?

23 전망이론(prospect theory)의 핵심적인 결론은 무엇인가?

24 처분효과(disposition effect)란 무엇인가?

25 본전효과(breakeven effect)란 무엇인가?

26 전망이론은 투자 의사결정을 이해하는 데 세 가지 측면에서 중요하다. 이 세 가지 측면은 무엇인가?

27 투자자들이 자기과신(overconfidence)에 빠지는 이유는 무엇인가?

28 손실이 발생하고 있는 포지션을 보유한 투자자에게 손실회피(loss aversion)는 어떤 의미를 갖는가?

29 이익이 발생하고 있는 포지션을 보유한 투자자에게 처분효과(disposition effect)는 어떤 의미를 갖는가?

30 심적 회계(mental accounting)란 무엇인가?

31 투자자의 리스크에 대한 태도와 반응을 이해하는 데 심적 회계가 어떻게 도움이 되는가?

32 근시안적 손실회피(myopic loss aversion)란 무엇인가?

33 근시안적 손실회피(myopic loss aversion)의 증상에는 어떤 것들이 있는가?

34 근시안적 손실회피(myopic loss aversion)를 극복하기 위해 어떤 메커니즘이 이용될 수 있는가?

35 왜 많은 연금가입자들이 은퇴 시 생명연금을 구입하지 않아 장수 리스크에 노출되는가?

36 연금제도 설계 개선에 대한 행동경제학의 핵심적 교훈은 무엇인가?

참 / 고 / 문 / 헌

Ameriks, J., Caplin, A. and Leahy, J. (2003) Wealth accumulation and the propensity to plan, *Quarterly Journal of Economics*, **118**, 1007 – 1047.

Banks, J., Blundell, R. and Tanner, S. (1998) Is there a retirement–savings puzzle? *American Economic Review*, **88**, 769 – 788.

Barber, B. and Odean, T. (2001) Boys will be boys : overconfidence and common stock investment, *Quarterly Journal of Economics*, **116**, 261 – 292.

Barberis, N. and Huang, M. (2001) Mental accounting, loss aversion, and individual stock returns, *Journal of Finance*, **56**, 1247 – 1292.

Barberis, N. and Thaler, R. (2003) A survey of behavioral finance, in Constantinides, G., Harris, M. and Stulz, R. (eds), *Handbook of the Economics of Finance*, Elsevier, Amsterdom, pp. 1053 – 1128.

Benartzi, S. (2001) Excessive extrapolation and the allocation of 401(k) accounts to company stock, *Journal of Finance*, **56**, 1747 – 1764.

Benartzi, S. and Thaler, R. (1995) Myopic loss aversion and the equity premium puzzle, *Quarterly Journal of Economics*, **110**, 73 – 92.

____________________ (2001) Naive diversification strategies in retirement saving plans, *American Economic Review*, **91**, 79 – 98.

____________________ (2002) How much is investor autonomy worth?, *Journal of Finance*, **57**, 1593 – 1616.

Bernheim, B.D., Skinner. J. and Weinberg, S. (2001) What accounts for the variation in retirement wealth among U.S. households?, *American Economic Review*, **91**, 832 – 857.

Blake, D. (2000) *Financial Market Analysis*, John Wiley, & Sons Chichester.

Brown, J., Mitchell, O. and Poterba, J. (2000) The role of real annuities and indexed bonds in an individual accounts retirement program, in Campbell, J.Y. and Feldstein, M. (eds), *Risk Aspects of Investment–Based Social Security*

Reform, NBER, University of Chicago Press, Chicago, pp. 321 – 360.

Choi, J., Laibson, D., Madrian, B. and Metrick, A. (2001a) Defined Contribution Pensions : Plan Rules, Participant Decisions, and the Path of Least Resistance, NBER Working Paper 8655.

________________________________ (2001b) For Better or For Worse : Default Effects and 401(k) Savings Behavior, NBER Working Paper 8651.

________________________________ (2003) Passive Decisions and Potent Defaults, NBER Working Paper 9917.

________________________________ (2004) Employee investment decisions about company stock, in Mitchell, O. and Utkus, S. (eds), *Pension Design and Structure : New Lessons from Behavioural Finance,* Oxford University Press, Oxford.

De Bondt, W. (1998) A portrait of the individual investor, *European Economic Review*, **42**, 831 – 844.

Drinkwater, M. and Sondergeld, E. (2004) Perceptions of mortality risk, in Mitchell, O. and Utkus, S. (eds), *Pension Design and Structure : New Lessons from Behavioural Finance*, Oxford University Press, Oxford.

Duflo, E. and Saez, E. (2004) Implications of information and social interactions for retirement saving decisions, in Mitchell, O. and Utkus, S. (eds), *Pension Design and Structure : New Lessons from Behavioural Finance,* Oxford University Press, Oxford.

Dus, I., Maurer, R. and Mitchell, O. (2004) Betting on Death and Capital Markets in Retirement : A Shortfall Risk Analysis of Life Annuities versus Phased Withdrawal Plans, Pension Research Council Working Paper 2004 – 1.

Finkelstein, A. and Poterba, J. (2002) Selection effects in the United Kingdom annuities market, *Economic Journal*, **112**, 28 – 50.

Gneezy, U. and Potters, J. (1997) An experiment on risk taking and evaluation periods, *Quarterly Journal of Economics*, **112**, 631 – 645.

Goetzmann, W. and Kumar, A. (2001) Equity Portfolio Diversification, NBER Working Paper 8686.

Huberman, G. and Sengmueller, P. (2003) Company Stock in 401(k) Plans, Columbia University Working Paper.

Kahneman, D. (2003) The Psychology of Risky Choices, address before the Investment Company Institute, May 2003, Washington, D.C.

Kahneman, D. and Tversky, A. (1979) Prospect theory : an analysis of decision under risk, *Econometrica*, **47**, 263 – 291.

_________________________ (1984) Choices, values and frames, *American Psychologist*, **39**, 341 – 350.

_________________________ (2000) *Choices, Values and Frames,* Russell Sage Foundation and Cambridge University Press, Cambridge, MA.

Laibson, D. (1997) Golden eggs and hyperbolic discounting, *Quarterly Journal of Economics*, **112**, 443 – 478.

Laibson, D., Repetto, A. and Tobacman, J. (1998) Self control and saving for retirement, *Brookings Papers on Economic Activity*, **I**, 91 – 96.

Langer, T. and Weber, M. (2004) Does Commitment or Feedback Influence Myopic Loss Aversion? An Experimental Analysis, University of Mannheim Discussion Paper.

MacFarland, D., Marconi, C. and Utkus, S. (2004) 'Money attitudes' and retirement plan design : one size does not fit all, in Mitchell, O. and Utkus, S. (eds), *Pension Design and structure : New Lessons from Behavioural Finance*, Oxford University Press, Oxford.

Madrian, B. and Shea, D. (2001) The power of suggestion : inertia in 401(k) participation and savings behavior, *Quarterly Journal of Economics*, **116**, 1149 – 1187.

McGill, D., Brown, K., Haley, J. and Schieber, S. (2005) *Fundamentals of Private Pensions*, 8th edn., Oxford University Press, Oxford.

MetLife (2003) *The Met Life Retirement Income IQ Test : Findings from the 2003 National Survey of American Pre–Retirees*, Metlife Mature Market Institute, New York, June.

Mitchell, O. and Utkus, S. (2003) Company stock and retirement plan diversification, in Mitchell, O.S. and Smetters, K. (eds), *The Pension Challenge : Risk Transfers and Retirement Income Security*, Oxford University Press, Oxford.

____________________ (2004) Lessons from behavioural finance for retirement plan design, in Mitchell, O. and Utkus, S. (eds), *Pension Design and Structure : New Lessons from Behavioural Finance,* Oxford University Press, Oxford.

Mitchell, O., Poterba, J., Warshawsky, M. and Brown, J. (1999) New evidence on the money's worth of individual annuities, *American Economic Review*, **89**, 1299 – 1318.

Mitchell, O, Moore, J. and Phillips, J. (2000) Explaining retirement saving shortfalls, in Mitchell, O.S. Hammond, B. and Rappaport, A. (eds), *Forecasting Retirement Needs and Retirement Wealth*, University of Pennsylvania Press, Philadelphia, PA, 139 – 166.

Moore, J. and Mitchell, O. (2000) Projected retirement wealth and saving adequacy, in Mitchell, O.S. Hammond, B. and Rappaport, A. (eds), *Forecasting Retirement Needs and Retirement Wealth*, University of Pennsylvania Press, Philadelphia, PA, pp. 68 – 94.

Mullainathan, S. and Thaler, R. (2000) Behavioral Economics, NBER Working Paper 7948.

Odean, T. (1998) Are investors reluctant to realize their losses?, *Journal of Finance*, **53**, 1775 – 1798.

Panis, S. (2004) Annuities and retirement satisfaction, in Mitchell, O. and Utkus, S. (eds), *Pension Design and Structure : New Lessons from Behavioural Finance*, Oxford University Press, Oxford.

Patel, J., Zeckhauser, R. and Hendricks, D. (1991) The rationality struggle : illustrations from financial markets, *American Economic Review*, **81**, 232 – 236.

Polkovnichenko, V. (2003) Household Portfolio Diversification, working paper presented at the Rodney White Center for Financial Research conference, Household Portfolio Choice and Financial Decision–Making, March.

Poterba, J., Rauh, J., Venti, S. and Wise, D. (2003) Utility Evaluation of Risk in Retirement Saving Accounts, NBER Working Paper 9892.

Purcell, P. (2002) The Enron Bankruptcy and Employer Stock in Retirement Plans, *CRS Report for Congress*, US GOP, Code RS21115.

Rabin, M. and Thaler, R. (2001) Anomolies—risk aversion, *Journal of Economic Perspectives*, **15**, 219 – 232.

Selnow, G. (2004) Motivating retirement planning : problems and solutions, in Mitchell, O. and Utkus, S. (eds), *Pension Design and Structure : New Lessons from Behavioural Finance*, Oxford University Press, Oxford.

Sethi–Iyengar, S., Huberman, G. and Jiang, eW. (2004) How much choice is too much? Contributions to 401(k) retirement plans, in Mitchell, O. and Utkus, S. (eds), *Pension Design and Structure : New Lessons from Behavioural Finance*, Oxford University Press, Oxford.

Shefrin, H. and Statman, M. (1985) The disposition to sell winners too early and ride losers too long : theory and evidence, *Journal of Finance*, **40**, 777 – 790.

Simon, H. (1955) A behavioral model of rational choice, *Quarterly Journal of Economics*, **69**, 99 – 118.

Thaler, R. (1981) Some empirical evidence on dynamic inconsistency, *Economics Letters*, **8**, 201 – 207.

________ (1985) Mental accounting and consumer choice, *Marketing Science*, **4**, 199 – 214.

________ (1999) Mental accounting matters, *Journal of Behavioural Decision Making*, **12**, 183 – 306.

Thaler, R. and Bernartzi, S. (1999) Risk aversion or myopia? Choices in repeated gambles and retirement investments, *Management Science*, **45**, 364 – 381.

________________________ (2004) Save more tomorrow : using behavioural economics to increase employee saving, *Journal of Political Economy*, **112**, S164 – S187.

Thaler, R. and Shefrin, H. (1981) An economic theory of self–control, *Journal of Political Economy*, **89**, 392 – 406.

Thaler, R. and Sunstein, C. (2003) Libertarian paternalism, *American Economic Review*, **93**, 175 – 179.

Tversky, A. and Kahneman, D. (1974) Judgment under uncertainty : heuristics and biases, *Science*, **185**, 1124 – 1131.

Warner, J. and Pleeter, S. (2001) The personal discount rate : evidence from military downsizing programs, *American Economic Review*, **91**, 33 – 53.

Weber, E. (2004) Who's afraid of a poor old age? Risk perception and risk management decisions, in Mitchell, O. and Utkus, S. (eds), *Pension Design and Structure : New Lessons from Behavioural Finance*, Oxford University Press, Oxford.

찾아보기

ㄱ

ㅅ

ㅇ

ㅈ

ㅍ

ㅎ

지은이에 대하여

David Blake

런던시티대학교 카스경영대학 연금경제학 교수
런던시티대학교 연금연구원 원장
스퀘어마일 컨설턴트 의장 및 교육연구 고문
JP모건–타워스왓슨 LifeMetric 지수 공동설립자
런던정치경제대학교(LSE) 파이낸셜 마켓 그룹 선임연구원
런던정치경제대학교(LSE) UBS 연금연구센터 선임 컨설턴트
노팅험대학교 경영대학 리스크 보험 센터 연구원
영국왕립경제학협회 회원
런던정치경제대학교(LSE) 금융경제학 박사
런던정치경제대학교(LSE) 화폐경제학 석사
런던정치경제대학교(LSE) 경제학 학사

옮긴이에 대하여

박경국

성균관대학교 재무금융 박사
인디애나대학교 MBA(재무금융 전공)
서울대학교 경제학 석사
충남대학교 경제학 학사
국제재무분석사(CFA)
미국계리사(ASA)
국제금융리스크관리사(FRM)
OECD 금융국 국제연금감독자기구(IOPS) 근무
(현) 금융감독원 수석조사역

윤정선

프린스턴대학교 경제학 박사
연세대학교 경제학 학사
자본시장연구원 연구위원
(현) 국민대학교 부교수

연금경제학

연금의 미시 · 거시 · 후생 · 행동 경제학

초판 1쇄 인쇄 2018년 10월 25일

초판 1쇄 발행 2018년 11월 1일

지은이 David Blake

옮긴이 박경국 · 윤정선

펴낸이 박기남

기획 · 영업 박정헌

펴낸곳 **율곡출판사**

08590 서울시 금천구 가산디지털1로 84(에이스하이엔드 8차), 803호

전화 (代) 02) 718-9872/3

팩스 02) 718-9874

홈페이지 http://www.yulgokbooks.co.kr

이메일 yulgokbook@naver.com

등록 1989.11.10. 제2014-000031호

ISBN 979-11-87897-46-0 93320

정가 30,000원